C. S. 루이스를 통해 본 거룩한 삶

C. S. 루이스를 통해 본 거룩한 삶

제럴드 리드 지음 | 조혜정 옮김

엔크리스토
ENCHRISTO

C.S. LEWIS and the BRIGHT SHADOW of HOLINESS
by Gerard Reed

Copyright ©1999 by Beacon Hill Press of Kansas City
All rights reserved.
Korean translation copyright ©2005 by Enchristo

Korean translation published by arrangement with
Beacon Hill Press through PubHub Literary Agency, Seoul, Korea

이 책의 한국어판 저작권은 펍헙에이전시를 통해 저작권자와 독점 계약한 엔크리스토에 있습니다.
저작권법에 의해 한국 내에서 보호를 받는 저작물이므로 무단 전재 및 무단 복제를 금합니다.

60여 년 동안 나를 지지해 주시고 권면해 주셨던
나의 부모님 폴 리드와 루사일 리드 두 분께
그리고
나사렛 출판부에서 교재 편집에 평생을 바쳤고
나에게 성령에 관해 읽고 쓰도록 권면해 주신
에디스 란츠 아주머니를 추모하며
이 책을 바칩니다.

• 차 례 •

서문 9

| 제1부 | 거룩함의 '찬란한 그림자'

    1 | 거룩한 존재의 거룩한 자취 16
        "거룩함의 찬란한 그림자"

    2 | 이 세상에서 가장 아름다운 존재 24
        "어떤 분명한 존재"

    3 | 영원히 타오르는 불 35
        "가장 신령한 존재"

| 제2부 | 하나님의 거룩한 전 : 영화롭고 빼어나도록 지어진 존재

    4 | 창조주의 마음을 닮은 마음 44
        "형상의 그림자"

    5 | 하나님의 뜻을 따를 수 있는, 여전히 유효한 자유의지 58
        "하나님의 방식"

| 제3부 | 가장 신적이지 않은 존재 "악의 추구"

    6 | 우리는 모두 파괴자다 72
        "모든 죄는 신성모독이다"

7 | 이 곤궁을 일으키는 것은 마귀다 83
"뒤틀린 자"

8 | 우리가 멸망의 길을 택한다 93
"타락이란 다른 것이 아니라 불순종이다."

9 | 죄의 맹위 102
"영혼은 이미 그 나무에서 빠져나갔다."

| 제4부 | 하나님의 거룩한 예비하심 "기독교의 전부"
〈그의 백성을 위한 그분의 계획〉

10 | 거룩하도록 부름 받음 118
"특정한 유형의 사람들"

11 | 완전한 그리스도인 128
"기독교의 전부"

12 | 그리스도 예수를 본받아 138
"모든 사람의 원래 지어진 모습"

〈바랄 만한 한 가지, 정결한 마음〉

13 | 새 사람을 입음 150
"의지의 전환" "죽기 전에 죽으라."

14 | 완전한 복종 159
"내게 전부를 다오."

15 | 내 모든 것을 그리스도께 맡기고 **171**
"모든 문을 여는 열쇠"

16 | 그리스도의 지체 **181**
"영원한 머리 되신 분과 함께하여"

17 | 시련을 겪을수록 더욱 상해신다 **190**
"고난을 통해 완전해짐"

| 제5부 | 거룩하고 거룩하고 거룩하신 하나님

18 | 거룩하신 아버지 **202**
"우리가 하나님께 어떻게 말해야 하는지 하나님께서 직접 가르쳐 주셨다."

19 | 거룩한 아들 **218**
"'선하고 두려운' 유대의 사자"

20 | 성령 **231**
"그분은 항상 당신을 통해서 활동하신다."

주석 **240**

서문

20세기 인물 가운데 C. S. 루이스만큼 기독교계에 깊은 영향을 미친 사람도 드물다. 루이스의 책들은 그가 세상을 떠난 지 35년이 지난 지금까지도 베스트셀러다. 『나니아 연대기(*The Chronicles of Narnia*)』는 매년 가장 많이 팔린 아동도서 목록에 붙박이로 오르고 있다. 『순전한 기독교(*Mere Christianity*)』는 기독교 서점뿐 아니라 일반 서점의 서가에서도 쉽게 만날 수 있다. 어떤 기독교 작가의 책도 이만큼 지속적으로 출간되고 이처럼 널리 읽힌 적이 없다. 또 (예컨대 척 콜슨 같은) 비기독교인들을 복음화하는 데 루이스만큼 성공을 거둔 작가도 드물다. 많은 사람들이 루이스의 신학적 이해를 통해 하나님의 은혜에 눈 뜰 수 있었다고 시인하고 있다.

"현대 복음주의를 이끈 인물들"을 다룬 「크리스치애너티 투데이(*Christianity Today*)」의 1996년 9월 특집호에서 존 스택하우스 주니어(John Stackhouse Jr.)는 제2차 세계대전 이후 출간된 영향력 있는 책들을 검토한 후에 "이 시기에는……미국 복음주의파에 미친 영향에서 언급된 모든 작가들 가운데 단연 돋보이는 작가가 한 명 있었다"[1]라고 썼다. 그 작가가 바로 루이스였는데, 역설적이게도 그는 일반적 정의대로라면 미국인도 아니고 복음주의파도 아니었다. 그는 "실제적인 지혜와 알아듣기 쉬운 신학, 재치, 활기, 논리, 상상력을 찾는 사람들에게 한 세대가 넘도록 지대한 영향"2)을 미쳤다.

찰스 콜슨(Charles Colson)은 '옥스퍼드의 예언자'라는 제목의 「크리스치애너티 투데이」 최근호 칼럼에서 루이스를 "포스트모던이라는 우리 세대의 진정한 예언자"3)라고 부르고 있다. 콜슨에 따르면, 이 옥스퍼드 교수의 글은 "백악관 전문 비평기자인 나 같은 사람[콜슨 자신]의 심장을 파고들어" 결국은 현재 그가 대표를 맡고 있는 감옥선교회(Prison Fellowship)의 비전을 갖게 해주었다. 루이스가 그처럼 예언자적인 사상가일 수 있었던 것은 그가 "자기 세대의 좁은 세계관"을 통렬하게 비판할 수 있을 만큼 깊은 역사의식을 가지고 있었기 때문이라고, 콜슨은 설명한다. 루이스는 무엇보다도 그가 "대대로 내려온 위대한 기독교 사상들"4)이라고 부른 것을 바탕으로 생각하고 글을 썼다.

사람들은 그를 예언자로 보기에 충분하다고 생각하지만 루이스 자신은 '평신도 신학자' 이상으로 자기를 내세운 적이 없다. 하지만 많은 신학자들의 글을 읽어본 나로서는 유명한 신학교 교수 자리를 차지하고 있는 어떤 학자보다도 루이스가 기독교를 잘 이해했었다는 쪽으로 생각이 기운다. 자기가 하는 일이라고 루이스가 실제로 내세운 것은 전통적 기독교 신앙을 명확하게 설명하는 작업이었으며, 그의 책 거의 모두를 채우고 있는 것도 바로 그의 든든한 믿음이다. 그 자신이 철저히 회심한 자였기 때문이다.

마찬가지로, 그가 '거룩'에 관한 본격적인 논문을 쓴 적이 없는데도 그의 글들에는 거룩과 관련된 내용이 상당히 많이 들어 있는 것은, 마음과 삶의 거룩함이 기독교 전통의 핵심적 주제 가운데 하나이기 때문이다. 루이스는 성령의 역사인 '변화', 즉 믿는 자에게 은혜를 부어 주어 그리스도 예수의 형상을 본받게 하는 것을 강조했는데, 내가 보기에 루이스의 입장은 거룩함을 위해 부르셨음을 주장하는 웨슬리 전통의 기본 신앙과 정확하게 일치한다. 그의 글을 보면 루이스가 결정이 필요한 '결정적' 순간, 곧 인생의 방향을 정하는 은혜로운 선택의 순간과 함께 점진적으로 성품을 이뤄나가는 신비한 '성장' 과정도 강조하고 있음을 알 수 있다. 따라서 그를 '거룩 전통'에 속했다고 간단히 분류할 수는 없지만, 하나님, 창조, 죄, 구원에 대한 그의 생각들은 모두 거룩함이라는 주제를 지지하고 거기에 중요한 이해를 던져준다.

이 책은 몇 가지 요소를 결합하려는 시도에서 나왔다. 어떤 면에서 루이스를 인용한 선집에 가까워 보일 수 있다. 사실은 인용할 훌륭한 구절들이 워낙 많아서 책을 쓰는 동안 나의 주된 어려움 가운데 하나가 어떤 인용문을 뺄까 또는 뺀다면 어느 정도까지 뺄까 하는 거였다. 나보다 사고의 내용에서나 표현에서나 훨씬 뛰어난 분의 글을 상세하게 인용하는 것은 얼마든지 정당한 일이다. 사실, 이 책이 독자들에게 루이스의 선집을 들춰보고 그의 글을 좀더 읽어보고 싶어지게 하는 작은 실마리라도 된다면 나로서는 한 가지 목표는 성공한 셈이다.

둘째로 이 책에서는, 선정된 항목들을 바탕으로 루이스의 사상을 해석하고, 관련된 주제에 대한 루이스의 견해를 이해하는 데 도움이 되도록 (루이스가 그의 책에서 반드시 언급하지는 않았더라도) 그것의 범주화를 꾀했다. 이 과정에서 루이스에 대한 나의 선입견이나 추측이 섞이지 않는 공정한 입장을 유지하려고 각별히 애썼다. 루이스의 기본적 견해가 있는 그대로 전해졌기만을 바랄 뿐이다. 하지만 거룩함에 대한 루이스의 생각을 찾으려고 하다 보니 그가 실제로 이야기한 것보다 더 많은 것을 내가 읽고 싶은 대로 읽었을 가능성도 있다. 그러나 그것은 작업의 속성상 어쩔 수 없는 일이 아닐까.

셋째, 루이스의 글을 읽노라면 그 주제에 대한 나의 생각뿐 아니라 루이스와 기본적으로 같은 요지로 말했다고 믿어지는 여러 신학자와 사상가들의 통찰이나 해설을 보태고 싶은 마음이 어김없이 들곤 했다는 점을 말해야 할 것 같다. 루이스는 기독교 교회의 합의된 전통과 주류에 굳건한 뿌리를 두고 있다. 나는 이 책에서 그의 사상들이 아우구스티누스나 토마스 아퀴나스 같은 초기 기독교 형성에 기여한 사상가들의 견해와 정확히 일치하는 것임을 보이고 싶었다. 그러나 이러한 생각은 전적으로 나의 생각이고 설명이라는 것을 분명히 이해해 주기 바란다. 다만 그것들이 루이스의 입장을 예시적으로 보여주거나 확장하는 것이기만을 바랄 뿐이다.

  이 책을 집필할 수 있도록 안식년을 허락해준 포인트 로마 나사렛 대학 측의 도움이 없었다면 이 책은 나올 수 없었을 것이다. 아울러 책을 위해 특별 연구지원금을 지원해준 같은 대학의 웨슬리 센터에도 고마움을 표한다.

| 제 1 부 |

거룩함의 '찬란한 그림자'

1 | 거룩한 존재의 거룩한 자취
"거룩함의 찬란한 그림자"

그것은 마치 내가 잠든 사이 누군가 나를 경계 너머로 옮겨다 놓은 것과도 같았다. 아니면 내가 이전 세계에서 죽었는데 어떻게 해서 그렇게 되었는지도 모르게 새로운 세상에 살아 있는 것과 같은 일이었다. 어떤 면에서 새로운 세상은 이전 세상과 아주 똑같은 곳이었다. ……하지만 한편으로는 모든 것이 달라졌다. 나는 그때까지 그 새로운 속성을 무어라 불러야 할지 몰랐다(그리고 그 후로도 오랫동안 그것에 대해 배워야 했다). ……그러나 이제 나는 안다. 그것은 거룩함이었다.[1]

C. S. 루이스는 어린 시절 때때로 실제 세계보다도 더 진짜 같은 어떤 생생한 세계를 접하곤 했다. 그것은 '기쁨'이라고밖에 달리 부를 이름이

없는 새벽이슬 같은 세계였다. 그러한 순간을 접할 때마다 루이스 안에서는 더 깊은 만남과 확고한 발판, 그 거룩함에 영원히 함께하기를 바라는 쉽게 채워지지 않는 열망이 일어났다. 루이스는 그의 영적 자서전, 『예기치 못한 기쁨(Surprised by Joy)』에서 조지 맥도널드(George MacDonald)의 『판테스티스(Phantastes)』를 구입하면서 자신이 결정적 단계를 넘어서게 된 순간을 축하하고 있다. 곳곳에서 난국에 부딪히는 한 청년의 영적 여행 이야기에서 그는 삶을 변화시키는 '그림자'의 존재를 만났고, 책을 읽는 동안 루이스의 가슴은 요동쳤다. 그가 그 이전에 때때로 접했던 '기쁨'은 그를 둘러싼 주변 세계로부터 벗어나서 잠시 다른 세계로 다녀오는 것과도 같은 경험이었다. "그러나 이 찬란한 자취는 바로 내 눈앞에서 책으로부터 현실 세계로 뻗어 나와 거기 머물며 온갖 평범한 것들을 변화시키면서도 그 자체는 그대로 있었다. 더 정확하게 말하자면 내가 본 것은 평범한 것들이 그 찬란한 그림자를 빨아들이는 모습이었다."[2]

그는 이렇게 회상했다. "어떤 의미에서 그날 밤은 내 상상력이 세례 받은 날이었다. 물론 상상력 너머 내 전체가 세례받기까지는 더 오랜 시간이 걸렸다. 나는 『판테스티스』라는 책을 사는 일이 나에게 어떤 의미가 있는지에 대해서 전혀 알지 못했다."[3] 맥도널드의 책을 읽는 동안 루이스는 가슴 한구석이 깊은 숲 속에서 타오르는 모닥불처럼 뜨거워지는 것을 느꼈다. 그리고 가슴을 열고 한껏 살아볼 만한 현실을 발견했다. 루이스가 그리스도인이 된 것은 그 후로도 여러 해가 지난 다음이었다. 하지만 그가 모두 이해를 넘어서는 '기쁨'의 축복을 받은 것은 바로 그날이었다. 그때부터 루이스는 시시때때로 그 기쁨의 진리와 선함과 아름다움만이 그의 안에서 솟구치며 그를 부추기는 영원한 세계를 향한 저

> 루이스는 가슴 한 구석이 깊은 숲 속에서 타오르는 모닥불처럼 뜨거워지는 것을 느꼈다.

알 수 없는 'sehnsucht'(루이스가 즐겨 쓰는 독일어 단어. '그리움', '향수병'이라고 옮길 수 있다)를 채울 수 있다는 것을 느꼈다.

우리들 또한 시간에 구속된 세속적 존재와는 완전히 다른 세계를 소망한다. 그래서 초자연적 존재를 망각한 채 철저한 물질주의에 빠진 현대 사회에서 힘겨워하는 것이다. 루이스가 그의 많은 저작들에서 언급하고 있는 포스트 그리스도인들은 거룩함이 실제로 존재한다는 사실을 기본적으로 받아들이지 않았다. '거룩'이라는 단어는 가장 기본적으로 '구별' 되었다는 뜻이다. 이 '구별된' 하늘나라에는 변변한 대변인이 없다. 심지어 오늘날 교회 안에서도 찾아보기 어렵다! 그런데 바로 루이스가 『기적(Miracles)』 등 그의 저서에서 초자연적 실재에 대해 우리를 일깨우고 영원한 기쁨을 다시 찾게 해주었다.

루이스가 '기쁨'이라고 부른 것의 핵심은 "거룩함이었다."[4] 그의 자서전보다 10년 일찍 발간된, 그의 상상력이 담긴 작품 『천국과 지옥의 이혼(The Great Divorce)』에서 루이스는 하늘나라에 이르는 여정에서 그의 인도자가 된 맥도널드와의 만남을 기술하고 있다. 그는 이렇게 술회했다. "어느 추운 날 오후 레더해드 역에서 내가 맨 처음 『판테스티스』를 사던 순간이 나에게는 단테가 베아트리체를 처음 본 것과도 같은 일이었다. '거기서 새로운 인생이 시작' 되었던 것이다."[5]

루이스는 처음 몇 년 동안 그러한 암시를 "단순한 상상의 영역으로만" 생각했지만 "점차 그리고 어쩔 수 없이" 기독교 신앙으로 접근해갔으며, 마지막에 가서는 "그[맥도널드]의 책에서 내가 마주했던 속성의

참된 이름은 거룩함이다"라고 시인하게 된다.6)

그가 그 이전에 잠깐씩 맛보던 기쁨은 거룩한 근본적 기쁨에 뿌리를 둔 것이었다. 거룩함의 실재 속에 잠길 때 찾아오는 기쁨에 이름으로써—그 곧은 뿌리를 거룩한 존재에 두고 있는 궁극적 선함을 발견하고, 거룩함의 찬란한 빛줄기 속에 유성처럼 빛나는 진리를 보며, 거룩하신 분의 섬세한 동판화와도 같은 아름다움을 기뻐함으로써—루이스의 삶과 사고는 영감을 얻었다. 거룩하신 분을 알아가는 일—그리고 그 관계 속에서 거룩해지는 일—은 루이스를 매혹시켰고 변화시켰다. 사방팔방에서 시시때때로 거룩한 노래의 아름다운 선율이 그를 불러 돌아보게 만들었다.

우리도 젊은 루이스가 그랬던 것처럼 때때로 신의 자취, 신비로운 존재의 그림자를 본다. 우리들보다 오래 전부터 있었고 우리들보다 더 깊고 더 나은 존재, 우리가 사는 좁아터진 이 세상의 한계를 완전히 뛰어넘는 존재의 그림자가 시시때때로 우리를 찾아온다. 전혀 뜻밖의 순간에 우리는 어두운 '유령의 집'을 통과하고 있는 것 같은, 혹은 달 없는 밤 안개에 싸인 아주 오래된 공동묘지를 혼자 걸어가고 있는 것만 같은 기분에 휩싸이곤 한다. 세상에는 우리 눈에 보이는 것 이상의 것이 존재한다! 아우구스티누스처럼 우리도 알고 싶어 한다. "이것이 무엇인가? 내 안에서 한 순간에 일어나 내 가슴을 두드리면서도 내 마음을 아프게 하지 않는 이것이 도대체 무엇인가? 내가 그 빛에 떨리는 자이자 동시에 그 빛이기도 하다. 내가 그것과 닮아 있지 않은 만큼 그 빛으로 떨리는 자요, 내가 그것과 닮아 있는 만큼 그 빛이기도 한 것이다."7)

> '거룩하다'라는 말은 영적 건강함을 뜻한다.

루이스도 그랬지만 아우구스티누스가 보기에 가장 깊은 곳에서 우리를 흔드는 것은 바로 가장 거룩한 존재이다. '거룩하다' 라는 말은 영적 건강함을 뜻하지만 이상하게도 많은 사람들이 이 단어에 강한 거부감을 나타낸다. 다 죽게 된 사람들, 암병동의 사람들이 의사나 간호사들이 건강이니 웰빙이니 운운하는 것을 싫어하듯이 말이다. 불행히도 거룩함은 그 찬란함과 매력을 잃어버린 듯하다. 거룩함이란 이제 곰팡이가 피고 조화(弔花)에 뒤덮인, 축하 잔치가 아니라 애도에 더 어울리는 것이 되어 기쁨이 아니라 지루함을 불러일으키는 것 같다. 인간 언어에서 가장 매력적인 단어 가운데 하나여야 마땅할 것이 자주 잘못되어서 사람들이 기피하는 것이 되고 말았다. 우리는 너무 자주 거룩함을 산장의 훈훈한 안락함 속에서 피어나는 것이라기보다는 난방이 안 되는 청교도 예배당의 차가운 절제 속에서만 찾을 수 있는 것으로 생각하며, 거룩한 하나님에 대해서도 그런 식으로만 상상한다.

그러나 루이스의 판단은 이렇다. "거룩함을 고리타분한 것으로 생각하는 사람들이 이것을 어떻게 알겠는가? 참된 존재를 만나면(아마도 당신처럼 나도 딱 한 번밖에 만나지 못했는데) 아무도 저항할 수 없다. 전 세계 인구의 10퍼센트만이라도 그것을 경험한다면 1년이 지나기 전에 이 세상이 완전히 달라지고 행복해지지 않을까?"[8] 죄인들은 거룩함을 생각할 때 기쁨을 느끼는 것이 아니라 몸을 숨기고 공격할 생각을 한다. 그래서 어쩌면 선함 때문에 죽임을 당하는 순교자들처럼 좋은 뜻의 단어들이 종종 루이스가 '언어살해(verbicide)' 라고 부른 것, 즉 단어의 참뜻을 고의로 왜곡시키는 일을 당하게 된다. 루이스는 "생명과 언어는 똑같이 신성하다. 살인과 언어살해—즉, 어떤 단어를 어긋나게 사용함으로써 그 원래 뜻에 치명적인 결과를 초래하는 일—는 똑같이 금지사항이다"9)라는 올리버 웬델 홈스(Oliver Wendell Holmes)의 말에 동감한다. 그래서 이렇게 선언했다. "우리가 언어살해를 막을 수는 없다. 우리가 할 수 있는 최선은 그들을 따라하지 않는 것이다."10)

조세프 피에퍼(Josef Pieper)는 "어떤 언어에서든 기초 단어, 즉 존재의 핵심 문제를 말하는 단어들이 특히 왜곡되기 쉬운 것이 분명하다"11)고 쓰고 있다. 루이스는 좋은 뜻의 단어를 그 반대로 전환시키는 이러한 경향을 하나의 법칙으로 명명하고 이렇게 말했다. "선한 속성에 어떤 이름을 붙이면 그 이름은 이내 뭔가 결함을 가리키는 이름이 된다."12)

그럼에도 불구하고 좋은 뜻의 단어들도 멸종 위기에 처한 동식물처럼 보호되어야 한다. 거룩함도 그 중 하나다. 우리가 먹는 음식에서 칼슘, 철, 칼륨 같은 영양소가 빠지면 안 되듯이 죄, 구원, 정직, 충성, 그리스도인, 하나님 같은 단어들은 우리 어휘에서 빠질 수 없는 것들이다. 우리가 건강하기 위해서는 영양소와 함께 이러한 단어가 반드시 있어야 한다. 공자는 한 국가 사회의 부활은 '이름을 바로잡는 데' 서 비롯된다고 지적했다. 루이스가 쓴 대로 파괴되는 "단어를 살려내는 일은 영어를 하나의 언어로서 아끼고 사랑하는 모든 사람들에게 해볼 만한 가치가 있는 과업이다."13)

우리는 흔히 거룩함을 이글거리는 눈빛과 날카로운 언변을 떠올리게 하는 세례 요한이나 "성난 하나님의 손 안에 있는 죄인들"이라는 단 하나의 설교로 고등학생들과 대학생들에 잘 알려져 있는 조나단 에드워즈(Jonathan Edwards) 같은 거창한 인물에게나 깃들여 있는 것으로 상상한다. 그러나 에드워즈는 그의 가장 훌륭한 저작 가운데 하나인 『종교적 사모(Religious Affections)』에서 그가 잘 드러낸 바 있는 주제를 더 자주 강조했다. 즉 "열이 불의 속성이고 달콤함이 성유(聖油)의 속성이듯이 하나님의 아름다움이자 달콤함인 거룩함은 성령의 속성이다"라고 분명히 말했던 것이다.14) 칙칙함이 아니라 아름다움이며, 상처를 자극하는 소금이 아니라 치유하는 기름이다! 이것이 바로 하나님의 거룩함이다.

{ 하나님의 거룩함의 아름다움은 해변의 석양보다 천 배는 더 아름다우며 그림 같은 그랜드 캐니언의 장관보다 수십 배는 더하다. }

진실로, 하나님의 가장 멋진 속성은 그분의 거룩함이다! 다윗은 기쁨에 들떠 노래했다. "여호와의 이름에 합당한 영광을 돌리며 거룩한 옷을 입고 여호와께 경배할찌어다"(시 29:2). 가장 위대한 기독교 신학자로 꼽히는 토마스 아퀴나스는 아름다움이란 "보았을 때 흡족해지는 것"이라고 말했다. 아름다운 경치에 도취되면 우리는 묘한 감동을 느끼고 그 경관으로 흡족해진다. 태양이 하늘의 구름을 붉게 물들이며 영롱한 무지갯빛 풍선처럼 바다로 가라앉을 때 그것을 보려고 몰려드는 사람들을 보라. 그랜드 캐니언을 통과할 때면 차를 세우고 그 장관이 더 잘 보이는 곳에서 사진을 찍으려고 차에서 내리는 사람들을 보라. 우리가 하나님의 아름다움을 제대로 볼 수만 있다면 그것은 해변의 석양보다 천 배는 더 아름다우며 그랜드 캐니언의 장관보다 수십 배는 더하다.

달콤함도 아름다움처럼 우리를 매료시킨다. 새나 벌도 꽃에서 꿀물을 빨아먹는다. 말도 조련사의 주머니에서 나오는 각설탕을 받아먹으려고 빨리 달린다. 아이들은 신이 나서 사탕과 탄산음료를 먹는다. 나는 새나 벌이나 말이나 아이들에게 단것을 억지로 먹이는 모습을 본 적이 없다. 하나님의 거룩함도 한번 제대로 맛보면 바로 그렇게 우리를 매료시키고 삶의 모든 과정을 그 좋은 것으로써 달콤하게 만들어 준다. 하나님의 거룩함은 달콤한 향기를 일으켜서 우리의 혀를 유혹하고 우리의 입맛을 충족시킨다.

C. S. 루이스는 그의 모든 저작을 통해 '거룩함' 보다는 '기쁨'을 더 자주 언급했다. 그러나 잘 생각해보면 그가 열망했던 기쁨은 거룩한 하나님으로부터 나오는 것임을 알 수 있다. 그것은 그 온전하심과 성실하심, 우리 존재의 완벽함에 대한 우리의 기쁨을 묘사하고 있다. 그것은 하나님으로부터 오는 거룩함인 것이다. 루이스를 매혹시킨 "전혀 다른 속성, 저 찬란한 그림자"는 궁극적 실체의 현현이었다. 그는 그것이 '거룩함' 임을 깨달았다.

그리고 그의 비전은 다분히 성서적이다. 시편 기자가 바로 이렇게 외치고 있다. "내가 여호와께 청하였던 한 가지 일 곧 그것을 구하리니 곧 나로 내 생전에 여호와의 집에 거하여 여호와의 아름다움을 앙망하며 그 전에서 사모하게 하실 것이라"(시 27:4).

2 | 이 세상에서 가장 아름다운 존재
"어떤 분명한 존재"

뭔가가 존재한다면 '그 기원이 되는 것'은 어떤 원칙이나 일반성일 수 없고 어떤 '발상'이나 '가치'일 수는 더더욱 없으며 오직 명백하게 구체적인 사실[1])이어야만 한다.

우리가 부딪히곤 하는 거룩함의 '그림자'가 있다면, 그 그림자를 던지는 '거룩한 존재'가 당연히 있어야 한다. 거룩함에 대한 암시는 가장 거룩하신 한 분으로부터 온다. 따라서 궁극적 '거룩함'은 확실히 정의되어야 하는 어떤 선언보다도 훨씬 더 살아 있는 실체이며, 우리가 만날 수 있고 겪어서 알 수 있는 하나님 존재의 일면이다. 남편이 자기 아내의 외모와 옷차림과 화장이 따라갈 수 없는 그녀 내면의 아름다움을 알 듯이 우리는 거룩함을 안다. 지혜로운 코치가 선수 스스로 힘을 기르도록 훈련시키듯이 소중하게 간직해야 할 어떤 진리보다 심오한 거룩함은 바로잡고 변화시키는 진실된 한 분 안에 거한다. 따라서 거룩함은 시종일관 하나님을 가리킨다. 시에라네바다 광맥에 금이 있듯이, 거룩함이란 그분의 인격에 무조건 깃들어 있는 것이며 그분 존재의 기본 조건이 되는 내적 속성이기 때문이다.

거룩함에 대한 논의의 초점이 하나님이 아니라 "우리 인간 자신과 인간의 구원"에 맞춰지는 경우가 너무 많다. 거룩함을 말하는 신학이나 설교에서는 인간의 거룩함을 위한 수단으로서 꼬리말에서야 겨우 거룩한 하나님을 끌어들이는 경우가 허다하다. 그분의 선하심과 아름다움에 대해 거룩하신 한 분을 예배하는 것이 아니라 우리를 선하고 아름답게 하기 위해 그분을 이용하려고만 든다. 그러나 거룩함의 진정한 초점은 오직 하나님, 거룩하신 한 분뿐이다. 올바른 역사가라면 자기 자신이 아니라 다른 사람을 연구해야 마땅하듯이 신학자들도 인간이 아니라 하나님을 연구해야 한다. 그래서 기독교 신앙은 당연히 "그 본체[하나님]의 형상"(히 1:3)이신 하나님의 아들 그리스도를 찬양하는 데서 시작된다. 이런 점에서 C. S. 루이스를 가장 위대한 기독교 사상가들과 함께 거룩 신학자라고 불러도 좋다. 그가 무엇보다 하나님의 절대적인 거룩함을 끊임없이 강조했기 때문이다.

하나님이 거룩하시다는 사실은 깊이를 헤아릴 수 없는 바탕이며 기독교 신앙의 거대한 구조를 지탱하는 단단한 반석이다. 성경에서 하나님은 "나는 스스로 있는 자"라고 잘라 말씀하셨다. 우리가 그분에 대해 말하는 모든 것, 우리를 향한 그분의 뜻에 대해 우리가 이해하는

> 거룩함은 사랑처럼 하나님의 속성을 말하는 것이다.

모든 것은 사실 이 선언의 확실성에서 나온다. 20세기의 영향력 있는 신학자 구스타프 아울렌(Gustaf Aulen)의 판단에 따르면, 우리는 "그 배경에 그분의 거룩함이 깔리지 않고 투영되는 어떤 것에서도 하나님을"[2] 확인할 수 없다.

토머스 오든(Thomas Oden)은 "거룩함은 많은 신적 특질 가운데 한 가지로 생각할 수 있는 것이 아니다. ……거룩함이란 그보다는 살아계신 하나님의 비할 데 없이 선한 모든 특징들을 결합하고 통합하고 요약하는 것이다"[3]라고 지적했다. R. C. 스프로울(Sproul)은 이렇게 말하고 있다. "하나님을 가리켜 '거룩하다'고 할 때 '거룩하다'라는 단어는 여럿 가운데 구별되는 한 가지 속성을 가리키는 것이 아니고, 하나님의 신성에 대한 동의어로 쓰이는 것이다. 다시 말해서 '거룩하다'라는 단어는 하나님을 하나님이게 하는 모든 것을 환기시키는 말이다."[4] 기독교 전통에서 하나님의 여러 속성들(전능, 전지 등)은 하나님의 권능과 역사하심을 가리키지만, 거룩함은 사랑과 마찬가지로 하나님의 속성, 하나님이 진정 어떤 분인지를 나타낸다.

플라톤은 실재를 진, 선, 미 같은 보편적 개념들의 온전한 융합으로 보았다. 소피스트들의 상대주의를 반박했던 플라톤은 "절대적 가치가 존재한다는 것, 그것을 우리가 알 수 있고 따라서 진리라는 것이 존재한다는 것을 보여주었다. 그는 또한 그러한 가치들이 우리가 '선(善)'이라고 부르는 것의 지상성(至上性)에 압축되어 있음을 보여주었다. 플라톤에 따르면 이러한 선은 각 개인의 잠재력에 따라 개인의 삶 속에서 실현될 수 있는 것이다."[5] 신을 나타내는 말로 플라톤이 만들어 낸 단어—아가톤(Agathon)—인 선은 "신의 영원한 선함은 그것을 받아들이는 인간 영혼에 도덕적 깨달음"[6]을 불어넣어 준다고 시사하고 있다. 길버트 메일랜더(Gilbert Meilander)는 "플라톤의 목표는 다름 아니라 거룩함, 선한 것과 같아지는 것이다"⁷⁾라고 쓰고 있다. 루이스의 어떤 글을 읽어 보아도 그가 플라톤을 사숙했다는 것을 분명히 알 수 있으며, 그런 면에서 플라톤이 말하는 보편적 개념들과 루이스가 그리고 있는 하나님의 거룩함 사이에서 많은 중요한 함의를 주는 상관성을 발견할 수 있을 것으로 생각한다.

구약성서에는 'qodesh'—거룩함, 즉 구별되고 성별된 것—라는 단어가 수백 번 등장한다. 이것은 기본적으로 오직 하나님만이 하나님임을 뜻한다. 다른 어떤 신들과는 전혀 다르다는 말이다. 그분은 모세가 들은 대로 "스스로 있는 자"이다. 하나님의 자존성(自存性), 즉 어디서도 기인하지 않고 스스로 존재함이 우리가 그분에 대해 말하는 모든 것의 지주다. 모든 진리는 이 참 진리를 가리키고 있을 뿐이다. 오직 창조주만이 지음받지 않은 한 분이다. 따라서 우리가 다양한 우상, 그야말로 '조각상'을 만든다는 것은 보잘 것 없는 우리의 표상으로 하나님을 축소시키는 짓이 된다. 우리는 인간의 언어로 하나님을 정의할 수 있다고 믿고 싶어 하기 때문에 하나님을 우리와 닮은 모습으로 지어내곤 한다. 그러나 하나님은 거룩하시다. 우리와는 다른 한 분이신 하나님이다. 그분은 자연과는 다른 초자연적 존재다! 이사야 서를 보면, "거룩하신 자가 가라사대 그런즉 너희가 나를 누구에게 비기며 나로 그와 동등이 되게 하겠느냐"(사 40:25)라고 하나님께서 물으신다. 물론 이 질문에 대한 답은 "없습니다"이다. 누구도, 어떤 피조물도 거룩한 하나님과 겨룰 수 없다.

C. S. 루이스는 이것을 설명할 때 하나님은 어떤 '분명한 존재(particular Thing)'라는 표현을 즐겨 썼다. 뭔가가 '분명하다'는 것은 이를 테면 1860년 링컨의 대통령 당선 같은 구체적 사건이나 레오나르도

다빈치의 「모나리자」 같은 특정한 작품처럼 어떤 한 가지 부류의 하나라는 말이다. 어떤 '존재(Thing)'는 당연히 실체가 있으며 실제로 존재한다. 요세미티 국립공원에 하프 돔이 있듯이 그렇게 존재하는 것이다. 아마도 초월이라는 단어—이것은 "전혀 다른, 즉 다른 것들과 질적으로 다름을 뜻한다—가 하나님의 거룩함, 그분의 자존적 면모를 가장 잘 말해준다고 할 수 있다. 하나님은 우리 인간과 전혀 다르고 시간, 공간적 한계를 갖는 이 세상과도 전혀 다르다. 그분은 온전히 한 분 하나님이시며 처음부터 끝까지 오직 거룩하시다.

루이스는 '영적', '초자연적' 같은 모호한 단어를 사용하는 것에 대해, 그것이 분명성과 실체성을 없애고 기분 좋은 상상이나 한가한 회피적 백일몽처럼 들리게 한다는 이유에서 강하게 반대했다. 루이스는 거룩한 실재들을 이 세상의 것들보다도 더 확실하고 뚜렷한 것으로 받아들였다. 거룩한—qodesh(거룩함)—하나님은 바다 한가운데 지브롤터 바위가 솟아올라 있듯이 그렇게 분명히 서 계시기 때문이다. 모든 존재의 기원이 되신 하나님—궁극적 존재—은 사실 가장 실제적이고 가장 구체적이며 가장 불변적이기 때문이다. 오직 거룩한 하나님만이 영원히 실재한다. 부활하신 예수님이 벽을 통과해서 걸을 수 있었던 것은 그분이 돌보다 더 견고해서 궤도를 따라 둥둥 떠 있는 전자들쯤은 간단히 밀어낼 수 있었기 때문이다. 예수님은 벽돌이나 회반죽보다 훨씬 더 견고하고 고밀도이기 때문에 우리가 물을 헤치고 걷듯이 벽을 헤치고 걸으실 수 있었던 것이다.

> 하나님은 그 거룩함으로, 바다 한 가운데 지브롤터 바위가 솟아 있듯이 그렇게 서 계시다.

그의 가장 흥미로운 저작 가운데 하나인 『천국과 지옥의 이혼』에서 루이스는 지옥에 있던 영혼들이 하늘나라로 여행을 떠나게 된다면 어떤 일이 벌어질지에 대해 상상의 나래를 편다. 그들이 버스에서 내려 하늘 나라로 가는 들판을 찾아다니는 동안, 자기들이 얼마나 아무것도 아닌 존재로 추락했는지를 보여준다. 그들은 진정한 인간이게 하는 것들을 잃어버렸던 것이다! 그들은 한갓 수증기요 떠도는 안개이며 아무런 단단함이 없이 지옥의 고립 속으로 돌아가려고만 했다. 구원받은 영혼만이 (이 이야기에서 안내자로 등장하는 조지 맥도널드처럼) 하나님의 실재와 비슷한 실체와 견고성을 갖는다.

마찬가지로 『기적』에서도 루이스는 하나님에 대해서 적당치 못한 '칭찬의 말'을 붙여서 '무한한'이니 '신적 환경'이니 하는 구체성 없는 이름을 다는 것, 즉 루이스가 다른 곳에서 하나님을 "끝없이 펼쳐진 논"[8] 같이 만들어버리는 것이나 다름없다고 쏘아붙였던 추상화에 대해서 경고했다. "우리는 그런 단어에 혹해서 하나님을 형태가 없는 어떤 힘이나 일종의 모호한 에너지 장으로 상상하고, 애매한 '스타트랙(미국 텔레비전의 공상과학드라마-역자)'류 철학에 떨어지고 만다." 그래서 루이스는 이렇게 주장했다. "하나님은 어떤 분명한 존재라고 담대히 말하도록 하자. 원래 그분은 유일한 존재셨다. 그러나 그분은 창조하시는 분이다. 다른 것들이 존재하도록 그것들을 지으셨다. 그분은 그렇게 창조된 다른 존재 가운데 하나가 아니다."[9] 거룩한 하나님은 그분이 지으신 것들과 혼동되거나 그것들로 환원될 수 없다. 그분은 초월적 존재이며 그분이 지으신 세계와는 전혀 다르다.

히브리어 단어 'qodesh'의 두 번째 의미는 순수함이다. 하나님은 여러 가지 다른 재질의 것들을 풀로 결합시켜 놓은 합판 같은 존재가 아니다. 그분은 처음부터 끝까지 오직 순수하게 하나님이시다. 하나님의 초월성과 엮여 있는 하나님의 순수성은 당연히 그 거룩함의 결정적 면모를 나타낸다. 무엇이 순수하다는 것은 아무런 다른 것이 섞이지 않았다는 뜻이다. 순수한 금에는 금 아닌 것이 포함되어 있지 않다. '진짜'인 것이다. 순수한 빛에는 오직 빛만 있을 뿐이며 우리가 어떻게 해도 그것을 오염시키거나 그 속성을 변질시킬 수 없다. 빛은 온전히 오직 빛일 뿐이다. 마찬가지로 하나님의 순수성도 그분의 온전함을 나타낸다.

순수함에는 도덕적 차원도 포함된다. 순수한 사람들에게는—그리고 사람이 된 하나님에게는—도덕적 품성이 있다. 성적으로 순결한 운동선수들과 군인들은 배우자를 배신하게 만드는 유혹을 이겨냄으로써 그들의 도덕적 품성을 입증한다. 학문적으로 순수한 학자들은 진리를 소중히 여기기 때문에 자신의 연구결과가 잘못 전해지거나 왜곡되도록 놓아두지 않는다. 루이스의 설명은 "하나님은 명확한 품성을 갖고 계시다. 따라서 비도덕적이지 않고 정의로우며 아무런 작용이 없는 존재가 아니라 창조하시는 분"이기 때문에 "하나님의 속성 아닌 것들이 존재한다"[10]는 것을 우리가 이해할 수 있게 해준다. 구약성경을 자세히 살펴보면 하나님은 오직 한 곳에서만 "나는 오직 스스로 있는 자라고 선언하여 그 신비로운 자존성을 선포하고 있다. 그러나 '나 주는/가(I am the Lord)'로 시작되는 말은 수없이 많다. 궁극적 진리되신 이 '나(하나님)'는 이러이러한 명확한 품성을 갖고 있으며 그러저러한 다른 품성은 갖지 않는다."[11] 그래서 "인간에게 '주를 알라'는 훈계가 내려지는 것이다. 이 분명한 성품을 발견하고 경험해야 한다"는 것이 루이스의 설명이다.[12]

> 불순함을 순수한 하나님 안에 끼워 넣을 수 없다.

이것은, 거룩한 하나님은 불순함과 죄와 부정직과 도덕적 타락을 용납할 수 없다는 의미다. 거룩한 하나님의 '진노'는 순수한 하나님의 요체다. 기름과 물이 섞이지 않듯이 불순함을 순수한 하나님 안에 끼워 넣을 수 없다. 그 이유를 루이스는 이렇게 설명하고 있다. "이것[우리의 죄]을 불쾌하고 싫은 것으로 보지 않는 신은 선한 존재일 수 없다. 우리는 그런 신을 바랄 수도 없다. 그것은 마치 이 세상의 모든 코들이 사라져서 풀 냄새와 장미 향기와 바다 냄새를 즐거워하는 피조물이 하나도 없게 되기를, 인간이 내뿜는 썩은 내만 남기를 바라는 것과도 같다."[13]

거룩한 하나님, 순수한 하나님은 그 피조물의 불순함을 용납할 수 없다. 그래서 바울은 이렇게 경고했다. "불의한 자가 하나님의 나라를 유업으로 받지 못할 줄을 알지 못하느냐 미혹을 받지 말라 음란하는 자나 우상 숭배하는 자나 간음하는 자나 탐색하는 자나 남색하는 자나 도적이나 탐람하는 자나 술 취하는 자나 후욕하는 자나 토색하는 자들은 하나님의 나라를 유업으로 받지 못하리라"(고전 6:9-10). 자애롭고 훌륭한 선생님이라면 시험에서 학생의 틀린 답을 용납하지 않듯이 하나님은 우리를 사랑하시기 때문에 우리가 우리 자신과 하나님의 세계를 더럽히는 것을 허락지 않으신다. 좋은 학생은 선생님이 자기 잘못을 지적해 주기를 바랄지언정 비위를 맞추기 위해 틀린 답을 봐주는 선생님을 존경하지 않는다. 따라서 "인간 스스로 우리가 부정하다고 말하기만 해도 하나님의 '진노'가 너무나 기본적인 가르침처럼 보이게 된다. 스스로 부정함을 지각하는 순간 하나님의 진노가 불가피한 것으로 보인다. 하나님의 선하심의 당연한 귀결인 것이다."[14]

초월성과 순수성에 이어 마지막으로, 하나님의 거룩함은 그분의 광채, 그 존재의 완전한 아름다움이다. 성경에서 하나님을 칭할 때 자주 등장하는 용어로 말하자면, 하나님의 거룩함에는 '영광'이 있다. 거룩에 해당하는 그리스어 'doxa'가 성경에서 사용되었을 때는 "하나님께 속하는 속성으로서, 인간이 하나님에 대한 반응에서만 인식할 수 있는 속성"을 뜻한다. 성경의 텍스트를 인용하자면 "우리는 그 위대한 영광을 인하여 그에게 감사한다." "그분이 바로 여기서 말하는 영광이시다."[15]라고 루이스는 덧붙였다.

거룩한 광채는 시내 산에서의 모세로부터 변화산의 예수, 오순절 다락방의 성령까지, 성경의 중요한 획기적 사건 기록에서마다 찬란한 빛을 드러내고 있다. 영광은 아침이면 떠올라서 가로등을 필요 없는 것으로 만들고 사람들이 커튼을 열고 밝은 빛 아래 책을 볼 수 있게 해주는 태양과도 같은 것이다. 눈부시게 밝은 빛으로 빛나는 하나님의 영광을 볼 때 우리는 새롭게 일깨우는 새벽을 맞는 것 같은 기쁨을 느낀다.

그의 수작 가운데 하나인 『영광의 무게(The Weight of Glory)』에서 루이스는 거룩을 가리켜 "신약성경과 초기 기독교 글에서 매우 뚜렷하다. 구원은 항상 찬송, 면류관, 흰 옷, 광채를 연상시킨다"[16]고 썼다. 그러한 하나님의 영광에 싸이는 것, "잘했다! 착하고 신실한 종아"라는 하나님의 음성을 듣는 일은 구원의 궁극적 기쁨을 아는 것이다. "우리 각자는 세상의 기쁨이거나 혹은 두려움인 그분의 얼굴을 대할 수밖에 없다. 이루 다 표현할 수 없이 내려지는 영광이냐 아니면 결코 치유되거나 감출 수 없는 고통스러운 수치심이냐 사이에서 표현 형태만 다를 뿐이다."[17]

마지막 심판의 자리에서 우리는 거룩한 하나님께 심판받는다. 요즈음처럼 관용적이고 비판단적인 문화에서는, 하나님께서 우리를 실제로 심판할 권리가 있느냐를 결정하는 일이 정작 문제라고 보는 사람들도 있다. 그러나 루이스는 "우리가 하나님을 어떻게 생각하느냐는 그것이, 그분이 우리를 어떻게 생각하실 것이냐와 관련될 때 말고는 아무런 의미가 없다"[18]고 말한다. 심판 때에 우리는 "그분 앞에 서서 그분께 보이고, 조사받게 된다. 영광의 약속은 우리 가운데 진정으로 선택받은 사람은 누구라도 그 시험에서 살아남아 의인으로 인정받고 하나님을 기쁘게 할 것이라는 약속이며, 오직 그리스도의 역사로만 가능한 가장 놀라운 약속이다."[19]

분명히 말해서 인간은 믿음을 통해 은혜로 구원을 얻는다는 것을 루이스도 지지한다. 그러나 성경은 "믿음이 없이는 기쁘시게 못하나니 하나님께 나아가는 자는 반드시 그가 계신 것과 또한 그가 자기를 찾는 자들에게 상 주시는 이심을 믿어야 할찌니라"(히 11:6)라고도 분명히 기록하고 있다. 에녹이 "죽지 않고 하늘로 옮겨" 갈 수 있었던 것은 "저는 옮기우기 전에 하나님을 기쁘시게 하는 자라 하는 증거를 받았"(히 11:5)기 때문이라고 성경은 말하고 있다. 성경은 또한 "주께 합당히 행하여 범사에 기쁘시게"(골 1:10) 하라고 권면하고 있다. 바울은 데살로니가 교인들에게 "마땅히 어떻게 행하며 하나님께 기쁘시게 할 것을"(살전 4:1) 가르치는 편지를 썼다.

이 거룩한 하나님이, 그토록 영광스럽고 그토록 순수하고 그토록 완전한 하나님이 그의 충성스러운 종들에게서 기쁨을 얻으신다. 그분의 뜻, 그분의 명령은 우리가 알 수도 없고 따를 수도 없는 그런 것이 아니다. 우리에게 "하나님을 기쁘시게 하는 것……하나님의 기쁨의 진정한 이유가 되는 것……하나님께 사랑받는 것, 단지 측은하게 여김을 받는 것이 아니라 예술가가 자기 작품을, 아비가 자기 자식을 기꺼워하듯이 그렇게 기꺼워하심을 받은 것은 불가능할 것 같아 보인다. 우리가 생각하기에는 너무도 큰 무게의 영광이기 때문이다. 그러나 우리가 그분의 기쁨이 된다."[20]

루이스가 이처럼 아름답게 요약한 것은 일찍이 예수님께서 말씀하신 것이다. "마음이 청결한 자는 복이 있나니 저희가 하나님을 볼 것임이요"(마 5:8). 이 세상 끝날까지 세상의 가장 큰 기쁨은 거룩한 삼위일체 하나님께 담긴 진리와 선하심과 아름다움을 보는 것이요, 하나님을 온전히 예배하는 자들에게 약속된 참된 행복—하나님의 축복—을 아는 것이 될 것이다.

3 | 영원히 타오르는 불
"가장 신령한 존재"

일순간에—그때까지 나는 꽁꽁 얼어붙어가고 있었다—어떤 불길이 감각 없는 발끝까지 나를 뚫고 지나갔다. 그것은 하나님의 음성이었다. 나 말고 누가 그때 내 경험을 알 수 있겠는가? 하나님의 음성은 단번에 내 인생을 흔들어놓았다. 너무도 분명한 음성이었다. 성직자들의 농간으로 때로 사람들이 인간의 음성을 하나님의 것으로 잘못 듣는 일이 있을 수 있다. 그러나 하나님의 음성을 인간의 것으로 잘못 들을 수는 없다. 하나님의 음성을 듣고 그것을 인간의 음성으로 여길 사람은 아무도 없다. 나는 물었다. "주여, 뉘시오니까?"[1]

몇 해 전부터 대학생들이 좋아하는 단어로 '경외로운(awesome)'이라는 단어가 있다. 개인이나 가치 있고 아름다운 수행에 대한 놀라움을 담아서 어떤 것을 극찬할 때 대학생들은 "대단히 경외스럽다"라고 한다. 그들이 그런 이름으로 부른 적은 없었지만, 그들의 찬탄을 불러일으킨 것은 바로 거룩함이다. 어떤 것이 그 최고 상태에 이르렀을 때—그것이 미식축구 경기에서 와이드 리시버가 그림같이 잡아낸 '서커스 캐치'든 오페라 가수의 사람을 혼절시키는 독창이든—우리는 그것을 '경외롭다'고 한다. 그 존재의 정연함, 그 속성의 완전함, 그 구성의 온전함이 우리에게 강한 충격을 주기 때문이다.

루이스도 저 숭고한 전통을 지지했다. 즉 인간이 존재의 신비에 경이감을 느낄 때 지혜에 대한 사랑이 시작된다는 것이다. 우리는 존재한다는 것 자체가 제기하는 알 듯 말 듯한 의문 앞에서 그만 멈춰 서게 된다. 경외로운 충격에 빠진다. 잠에서 깨어 새 날의 아름다움을 맞이할 때 우리 안에서는 때로 "살아 있다는 것만으로도 좋다!", "존재한다는 것 자체만으로 기쁘다!" 같은 탄성이 일어난다. 플라톤은 대화편에서 소크라테스의 입을 빌어 이렇게 말한다. "경이감은 철학자의 감정이다. 철학은 경이감에서 시작된다."[2] 플라톤에 이어 아리스토텔레스도 같은 말을 했다. "애초에 인간을 철학하게 만든 것도 그리고 지금 인간이 철학을 시작하게 되는 이유도 그들의 경이감 때문이다."[3]

그런데 아무리 고상한 철학적 사유라도 의미를 찾는 우리의 갈증을 채워주지는 못한다. 루이스의 첫 번째 기독교 관련 저서인 『순례자의 귀향(The Pilgrim's Regress)』에 나오는 젊은 방랑자 존은 그가 찾는 매혹적인 '섬'으로 그를 인도하지 못하는 철학들을 가차 없이 포기한다. 소설 속의 존처럼 우리들에게도 칠판에 그려진 간단한 스케치나 코치실에서 구상한 경기 작전 이상의 것에 대한 궁극적 갈망이 있다. 실제 시합에서 뛰고 싶고 거기서 이기고 싶은 것이다. 학교에서 공부하는 것도 좋지만 대부분은 졸업해서 배운 것을 활용하고 싶어 한다. 우리는 뭔가 "다른 그 외의" 것을 바란다.4) 수학 공식보다 더 장엄하게 느낄 수 있게 하는 것, 삼단논법의 논증보다 더 거룩한 도취를 주는 것을 바란다.

그래서 누구보다 이성적이고 논쟁의 천재였으며 신앙을 변론할 때 냉철함과 명확함을 잃지 않았던 루이스가, 현대 사회에 너무도 팽배한 합리주의를 싫어했던 것이다. 컴퓨터 기술을 숙달하는 것은

> 기적의 순간들이 있다. 그 순간 우리는 하나님의 찬란한 빛 앞에서 말을 잃는다.

좋은 일이다. 하지만 사랑하고 사랑받는 것에 비할 바가 아니다. 과학을 배워서 활용하는 것은 현명한 일이지만 '과학주의'를 인생의 지침으로 삼는 것은 어리석은 짓이다.

루이스의 생각에 따르면 그것이 아무리 유용할지라도 "철학적 논증만으로는 결코 종교에 이를 수 없다. 왜냐하면 종교는 우리를 실재의 의미 영역으로 인도하는 것이기 때문이다."5) 개인적으로 루이스는 루돌프 오토(Rudolph Otto)가 '신령한' 경험이라고 부른 것—스포츠 스타나 유명 연예인을 마주한 팬처럼 그 자리에 꼼짝없이 붙들려 있는—에서 의미를 찾았다. 기적의 순간들이 있다. 많은 사람들이, 하나님의 찬란한 빛 앞에서 말을 잃게 되는 그 순간에 루이스가 '경외롭다'6)라고 부르기 좋아했던 감정을 느낀다.

루이스의 마지막 소설 『우리가 얼굴을 가질 때까지(Till We Have Faces)』에서 독자들은 신들에게 격분해서 반항하는 여왕 오루얼(Orual)의 영적 여행을 따라가게 된다. 여왕은 생의 마지막에서 책을 써서 자신의 반대의견을 자세히 제시하고 분노를 한껏 터뜨린다. 그런데 그녀가 '답이 없다'라는 말로 논문을 마무리하고 났을 때 전혀 뜻밖에도, 말로

표현할 수 없는 실재들과 부닥치게 된다. 그래서 다시 쓰게 된 두 번째의 짧은 논문은 이런 고백으로 끝을 맺는다. "주여, 이제 저는 왜 당신께서 답하지 않으시는지 압니다. 당신 자신이 그 답이십니다. 당신의 얼굴을 뵌 순간 모든 의문이 걷힙니다. 무엇이 이만큼 흡족한 답이 될 수 있겠습니까? 다른 것은 온통 말, 말, 다른 말싸움을 일으키는 말일 뿐입니다."7) 오루얼은 말로 표현할 수 없이 경외로운 진리를 배웠고, 인생의 마지막에서 지극히 경외로운 한 분 앞에 머리를 숙였다.

우리들 자신을 넘어설 때, 우리는 제멋대로인 자기가 더 이상 실재의 중심에서 왕 노릇하지 못하게 하는 겸손을 알게 된다. 우리는 우리를 초월한 존재, 이 물질 세계보다 더 큰 존재 앞에 우리 모습을 드러낸다. 우리는 경이감의 원천 앞에 머리를 숙이고 예배한다. '하나님의 산'에서 떨기 가운데 타는 불꽃을 보고 멈춰 선 모세가, 거룩하신 분의 임재를 보고 경외감에 압도되는 기사를 읽을 때 우리는 예배한다. 니사의 그레고리우스(Gregory of Nyssa)가 보기에 모세가 불이 붙은 떨기나무에서 본 것은 "초월적 실체요 우주의 기원으로서 만물이 거기서 비롯되는, 스스로 있는 존재"8)였다. 이 태고의 만남, 신의 출현이 모세를 변화시켜서 그로 하여금 그의 백성을 해방시킬 수 있게 만들었다. 이 사건은 또한 하나님에 대한 인류의 이해를 바꿔놓았다. 이것을 경험한 이후 모세는 신비에 가득한 길을 걷고 '영광'의 빛줄기 세례를 받는다. '하나님의 임재의 영광'은 그분이 택하신 자의 거룩함이다. 모세는 거룩하신 분의 초월적 선하심에 경외감을 느꼈던 것이다.

그리고 그 거룩하신 한 분은 예배하려고 멈춰 선 자들, 그의 영광을 드러내기 위해 신발을 벗는 자들에게 밝은 빛을 비추신다. 마르틴 부버(Martin Buber)도 "하나님은 모세에게 말씀하셨던 것처럼 사람들에게 말씀하신다. '너는 신을 벗어라.' 당신의 발을 감싸고 있는 습관을 벗어 버려라. 그러면 지금 당신이 서 있는 땅이 거룩한 곳임을 깨닫게 될 것이다. 왜냐하면 어느 때나 어디에나 계신 하나님의 거룩함을 찾아볼 수 없는 존재의 단계는 없기 때문이다."9) 우리가 '너와 나'의 참 만남을 경험할 때 하나님을 경배하게 된다고 부버는 말했다. 그의 마지막 저서에서 "너무나 훌륭한 부버"10)라고 그를 칭송한 바 있는 루이스 역시 견해를 같이한다.

'존재의 단계'에서마다 '어느 때나 어디에나 계신 하나님의 거룩함' 11)을 발견하는 일은 아주 가까운 곳에서 일어난다는 것을 루이스는 항상 강조했다. 우리는 온통 그분의 임재 속에 있기 때문이다. 하나님은 '나 여기 있소!'라고 거리마다 광고하고 서 계신 분이 아니다. 아침마다 시끄러운 교통소음 속에서 왕왕거리는 대형 스피커로 '내가 주로다!'라고 안내방송을 하지도 않으신다. 그래서 그분을 높은 산에만 나타나는 것으로 알고 있는 우리들은 그분을 거의 알아보지 못한다. 그러나 루이스가 지혜롭게 썼듯이 "하나님을 발견하기 위해서 반드시 육체를 떠나야만 하는 것은 아닐 수도 있다. 사실 우리가 하나님의 임재하심에 관심을 기울이지 않을 수 있을지는 몰라도 그것을 피할 수는 없다. 이 세상은 온통 그분으로 넘쳐난다. 그분은 눈에 띄지 않게 도처로 다니신다. 그런데 그분을 발견하는 일이 항상 어려운 것은 아니다. 우리에게 필요한 노력은 기억하고 마음을 기울이는 것뿐이다. 깨어 있는 일이다. 더 나아가서 항상 깨어 있는 일이다."12)

계속해서 루이스는 그 이유를 이렇게 설명했다. "'저 높은 곳'이나 '저 바깥'에

{ 많은 사람들이 일평생 꿈 속을 헤매느라 우리를 둘러싼 하나님을 느끼시 못한다. }

신이 있든 없든 '지금'은 있다. 그보다는 나 자신의 존재 기반으로서의 '여기'에 계신 하나님, 나를 둘러싼 사물의 기반으로서의 '저기'에 계신 하나님, 그리고 이 둘을 날마다 일어나는 기적 같은 유한한 의식 속에 아우르고 결합시키는 하나님의 현재 역사하심이 있다고 해야 할 것이다."[13]

많은 사람들이 캄캄한 동굴에서 두려움에 떨며 일평생을 꿈 속을 헤매며 살기 때문에 우리를 둘러싼 하나님을 느끼지 못한다. 그러나 희망이 있다! 루이스가 계속해서 주장하듯이 하나님의 놀라운 임새는 이 세상 곳곳에 충만하다. 우리가 할 일은 깨어서 주변을 돌아보고 있는 그대로의 실재를 자세히 살펴서 그것이 우리 마음을 진정한 실재로 인도하게 하는 것이다. 우리가 그렇게 할 때 그것이 바로 기도다! 기도할 때 그리고 너와 나의 참 만남 속에서 우리는 거룩하신 한 분을 알게 된다. 루이스는 이렇게 말했다. "이제 내게는 기도하는 시간—혹은 기도에 필요한 조건—이 알아차림(awareness), 이 '실제 세계'와 '실제 나'라는 것이 전혀 확고부동한 실제가 아니라는 것을 다시 깨닫는 알아차림의 순간이다."[14] 기도를 통해 우리 마음은 참된 실재에 맞춰진다!

기도할 때 우리는 참된 실제가 되어 실재이신 한 분을 알고자 한다. "모든 기도에 앞서는 기도는 '이 기도를 아뢰는 내가 참된 나이게 하소서. 내가 기도드리는 이가 참된 당신이게 하소서' 이다."[15] 기도에는 "언제든 하나님의 현현을 가능케 하는" 능력이 있다. "이곳이 바로 거룩한 땅이고, 지금이 떨기나무에 불이 붙은 순간이다."[16] 그래서 바울은 "쉬지 말고 기도하라"(살전 5:17)고 권면했다. 올바르게 기도할 때 우리 안에 찬송의 영이 깨어난다. "내 영혼아 여호와를 송축하라 내 속에 있는 것들아 다 그 성호를 송축하라 내 영혼아 여호와를 송축하며 그 모든 은

택을 잊지 말찌어다 저가 네 모든 죄악을 사하시며 네 모든 병을 고치시며 네 생명을 파멸에서 구속하시고 인자와 긍휼로 관을 씌우시며 좋은 것으로 네 소원을 만족케 하사 네 청춘으로 독수리 같이 새롭게 하시는 도다"(시 103:1-5).

| 제 2 부 |

하나님의 거룩한 전 :
영화롭고 빼어나도록 지어진 존재

4 | 창조주의 마음을 닮은 마음
"형상의 그림자"

우리 인간은 이성만 가진 존재가 아니요 육체만 가진 존재도 아니다. 그저 인간일 뿐이다. 금수는 아니지만 천사도 아니다. 이성적이기도 하고 동시에 동물적이기도 한 존재, 그것이 바로 인간이다.[1]

그분은 모든 사람들이 결국에는 모든 피조물(그 자신까지도)을 영화롭고 훌륭한 존재로 인식할 수 있게 되기를 원하신다.[2]

백여 년 전 유럽 최고의 철학자 중 한 명이 독일 프랑크푸르트의 어느 공원 벤치에 앉아 있었다. 남루한 옷차림이 영락없는 거지로 보였다. 공원에서 부랑인이나 노숙자를 쫓아내는 일을 담당하고 있는 관리인이 그 앞에 서서 물었다. "당신 누구요?" 그러자 아르투르 쇼펜하우어가 이렇게 대답했다. "그걸 아는 것이 신께 비는 내 소원이오."

"[내가 누구인지] 아는 것이 신께 비는 내 소원이오." 쇼펜하우어의 이 말은 죄인들을 대변한 말이다. 그가 무심코 신을 언급한 데서 중요한 진리가 드러난다. 하나님을 알지 못할 때 우리는 우리가 누구인지 알 수 없다. 현대 미국 철학자 피터 크리프트(Peter Kreeft)가 주장하듯이 "당신 스스로는 당신 자신조차도 알 수 없다. 자기(self)는 하나의 화두, 즉 원칙적으로 풀릴 수 없는 수수께끼―실제로는 있지도 않은 사람을 어떠어떠한 사람이라고 말해달라는 것 같은― 이다. 오직 하나님만이 당신을 알 수 있다. 당신 정체의 비밀은 당신을 등장인물로 삼은 작가만이 알고 있다."3) 우리는 '신의 죽음'이니 '영혼의 죽음'이니 하는 말들을 흔히 듣게 되는 이 혼란스러운 21세기를 간단히 '쇼펜하우어의 시대'라고 해도 좋을 듯하다. (흥미롭게도 C. S. 루이스는 젊은 시절에 쇼펜하우어의 음울한 비관주의에 깊은 영향을 받았고 그의 초기 시에는 그런 정서가 많이 배어 있다.) 쇼펜하우어보다 정도가 덜할 뿐 우리에게도 '내가 도대체 누구인가'라는 의문에 부딪히는 순간들이 있다. 우리는 대개 무슨 음식을 즐기는지 무슨 옷을 좋아하는지 직업이 무엇인지 어디 사는지 어떤 팀을 응원하는지 같은 것에 대해서는 편하게 이야기할 수 있다. 그러나 정작 중요한 문제는 '나는 정말 누구인가?'이다. 우리는 이것을 알지 못하기 때문에 '게임'이나 쓸데없는 오락에 눈을 돌림으로써 교묘하게 자신의 혼란을 자인한다. 인간은 어쩔 수 없이 어느 만큼은 비실제적이다. 우리를 온전하게 하는 거룩함을 잃어버렸기 때문이다. 뒤집어 말하면, 참된 실제가 됨으로써 따라오는 기쁨과 평화는 궁극적으로 하나님으로부터 나오는 존재의 온전함에서 나온다.

'나는 누구인가?'라는 질문에 대해서 C. S. 루이스는 여러 기독교 사상가들과 입장을 같이하고 있다. 즉 '나는 사랑받는 사람이다. 이성적이고 자유로우며 '하나님의 형상'을 따라 지음 받았다.' 우리의 많은 허물에도 불구하고 우리에게는 잃어버린 지극한 위엄의 자취, 위대함의 그림자가 남아 있다! 신문 헤드라인은 인간이 저지르는 가장 추악한 행동을 확대하여 선정적으로 보도하기 때문에 우리의 시각이 레이저 광선처럼 우리 자신의 허물과 우리의 죄성에만 고정되는 것이 사실이다. 그러나 그런 것들이 결코 하나님의 첫 번째이자 최종의 작품을 가리지는 못한다. 우리는 하나님이 거룩하신 것처럼 거룩하도록 지음받았다. 그런 만큼 인간 속성에는 그에 합당한 아름다움과 순수함이 있다. 모든 선함은 궁극적으로 당연히 선하신 하나님으로부터 온다. 모든 거룩함은 거룩하신 하나님께 있으며 그분에게 뿌리를 대고 있을 때만 꽃필 수 있고, 그분의 초월적 선함과 영광에서 샘솟듯 흘러나온다. 크든 작든 모든 피조물은 하나님의 거룩함을 드러내고 그 거룩함에 참예한다. 따라서 인간의 본래 모습에는 어떤 위대함이 있고, 인간 속성에는 어떤 지속적인 위엄이 있다.

    토마스 아퀴나스가 말했듯이 창조된 "것들은 하나님의 지극히 빼어난 능력으로 만들어졌다. 가장 완전하신 그분은 모든 것을 완전하게 하시기 때문"4)에 우리는 그것을 믿는다. 흔히 듣는 자기주문대로 "하나님이 나를 만드셨다. 그리고 하나님은 쓰레기를 만들지 않으신다!" 절대선의 하나님은 모든 피조물도 그렇게 선하게 지으셨다. 피조물이 하나님께서 주신 성향이 이끄는 대로 따르면 그는 선한 것을 찾게 된다. 그리고 "모든 존재가 제1의 존재의 어떤 모사(模寫)인 것처럼 모든 선한 것은 지극히 높으신 하나님의 어떤 분명한 모사다. 따라서 만물의 움직임과 행위는 하나님의 선하심에 동화되는 방향으로 나아가게 되어 있다."5)

거룩함을 인정하는 편에 선 사람들은 비관적인 관점을 가진 그리스도인들과는 달리, 창조된 기본 요소를 무시하지 않고 인류가 결국은 완전해질 것에 대한 희망도 버리지 않는다. 동방 정교회나 웨슬리주의 전통에는 특히 '은혜의 낙관주의'가 있다. 이 낙관주의 때문에 그들은 표정이 밝다. 그렇다. 우리는 죄인이다. 많은 악을 행하는 것이 사실이다. 그러나 이 모든 것에도 불구하고 인간 속성에는 악의 손길을 뿌리칠 수 있고, 씻김 받고 변화되어 그리스도 예수처럼 될 수 있는 기본적 선함이 항상 있다.

{ 평범한 사람은 없다. 당신이 만나서 말을 나눴던 사람들 중에 그냥 아무것도 아닌 사람은 한 명도 없다. }

잘못된 항로에 들어선 비행기처럼 우리에게도 바로잡음, 즉 항로 조정이 필요하다는 것을 인정하지 않을 수 없다. 심혈관 환자처럼 우리도 건강을 회복하기 위해서 진찰을 받고 대수술을 받아야 한다는 것을 인정해야 한다. 거룩 신학에서는 죄의 실제를 인정하는 한편으로 인류에게 기본적으로 잠재된 위대함을 항상 축하 찬송한다. 루이스의 나니아 이야기 가운데 하나인 『캐스피언 왕자(*Prince Caspian*)』에는 아슬란이 어린 캐스피언에게 왕관을 씌우고 나니아 통치의 사명을 맡기는 장면이 나온다. 여기에는 위대하면서도 보잘 것 없는 인간의 역설적인 상황에 대한 루이스의 이해가 잘 드러나 있다.

"캐스피언, 내 말을 잘 알아듣겠느냐?"

캐스피언이 대답했다. "잘 알겠습니다. 제가 좀더 좋은 혈통을 타고났더라면 하는 마음입니다."

그러자 아슬란이 말했다. "너는 아담 경과 그 부인 이브의 후손이다.

그것은 가장 비천한 거지라도 목을 꼿꼿이 세울 수 있을 만한 영광임과 동시에 세상에서 가장 위대한 황제라도 어깨를 늘어뜨릴 수밖에 없는 부끄러움이니라. 자족한 마음을 가져라."6)

우리 조상에는 왕가의 피가 흐른다! 가계도를 거슬러 올라가보면 누구라도 자랑스러워하지 않을 수 없다. 우리 족보에서 남작이나 공작을 발견한들 이보다 자랑스럽겠는가? 우리 유전자에는 하나님의 '디자이너 마크'가 찍혀 있는데 말이다. 속성상, 우리들 한 사람 한 사람이 모두 대단한 사람들이다. 실제로 루이스는 "평범한 사람은 없다. 당신이 만나서 말을 나눴던 사람들 중에 그냥 아무것도 아닌 사람은 한 명도 없다"7)고 했다. 우리가 때로 자기 자신이나 자기 가족이나 자기 친구에 대해서 좋게 느낄 때, 그 느낌이 맞았던 것이다! 이것은 절대 거만함이 아니다. 다만 우리 존재의 기본 요체에 새겨진 하나님의 진리를 있는 그대로 인정하는 것뿐이다. 이것을 깨달을 때 우리가 어디에서 와서 어디로 향해야 하는지 알 수 있게 된다. 성경은 우리가 하나님의 형상을 따라 지어졌다고 분명히 말하고 있다. 더 중요한 것은 우리가 우리 주변 사람들을 경건한 눈으로 보아야 한다는 점이다. 지금 우리 눈에 가장 평범해 보이는 사람이라도 "언젠가는 당신이 너무도 숭배하고 싶은 피조물이 되거나 아니면 지금 당신이 혹시 보게 되더라도 악몽에서나 볼 수 있는 그런 끔찍하게 싫은 타락한 존재가 될 수도 있다."8)

인간 속성을 되돌아볼 때, 그리고 하나님의 작품으로서 우리의 고상함을 볼 때 우리는 하나님처럼 보는 '거룩한' 사고를 하게 되어, 우리들 자신과는 전혀 다른 것에 초점을 맞출 수 있게 된다. 그때 비로소 우리는 객관적 실재로 이끄는 진리를 따른다. 마찬가지로 우리가 논리적으로 사고할 때 우리는 인간의 시각을 벗어나서 로고스(Logos)를 좇고, 자기 편향을 섞지 않고 결론에 이르며, 우리의 욕망과는 다른 것에 담긴 진리를 추구한다. 참으로 이성적인 사고는 우리의 마음을 고양시켜서 더 높은 진리를 향하게 해준다. 따라서 우리를 참으로 인간이게 하는 우리의 참된 위엄은 바로 우리의 마음이다. 아퀴나스 식으로 말하자면, "가장 위대한 피조물은 이지적이다. 실제로 이 피조물은, 모든 피조물 중에 가장 분명히 하나님과 같아지는 데까지 나아간 존재라는 이유에서 하나님의 형상대로 지어졌다고 기록되어 있다."9)

이런 면에서 루이스의 생각과 유사한 아퀴나스의 이 생각에 대해 설명한 글에서 조세프 피에퍼는, 우리가 사물을 알 수 있는 것은 거기에 디자인이 있기 때문이라고 썼다. 끈끈하게 늘어지는 형태 없는 것은 정의할 수도 파악할 수도 없다. 그러나 요한복음에 기록되어 있듯이 만물은 하나님의 말씀으로 지어졌다. 지각에 뛰어나신 하나님이 지으셨다는 말이다. 그래서 우리가 지각으로 그것을 인식할 수 있는 것이다. "만물은 하나님의 의도에서 나오기 때문에 그 안에 말씀이신 하나님의 속성을 온전히 담고 있다. 즉 그 바닥까지 온전히 투명하고 또렷하다. 인간이 사물을 지각할 수 있는 것은 그 기원이 하나님의 말씀이기 때문이다."10)

우리가 비록 색안경을 쓰고 보고 있다는 점은 인정하지만, 어느 정도는 하나님이 보는 것처럼 본다. 우리의 마음을 하나님, 즉 존재의 실재이신 분의 마음에 일치시키는 만큼 우리는 하나님의 거룩함을 알고 그 거룩함에 들어갈 수 있다. 루이스가 쓴 대로 "고대 현자들에게 가장 중요한 문제는 어떻게 그 영혼을 참된 실재에 일치시킬 것이냐 하

{ 좋은 삶—거룩함—은 마음의 깨달음을 필요로 한다고 루이스는 항상 주장했다. }

는 것이었다. 그 해답은 지식, 자기수련 그리고 덕행이었다."11) 루이스가 꼽은 '고대 현자들' 가운데 한 명이었던 플라톤은 「테아에테투스(Theaetetus)」에서 소크라테스의 입을 빌어, 우리에게는 "최대한 신에 가까워져야 하는 사명이 있다"12)고 말한다. 아우구스티누스와 마찬가지로 여러 면에서 '플라톤주의 기독교인' 이었던 루이스는, 무지의 어두운 동굴을 벗어나서 '선한 것' 이 되기 위해 노력하라고 우리를 강하게 독려하고 있다. 참된 존재를 알기 위해, 우리 영혼을 드러내고 거룩한 인치심을 받기 위해 노력하라고 한다. 플라톤에게는 선해지는 것, 궁극적 선인 '아가톤(Agathon)'에 참예하는 것이 인생의 목표였다. 그리고 그 목표는 우리에게 하나의 지적 수준으로 찾아오는 거룩함이라고 플라톤은 분명히 밝히고 있다. 마찬가지로 루이스도 좋은 삶—거룩함—은 마음의 깨달음을 필요로 한다고 항상 주장했다.

　세상의 모든 불가사의 가운데 최고의 불가사의는 인간의 뇌다. 실험실 표본병에 담긴 인간의 뇌라는 물건은 고작 3파운드(1000g 정도)밖에 안 되는 공 모양의 회색 덩어리일 뿐이다. 그러나 만화가 애슐리 브릴리언트의 재치 있는 말대로 "어쨌든 생긴 것에 비해 똑똑한 것만은 사실"13)이다. 사실 인간의 뇌는 전 우주에서도 가장 인상적인 기관이다. 그것에 대해 루이스는 이렇게 말했다. "인간은 경건한 마음으로 하늘의 별을 본다. 원숭이는 그렇지 않다. 파스칼은 끝 간 데 없는 무한 우주 공간의 침묵에서 두려움을 느꼈다. 그러나 파스칼로 하여금 그것에서 두려움을 느끼게 했던 것은 그의 천재성이었다. 우리가 우주의 위대함에서 충격적 두려움을 느낄 때는 거의 언제나 글자 그대로 자기 그림자를 보고 놀라는 것이다. ……우리가 그의 그림자에 몸을 떠는 것이 잘못이라는 말을 하려는 것이 아니다. 그것은 하나님의 형상의 그림자다."14)

우리 안의 '하나님의 형상'을 무엇보다 잘 예시해 주는 것은 우리 인간의 사고 능력이다. 인간은 생각할 수 있기 때문에 인간만의 위엄을 갖는다. 다른 동물들과 달리 인간은 "사물을 알고 싶어 하고, 실체가 무엇인지 밝히고 싶어 하며, 아는 것 자체를 위해 알고 싶어 한다. 이 앎에 대한 욕망이 충족된 사람이 있다면, 그는 인간 이하의 뭔가가 된 것이라고 생각한다"[15]고 루이스는 썼다.

인간의 타락으로 우리가 가진 본래의 온전함을 상당히 상실하긴 했지만 우리는 여전히 논리적으로 사고할 수 있다. 아무도 모르게 소리 없이 고혈압이 생기듯이 무지함이 우리 곁을 맴돌며 따라다니는 것이 사실이다. 지적 게으름이 우리를 잡아끌어 피상적 용어의 남발과 귀동냥한 조잡한 의견의 늪에 빠뜨린다. 광고와 유행의 위력으로 교묘하게 동원된 선동이 강력 진공청소기처럼 우리를 한곳으로 잡아끄는 것이 사실이다. 그러나 이 모든 것에도 불구하고 우리는 '모든 인간은 죽는다. 소크라테스는 인간이다. 그러므로 소크라테스는 죽는다' 같이 삼단논법으로 생각할 수 있다. 우리는 기하학의 증명을 이해하고 피타고라스 정의에는 예외가 없다는 것을 안다. 우리는 우리를 충족시켜 주게 되어 있는 것들—하나님, 영원불멸의 존재, 자유, 정의—은 진정한 실체임에 틀림없다고 믿게 만드는 천성의 강력한 갈망이 있음을 인정한다. 우리의 마음은 전혀 완전무결하지 않지만 제대로 사고할 때 완전무결한 하나님과 마음을 같이할 수 있다. 루이스는 그의 시 「이성(Reason)」에서 이렇게 썼다.

인간 영혼의 최고봉에 이성이 자리함이여.
천상의 빛들과 교통하는 무장한 처녀,

그녀에게 죄 짓는 자마다 자기를 더럽히게 되리라.

그 순수함. 아무도 그의 의복을 다시 희게 만들지는 못하리.

순결한 이성이여!16)

일부에서 그에게 '불가지론자들의 제자'라는 이름표를 붙이게 만들었던 그의 변명적인 글이나 예술서에서 루이스는 전문적으로 증거를 모으고, 논리적이고 순차적인 '합리성', 즉 인간 특유의 사고능력을 활용했다. 사고가 갖는 불멸의 가치는 독재체제마다 예외 없이 그것을 억압한다는 데서 여실히 드러난다. 비인도적 권위자나 권력자들은 사람들을 죽이기에 앞서 먼저 언론을 탄압하고 독립적 사고를 묵살시키려 한다. 이성을 흐려 놓으려고 마음먹은 마귀의 세력은 슬로건을 동원하고 잘못된 사실을 유포한다. 거짓과 카지노의 카드 같은 비논리를 뿌려댄다. 사실 사탄은 (『스크루테이프의 편지』의 스크루테이프처럼) 유혹자 웜우드가 맡은 젊은이에게 그렇게 했듯이, "논증이 아니라 전문용어에" 빠뜨리는, "교회를 멀리하게 하는 제일 확실한 방법"17)을 써서 우리를 미혹하려 한다. 여기에 우리는 교회뿐 아니라 영원한 하나님 나라까지도 멀리하게 만든다는 것을 덧붙여야 할 것 같다.

40여 년 전 루이스가 『스크루테이프의 편지』나 『인간의 폐지(The Abolition of Man)』같은 책에서 대적했던 반지성적 적들은 우리 세기에 어느 때보다 득세하고 있다. 루이스는 교육자로서 교육을 걱정했고 그의 글들에서 젊은이들의 요구와 유혹을 다루려고 노력했다. 그는 어린 아이들이 진리를 멀리하게 만들고 이 아이들을 사탄의 세력 밑으로 끌어들이는 죄의 위력을 알고 있었다. 그러나 루이스의 노력에도 불구하고 사탄의 전략은 상당한 점수를 올리고 있다. 특히 이성이 번번이 포기

되고 무시되는 이른바 '포스트모더니즘'의 영향을 받은 문화에서는 더욱 그렇다.

그런 태도가 만연한다는 것을 잘 보여주는 증거가 젊은 층을 겨냥한 『새로운 세대를 위한 예수: X세대의 용어로 다시 쓴 복음(*Jesus for a New Generation: Putting the Gospel in the Language of Xers*)』 같은 최근의 책들이다. 요즘 청소년들은 대부분 너무 쉽게만 공부시키는 학교에서 도전받을 일도 없고, 집에서 엄하게 배우지도 않는다. 그들은 텔레비전을 "대리부모"[18]로 삼아 인생을 찰나적으로 사는 것을 배우고 나이키 광고대로 "그냥 해!" 철학을 받아들인다. "인생은 짧고 놀기는 어렵다." 크게 울리는 록 음악을 호흡하고 스크린에 비치는 영상과 춤추는 '매체의 집중공격'을 당하고 있는 아이들은 "생각할 시간이 없다. 우리가 생각하고 반성하는 시간을 좋아하지 않는 이유는 우리가 생각해야 하는 것들이 대부분 불쾌한—그리고 두렵기까지 한—것들이기 때문이다."[19] 결과적으로 소설가 워커 퍼시(Walker Percy)가 제대로 지적했듯이 "이 세대는 계몽시대가 아니고 무엇을 할지 알지 못하는 시대"[20]이다. 혹은 버드 드라이 맥주 광고 문구처럼 "이유를 물을 이유가 뭔가?"의 시대인지도 모른다.

우리가 그런 충고를 따를 때, 그리고 "왜?"라는 질문을 피할 때, 우리는 생각할 수 없게 된다. 그래서 오늘날 많은 사람들이 사고보다는 감정을 훨씬 더 신뢰한다. '느끼는' 사람들은 논리적으로 잘 생각하지 못한다. 케빈 포크스(Kevin Folks)의 판단에 따르면, "내 동기들에게는 하나님이나 실재나 자기 존재의 의미나 이 우주에서 자기가 어떤 존재인가에 대해서 하나씩 하나씩 논리적으로 생각할 수 있는 기본 출발점이 없다."[21] 그래서 기독교 교회의 전통적인 지적 접근, 이를 테면 설교나 이단의 비논리성을 입증해 보이는 접근은 X세대에는 먹혀들지 않는다.

피터 삭스(Peter Sacks)는 이와는 다른 관점에서 『대학에 간 X세대: 포스트모던 시대 미국 교육에 대한 충격적 보고(Generation X Goes to College: An Eye-Opening Account of Teaching in Postmodern America)』라는 책을 펴냈다. 이 책에서 삭스는 고등교육의 문제점을 지적하면서 "이성과 깊은 사고에 대한 포스트모더니즘의 혐오"[22]를 문제 삼았다. 이성을 신뢰했던 근대성이 사라지고 있다는 것이다. 삭스 교수의 학생들이 보여주는 가치관과 행동은 "서구 후기 산업주의 사회에서 일어난 심각한 문화적 반감"의 영향을 여실히 보여준다. 그들을 "그야말로 포스트모던 세대라고 부를 수"[23] 있을 것이다.

대중문화에 등장하는 슬로건들을 살펴보면 포스트모던 세대가 어떤 세대인지 정의할 수 있다. "뭐든 좋다(Anything Goes. *영화, 노래, 뮤지컬 등의 제목으로 많이 등장하는 표현-역자)"에는 규칙과 권위에 대한 포스트모던 세대의 반감이 나타나 있다. 남발하는 "설문조사"(Question Authority. *네티즌들에게 다양한 주제에 대해 의견을 묻는 설문조사 사이트를 이렇게 부름-역자)는 누가 무슨 질문을 해도 괜찮다고 정당화시키고 있다. 인기 TV 시리즈 「X파일」은 아예 "아무도 믿지 말라"고 말한다. 삭스 교수는 "나 여기 있어. 나를 즐겁게 해줘 봐"라는 노래 가사를 예로 들면서, 이제는 데카르트의 유명한 명제를 바꿔야 할 때가 왔다고 주장했다. "나는 즐긴다, 고로 나는 존재한다"[24]의 시대라는 말이다. 진리나 실재, 논리나 역사 모두 실체가 없는 것이 되어버렸다. 포스트모던 학파는, 할리우드 영화감독들이 자기들이 원하는 것이면 무엇이든 '현실' 처럼 스크린에 옮기듯이, 우리들 각자도 자기가 지어낸 공상과 비전을 볼 뿐 그 이상의 '참된' 실체란 없다고 주장한다. 현실이란 그것이 개인적 현실이든 사회적 현실이든 하나의 '구성된 개념'일 뿐이며, 진리란 그 시점에서 당면 상황에 가장 적합하게 대응할 수 있게 해주는 견해에 지나지 않는다는 주장이다.

X세대는 "끊임없이 즐기려는 욕망 때문에 생각하고 되돌아보기를 거부해버린"25) 올더스 헉슬리(Aldus Huxley)의 『멋진 신세계(Brave New World)』 시민들과 놀라울만치 닮아 있다. 교육가 닐 포스트만(Neal Postman)에 따르면, 우리는 모두 "『죽도록 즐기기(Amusing Ourselves to Death)』" 식으로 살고 있다. "스크린에만 시선을 고정하고 자라다 보면 진리, 현실, 실재 같은 것들은 무의미한 것으로 밀려날 수밖에 없다. 오직 지금 자기 눈앞에 있는 것만 의미를 갖는 것이다."26)

C. S. 루이스는 다시 살아나서 이성을 적대시하는 오늘의 현실을 보더라도 놀라지 않았을 것이다. 이 모두가 그의 생전에 이미 뚜렷이 나타난 교육 풍토의 결과이기 때문이다. 1940년대에 쓴 『인간의 폐지』는 교육이 청소년들에게 생각하는 법을 가르치지 않을 때 어떤 결과가 초래될지를 정확히 예언하고 있다.

{ 온전한 인간이 되기 위해서는 합리적으로 사고해야 한다. }

그러나 루이스라면 여전히 인간의 존엄성과 합리적 사고 능력을 신뢰했을 것이라고 나는 믿는다. 온전한 인간이 되기 위해서는 합리적으로 사고해야 한다. 논증하고 합리적으로 사고할 때 우리는 빛의 속도가 항상 일정하듯이 논리법칙도 그렇게 확실한 타당성을 갖는다고 가정한다.

우리는 "먼저 논리적 사고의 자명성을 인정하는 데서 시작해서 나머지 것들이 그 자명성과 일치할 때만 그것을 믿어야 한다. 사고의 타당성이 핵심이다. 그 나머지 모든 것은 그 핵심을 중심으로 가장 적합하게 맞춰져야 한다."27) 따라서 "반드시, 그러므로, 따라서 같은 말로 표현되는 확실성에 대한 느낌이 우리 마음 밖에 있는 사물의 실제와 틀림없는 모습에 대한 정확한 지각이라면 다행이고 좋다. 그러나 그 확실성이 단지 우리 마음속의 느낌일 뿐 마음 밖 실제에 대한 정확한 통찰이 아니라면─우리 마음이 작동하는 방식을 반영한 것뿐이라면─지식이란 있을 수 없다. 인간의 추론이 타당하지 않고는 어떤 것도 참이 될 수 없다."28)

{ 우리 자신을 '영화롭고 빼어난 존재'로 본다는 것은 하나님의 형상이 지금도 우리 마음에 머물러 있음을 보는 것이다. }

나의 추론이 진리를 제대로 분간한다면 그 추론은 실재의 기본이 되는 추론, 즉 우주의 합리적 작동을 설명할 수 있는 합리성과 일치해야 한다. 루이스가 『순전한 기독교(*Mere Christianity*)』에서 말하고 있듯이 하나님의 뜻은─우리가 그것에 동의하지 않을 때에도─궁극적으로 합리적이다. 왜냐하면 "합리적으로 사고할 수 있는 당신의 능력이 하나님으로부터 나오기" 때문이다. "물이 그 원천보다 높은 곳으로 흐르지 못하듯이 당신이 옳고 하나님이 틀린 상황이란 있을 수 없다. 당신이 하나님에 대해서 반박한다는 것은 당신으로 하여금 반박할 수 있게 하는 원천 능력 자체를 반박하는 것이나 마찬가지다. 자기가 앉아 있는 나뭇가지를 자르고 있는 꼴이라는 말이다."29)

우리 자신을 "영화롭고 빼어난 존재"30)로 본다는 것은 하나님의 형상이 지금도 우리 마음에, 많은 경우 우리의 잃어버린 고상함을 기억하게 해주는 '자취'로 머물러 있음을 보는 것이다. "사람이 무엇이관대 주께서 저를 생각하시며 인자가 무엇이관대 주께서 저를 권고"하시는 것일까? 성경은 이런 답을 준다. "저를 천사보다 조금 못하게 하시고 영화와 존귀로 관을 씌우셨나이다"(시 8:4-5). 그러므로 "나를 지으심이 신묘막측하심이라 주의 행사가 기이함을 내 영혼이 잘"(시 139:14) 알기 때문에 주님께 감사를 드린다.

5 | 하나님의 뜻을 따를 수 있는, 여전히 유효한 자유의지

"하나님의 방식"

그는 기뻐할 줄을 모르네. 오로지 얻으려고만 할 뿐이지.[1]

자유의지는 하나님이 일하시는 방식이다.[2]

C. S. 루이스는 그의 매혹적인 공상과학소설 3부작의 제2권, 『페럴렌드라(Perelandra)』에서 새로 탄생된 행성, 비너스(Venus)로 가는 얼윈 랜섬 교수의 여행을 그리고 있다. 랜섬 교수는 거기서 성경에 나오는 에덴동산의 아담과 이브 이야기와 아주 비슷한 이야기에 관련하게 된다. 이야기에는 창조주 말렐딜이 그곳으로 보냈으며 그 행성의 신이 신임하는 왕비 '그린 레이디'와 왕이 나온다. 이 둘은 하나님이 원래 지었던 인간의 모습을 예시적으로 보여준다. 랜섬 교수는 마법의 우주선을 타고

페럴렌드라로 가서 그린 레이디를 만난다. 그리고 얼마 지나지 않아 사악한 물리학자 웨스톤(제1권 『침묵의 행성에서(*Out of the Silent Planet*)』에서 랜섬의 적으로 등장한다)이 페럴렌드라에 도착해서 그린 레이디를 꼬여 그 창조주를 거역하고 제 갈 길을 택하여 페럴렌드라에서 자신의 운명을 스스로 결정하게 만들려고 한다.

토마스 하워드(Thomas Howard)가 쓰고 있는 대로, 우리는 이 이야기에서 익숙한 주제, 즉 "인간의 자유, 선택, 선함, 하나님의 뜻 그리고 이 모든 것들이 어떻게 이야기 형식으로 조화를 이뤄나가는지에 관한 오래된 주제"[3]를 만나게 된다. 해설자의 이목을 집중시키며 미끄러지듯 달려나가는 올림픽 빙상경기 선수처럼 그린 레이디는 어렵사리 유혹을 뿌리쳐 나간다. 그녀에게 자유가 없다면 고생도 없을 것이다. 손발이 꽁꽁 묶여 있거나 철통 같은 보안이 유지되는 철문 안에 갇혀 있다면 고군분투란 애초에 있을 수 없다.

랜섬 교수 역시 자기 의지에 따라 웨스톤과의 싸움에 개입한다. 그는 하나님의 말씀을 전하고 자기 사명을 다하려고 애쓴다. 그는 사탄의 밀사인 비-인간(no-man) 웨스톤과 싸움을 벌여 결국은 피를 보는 몸싸움까지 하게 된다. 랜섬은 그 혈투가 한창인 와중에 문득 깨닫는다. "그래, 세상은 다름 아니라 바로 이렇게 만들어졌던 거야. 뭔가 의미 있는 중요한 일이 될 것이냐 아니면 아무런 의미 없는 사소한 일이 될 것이냐는 오직 개인의 결정에 달려 있는 것이었어. 만약 그것이 중요한 일이라면 그 영향이 어디까지 미칠지 누가 감히 말할 수 있겠어? 작은 돌멩이 하나가 강의 흐름을 바꿀 수도 있는 법이지. 지금 이 끔찍한 순간에는 그가 바로 온 세상의 중심이 되어버린 그 돌멩이인 셈이지. 모든 행성에서 영원한 빛의 죄 없는 생명체들이 케임브리지의 얼원 랜섬이 어떻게 하는

> 인간에게 아직 남아 그 빛을 내고 있는 하나님의 형상의 자취 가운데 하나는 캄캄한 항구의 등대처럼 빛나는 인간의 자유의지다.

지를 조용히 지켜보고 있는 거야."4)

뛰어난 합리적 사고 능력에 더해 인간에게 아직 남아 그 빛을 내고 있는 하나님의 형상의 자취 가운데 하나는 캄캄한 항구의 등대처럼 빛나는 인간의 자유의지다. 사실 인간이 추론한다는 것에는 '선택의 자유'가 수반된다. 토마스 아퀴나스는 이렇게 설명한다. "지성인은 무생물처럼 판단 없이 행동하거나 욕망하지 않는다. 또 지성인의 판단은 금수의 판단같이 자연적 충동의 산물이 아니고 대상에 대한 참된 이해의 결과물이다."5)

『스크루테이프의 편지』에서 스크루테이프는 웜우드에게 이렇게 가르치고 있다. "인간을 여러 개의 동심원으로 생각하면 될 게다. 가장 안쪽이 인간의 의지 영역이고 다음은 지성, 마지막은 공상으로 되어 있다. 처음부터 우리의 적[그리스도]의 낌새가 있는 것을 모조리 원 밖으로 몰아내기를 바랄 수는 없을 것이다. 하지만 덕성만큼은 계속 밀어내서 공상 영역에 머물러 있게 해야 하고, [사탄의 입장에서] 모든 바람직한 품성들은 계속 안쪽으로 밀어서 의지 영역으로 끌어들여야 한다. 덕성이 우리에게 치명적인 위험이 될 수 있는 것은 그것이 의지의 영역까지 도달해서 하나의 습관으로 완전히 몸에 배었을 때뿐이거든."6)

성경에서 일반적으로 '마음'이라고 부르는 인간의 의지로써 우리는 영생할 결정을 자기 뜻대로 할 수 있다. 모든 사람들이 자유의지에 대한 루이스의 믿음과 입장을 같이하는 것은 물론 아니다. 루이스의 청년기에 영향력 있는 언론인이었던 로버트 블래치포드(Robert Blatchford)는 이렇게 선언했다. "우리가 결정론이나 인본주의에 대한 믿음을 전파하려면 먼저 자유의지나 하나님에 대한 죄, 성경이 거룩한 영감으로 쓰였다는 것 등에 대한 믿음의 근거를 확실히 해야 한다."7) 그로부터 10년 뒤, 미국의 행동주의자 B. F. 스키너(Skinner)는 자유의지와 책임 있는 행동에 대한 가능성을 전면적으로 부정한 그의 베스트셀러 『자유와 존엄성을 넘어서(*Beyond Freedom and Dignity*)』에서 두 번이나 루이스의 이름을 구체적으로 거론하며 그런 믿음을 공격했다.

그러한 사고를 하는 사람들은 수 세기째 인간의 자유에 대한 가능성 자체를 인정하지 않고 있다. 그것을 부인함으로써—나태의 안락함 속에 몸을 맡겨버리든지 아니면 보호해 주는 폭군의 그늘 아래로 들어감으로써—인간은 자기 행위에 대한 책임에서 벗어난다. 자기 잘못을 다른 사람이나 환경이나 하나님 탓으로 돌리면 되는 것이다. 우리의 행동이 점성술사들의 말대로 별자리로 결정된다거나, 행동주의적 범죄학자들과 사회복지사들의 주장대로 환경 자극에 따라 결정된다면 우리가 자기 행동에 책임을 져야 할 이유가 없다.

결정론이냐 자유의지냐의 문제는 기독교 내에서도 끝없는 논쟁이 계속되어 온 주제다. 성서적 주제들—예정설, 자유 선택, 모든 사람을 부르시는 하나님—을 쉽게 조화시킬 수 없는 것은 확실하다. 이와 관련한 고전적 텍스트라고 할 수 있는 로마서 8장은 이렇게 말하고 있다. "우리가 알거니와 하나님을 사랑하는 자 곧 그 뜻대로 부르심을 입은 자들에게는 모든 것이 합력하여 선을 이루느니라 하나님이 미리 아신 자들로 또한 그 아들의 형상을 본받게 하기 위하여 미리 정하셨으니 이는 그로 많은 형제 중에서 맏아들이 되게 하려 하심이니라 또 미리 정하신 그들을 또한 부르시고 부르신 그들을 또한 의롭다 하시고 의롭다 하신 그들을 또한 영화롭게 하셨느니라"(롬 8:28-30).

균형 잡힌 시각을 갖는 것이 좀처럼 쉽지 않다. 아우구스티누스 같은 대신학자들은 양 진영 모두에서 지지 근거로 인용할 수 있다. 그러나 아우구스티누스의 글을 자세히 살펴보면 다음과 같은 입장을 확인할 수 있다. "은혜만을 지나치게 강조하느라 자유 선택의 여지가 전혀 없는 것처럼 보이게 해서는 안 될 것이다. 반대로 하나님의 은혜에 대한 감사 없이 지나치게 자유 선택만을 주장해서 교만한 불손함으로 심판을 받아서도 안 될 것이다."[8]

그러나 마르틴 루터(Martin Luther)나 장 칼뱅(John Calvin)의 영향을 받은 일부 신학자들은 하나님의 은혜만을 기리고 구원의 역사에서 인간의 역할을 최소화하거나 부인했다. 루터만 해도 초년에 집필한 논문「의지의 굴레(The Bondage of the Will)」에서 자유의지를 완전히 부인했다. 말년에 루터는 그 논문이 자신이 가장 소중하게 생각하는 글들 가운데 하나라고 공언한 바 있다. "루터는 자유의지의 문제를 '레스 입사 수마 코세'(res ipsa summa causae: 그 문제의 가장 중요한 측면)이자 '카르도 레룸'(cardo rerum: 모든 것이 그것에 걸려 돌아가는 요체)이라고 칭했다."[9] 장 칼뱅도 구원의 약속을 이루기 위해 그리스도께서 믿는 자를 '붙잡으시'며, 따라서 "어떤 사람들에게는 영생이 예정되어 있고 어떤 사람들에게는 영원한 심판이 예정되어 있다"[10]고 주장했다. 어떤 사람은 구원하고 어떤 사람은 지옥에 떨어뜨리는 이와 같은 '영원불변의' 심판은 오직 하나님만이 하실 수 있다. 따라서 자유의지를 부인하는 이러한 전통에서는, 은혜 가운데 한 개인의 성장이나 마음과 생활의 모든 거룩함은 당연히 오직 하나님으로부터만 나오는 것으로 본다.

그러나 고대와 중세 신학 전통의 강력한 주류를 따르는 다른 신학자들은 카파도키아 교부들(바실리우스, 나지안주스의 그레고리우스, 니사의 그레고리우스), 제임스 아르미니우스, 존 웨슬리, 그리고 C. S. 루이스 등의 입장을 따랐다. 이들은 구원을 베푸는 것은 오직 하나님만 하실 수 있는 일이라는 것을 인정하지만, 인간이 그 자유의지로 하나님을 따르기로 결정할 수 있는 것이 아니라면 복음을 선포하고 가르치고 사람들을 권면할 이유가 없다는 점을 강조한다.

> 우리 마음 깊숙한 곳에는 자유의 종이 숨겨져 있어서 우리로 하여금 우리를 지으신 이의 뜻에 따라 살도록 종소리를 울려준다.

실제로 이 전통에서는 은혜로써 변화되고 성결해질 수 있는 가능성에 대한 선포를 강력하게 지지한다.

루이스는 원래 신학 논쟁을 좋아하지 않았지만, 자유의지의 문제만은 끼어들어 격론을 벌이지 않을 수 없을 만큼 중요한 문제로 여겼다. 그는 분명하게 자유의지 진영에 섰다. 루이스는 사랑의 하나님이 어째서 자녀가 아니라 '자동인형'을 원하시는지 이해할 수 없었다. 또 인간의 책임을 빼고 어떻게 윤리 방정식을 세울 수 있는지 납득할 수 없었다. 그것에 대해 그는 이렇게 말했다. "하나님은 인간의 성품을 절대 억지로 바꾸지 않는다는 것을 원칙으로 삼으셨다. 하나님은 인간을 바꾸실 수 있고 바꾸시는 분이지만, 오직 인간이 그것을 허락할 때만 그렇게 하신다."11)

우리 마음속 깊은 바닥에는 자유를 향한 그리움이 있다. 바람을 만난 바람이 소리를 내듯 우리는 자유에 공명한다. 우리 마음 깊숙한 곳에는 자유의 종이 있어서 우리로 하여금 우리를 지으신 이의 뜻에 따라 살도록 종소리를 울리고 또 울려준다. 우리들 대부분은 인간이란 자유로운 존재로 그리고 자유롭게 행동할 수 있는 존재로 지음받았다는 것을 느낀다. 우리는 다른 사람들의 부당한 대우에 대해서 책임을 묻고, 우리의

> 자유와 사랑은 샴쌍둥이다.
> 둘을 갈라 한 가지만 택하면 둘 모두를 잃게 된다.

개인적 자유를 빼앗고 우리를 노예로 전락시키는 폭군의 지배에 무엇보다 반감을 느낀다. 우리는 날마다 에덴동산의 아담과 이브에게 주어졌던 "네가 임의로"(창 2:16)라는 생득의 자유를 주장한다.

그런데 이상하게도 우리가 자유롭게 살지 못하는 경우가 너무도 많다. 더 정확히 말하면 자유롭기가 어렵다. 자유를 그토록 두 손 들어 환영하면서도 대부분의 사람들이 윌 로저스(Will Rogers)처럼 "자유를 실행에 옮기는 일은 말처럼 쉬운 일이 아니다"라고 고백한다. 이러한 어려움의 어느 정도는 두 가지 서로 다른 종류의 자유를 혼동하는 데서 비롯된다. 한 가지 자유는 다른 사람으로부터의 자유로서, 예컨대 청소년들이 부모의 통제를 벗어나서 얻고 싶어 하는 자유다. 다른 하나는 자신으로부터의 자유로서, 이를 테면 완숙한 재즈 피아니스트가 자유자재로 곡을 연주할 때의 자유다. "어떻게 자유를 얻을지의 문제는 아주 간단한 문제다. 정작 어려운 것은 그렇게 얻은 자유를 가지고 무엇을 할지의 문제다"라고 앙드레 지드(Andre Gide)[12]는 썼다.

아담과 이브는 하나님의 통제와 하나님의 법에서 벗어나서 하나님으로부터의 자유를 택했다. 두 사람은 하나님과의 계약에서 쉽게 빠져나가긴 했지만 자기들끼리 알아서 살아나가기가 어렵다는 것을 알게 되었다. 두 사람은 하나님의 통치로부터 자유를 얻음으로써 하나님같이 되는 자유, 곧 장성한 아들이 집안 소유의 땅에서 그 아버지 그늘 아래 일할 때 누리는 것과 같은 자유를 잃었던 것이다. 아담과 이브는 "동산을 돌보라"는 임무로부터 자유롭기를 택했고 하나님의 세계에서 하나님의 자녀로 여유롭게 살 수 있는 자유, 곧 낙원의 안락한 삶을 잃어버렸다.

이에 대해 루이스는 다음과 같이 분명히 말한 바 있다. "인간은 이제 하나님과 자기 자신에게 미운 존재이자 이 세상에 제대로 적응하지 못하는 존재가 되었는데 이것은 하나님께서 그렇게 만들어서가 아니라 인간이 그 자유의지를 남용해서 생긴 결과다."13) 아무에게도, 어떤 의무나 서서에도 구속되지 않는, 모든 것으로부터의 자유에 대한 요구는 대부분 착각이라는 것이 드러난다. 단 한 가지 진정한 자유는 우리가 지음받은 존재로 되는 것, 우리 자신을 기꺼이 내어주는 사랑하는 자가 되는 것뿐이기 때문이다. 자유와 사랑은 샴쌍둥이다. 둘을 갈라 한쪽만을 택하면 둘 모두를 잃게 된다. 그래서 사랑을 원하는 사람이라면 사랑하는 상대에게 자유를 준다. 사랑은 자유로워야 하며 그것 없이는 사랑이 아니다.

사랑 안의 자유는 무엇보다도 사랑하는 상대에 대한 신의를 요구한다. 알베르 카뮈(Albert Camus)가 말했듯이 "자유란 더 나아질 수 있는 있는 기회 외에는 다른 아무것도 아니다."14) 하나님은 아담과 이브에게 "각종 나무의 실과는 네가 임의"대로 먹으라고 말씀하셨다. 두 사람에게 선택의 자유가 있었고 '임의로' 그들은 먹어서는 안 되는 나무를 택했다. 이러한 성경의 설명은 C. S. 루이스의 가장 심오한 통찰 가운데 하나의 근간이 되고 있으며, 그의 책 『순전한 기독교』에 명료하게 요약되어 있다. "하나님은 자유의지를 가진 존재를 창조하셨다. 그것은 피조물이 옳게 행동할 수도 있지만 그르게 행동할 수도 있다는 뜻이다. 어떤 사람들은 자유롭지만 그릇될 가능성은 없는 존재를 상상할 수 있다고 생각하는 모양이지만, 나로서는 그러한 존재를 상상할 수 없다. 만약 어떤 존재에게 선해질 자유가 있다면 악해질 자유도 있어야 한다. 악이 가능한 것은 바로 자유의지가 있기 때문이다. 그렇다면 하나님은 왜 인간에게 자유의지를 주셨을까? 그것은 자유의지 때문에 악이 가능한 것이 사실이기는 해도, 사랑이나 선함이나 기쁨 같은 것들을 가치 있게 하는 것도 자유의지뿐이기 때문이다."[15]

우리에게 자유를 주는 것이 사랑이 해줄 수 있는 모든 것이다! 하나님의 원래 계획에서는 자유롭게 선택한 사랑의 행위들로 낙원이 이뤄지는 것이었다. 루이스의 공상과학소설 3부작의 제1권, 『침묵의 행성에서』에서 랜섬 교수가 탐험하게 되는 행성 말라칸드라에서는 이런 자유가 아주 뚜렷하다. 이 행성에는 호로사, 소론, 프리플트리그스 같은 기묘한 생명체들이 살고 있는데 그들은 피조물로서 그들에게 주어진 임무를 기쁘게 받아들이고 하늘의 뜻에 따라 즐겁게 살아간다. 랜섬 교수가 그들에게 지구 형편을 말해 주지만 그들은 "전쟁, 노예제도, 매춘" 같은 것들이 무엇인지 전혀 알아듣지 못한다. 지구가 왜 그런 상황이어야만 하는지 이유를 생각하는 중에 누군가, 지구('침묵의 행성')에는 말라칸드라의 외아르사에 해당하는 통치자가 없어서 그런 것은 아니겠느냐고 의견을 제시한다. 우리는 여기서 지구의 문제는 "사람마다 모두 자기가 작은 외아르사가 되려고 하기 때문"이라는 것을 배우게 된다.

"그러나 그럴 수는 없습니다." 나이 많은 소론이 말했다. "통치는 반드시 있어야 하지만 어떻게 피조물이 피조물을 다스리겠습니까? 금수는 흐나우가 다스리고 흐나우는 엘딜라가, 엘딜라는 말렐딜이 다스려야 합니다. 지구 사람들에게는 엘딜라가 없습니다. 그것은 머리카락으로 자기를 들어올리려고 하는 것이나 다름없는 노릇입니다. 땅에 발붙이고 서서 자기 땅의 전경을 보려고 한다거나 젊은 처자가 자기 혼자서 아이를 배겠다고 하는 것과 무엇이 다르겠습니까?"[16]

『스크루테이프의 편지』의 스크루테이프 삼촌 역시 조카 웜우드에게 보내는 편지에서 "우리의 적[그리스도]이 인간을 사랑한다거나 인간을 아무런 값도 없이 섬긴다는 말들은 (우리가 믿고 싶어 하듯이) 단순한 선전에 그치는 것이 아니라 너무도 분명한 진실이라는 것을 직시해야 한다. 적은 이 세상을 저 끔찍스러운 자신의 축소복제들로 채우기를 진심으로 원한다. 이 피조물들의 삶은 적이 이들을 흡수해서가 아니라 그를 닮겠다는 그들의 자유의지에 따라 규모만 축소판이다 뿐이지 질적으로 적의 것과 같다"[17]라고 쓰고 있다.

　따라서 적어도 우리가 이해하기로는 "자동인형의 세계—기계같이 작동되는 피조물의 세계—는 창조할 이유가 없다. 하나님께서 당신의 고등 피조물에게 예비하신 행복은 스스로 원해서 자유롭게 하나님과 또 사람들끼리 사랑과 기쁨의 극치감 속에 하나가 되는 행복이다. 이것에 비하면 이 세상 남녀 간의 어떤 열광적인 사랑도 물 탄 우유처럼 밍밍하다. 그런데 이것을 위해서는 피조물에게 자유가 있어야 한다."[18]

　그런데 자유로운 삶에는, 우리가 웬만하면 피하고 싶어 하는 책임이 수반된다. 우리는 많은 경우 자유를 무제한의 자기 의지로 생각하고 싶어 한다. 로버트 보크(Robert Bork) 판사는 그의 책 『고모라로 이끄는 나태(Slouching Towards Gomorrah)』에서 현대 미국인들이 국가를 해체시키는 '자율적 개인주의'에 중독되고 있는 것도 그 때문이라고 주장하고 있다. 책임을 받아들인다는 것은 곧 한계를 인정하고 경계를 존중한다는 뜻이다. 책임수용이 피조물로서의 인간의 한계를 규정한다.

　자유로운 삶에는 또한 우리의 잃어버린 지위, 잃어버린 거룩함을 회복시키려는 하나님의 제의에 응답하는 일이 포함된다. 루이스의 설명에 따르면, "인간은 그 자신의 협조는 고사하고 동의조차 없이 하나님의 형상을 따라 다양하게 창조되었다. 그들이 하나님의 아들들이 되는 것은 그것 때문이 아니다."19) 그것은 뜻의 일치, 즉 우리의 뜻과 하나님의 뜻의 일치로써 이뤄진다. 우리가 예수를 따르기로 선택하는 것이다! "우리의 모델은 예수다. 갈보리 산의 예수뿐 아니라 목수로서 일하셨던 예수, 길 위에서, 군중 속에서, 목청껏 외치던 요구와 반대자들, 평안과 사생활이 없는 생활, 수많은 방해 들을 겪으셨던 예수가 우리의 모델이다."20)

루이스는 1941년 기독교 신앙에 관한 연속 강연을 해달라는 영국국영방송국(BBC)의 의뢰를 받았을 때, "자연법 또는 객관적인 옳고 그름의 문제"에 초점을 맞춰 복음주의의 기초를 설명해보기로 했다. "내가 보기에 신약성경은 회개와 용서를 전하는 내용에서 독자가 자연법을 이미 믿고 있으며 자기가 그것에 불순종했다는 것을 알고 있다고 가정하고 있는 것 같다."21) 하지만 많은 현대인들은 '자연법의' 확실성을 내던져버린 지 오래되었기 때문에 방송을 보는 사람들이 "죄책감"을 어느 정도 회복할 수 있도록 자연법칙의 진실성을 먼저 보여줄 필요가 있다고 루이스는 생각했다.22) 죄에서 구원하시는 한 분을 믿으려면 먼저 죄에 대해서 믿어야 한다! 자기가 하나님의 법대로 살지 못한다는 것을 고백하는 사람이라야 하나님의 은혜를 찬송할 수 있다.

본질적으로 인간은 기본적 도덕률을 이해하며 그것의 참됨을 인정한다고 루이스는 항상 믿었다. 인간은 합리적 추론 능력과 함께 선함을 인식할 수 있는 능력을 가지고 있다. 인간 위엄은 부분적으로 도덕률, 곧 인간 본성에 새겨진 자연법을 알 수 있는 능력에서 오는 것이다. 우리는 어떻게 살아야 마땅한지 안다. 루이스는 말싸움하는 두 사람만 지켜봐도 이것을 알 수 있다고 말했다. 언쟁을 한다는 자체는 두 사람이 옳은 것과 그른 것이 있음을 가정하고 있다는 것을 보여준다. 따라서 "지구상의 모든 인간은 어떤 일정한 방식으로 행동해야 한다는 흥미로운 생각을 품고 있으며 이 생각을 없앨 수 없다"[23]는 것을 알 수 있다.

하지만 우리가 어떻게 살아야 마땅한지를 아는 것과 실제로 그렇게 살아가는 것은 명백히 다른 문제다. 우리가 도덕률을 어기고 나서야 그것의 진실성을 기억하는 일이 너무도 허다하다. 우리는 잘못에 대해서, 알고 있는 도덕률을 범한 것에 대해서, 다른 사람이 나에게 하지 않기를 바라는 일을 한 것에 대해서, 죄를 지은 것에 대해서 죄책감을 느낀다. 루이스는 "선하려고 무진 애를 써보지 않고는 아무도 자기가 얼마나 악한 사람인지 알 수 없다"[24]고 말한다. 우리가 실패에 대해 죄책감을 느낀다는 것은 달리 행동할 수도 있었다는 것을 안다는 뜻이다. 옳게 행동할지 그르게 행동할지는 우리의 자유다. 우리가 아무리 악한 쪽으로 기울더라도 우리에게는 선과 악 사이에서 자유롭게 선택할 수 있을 정도의 선은 여전히 원래대로 남아 있다. 응답의 자유가 없고 올바르게 살 가능성이 없다면 "너희는 거룩하라 나 여호와 너희 하나님이 거룩함이니라"(레 19:2)라는 계명은 의미가 없어진다.

그러나 루이스는 우리가 정말로 자유롭다고 주장했다. 이런 부분에서 루이스는 2세기 때의 신학자 리옹의 이레나이우스(Irenaeus) 같은 정교회 사상가들과 입장을 같이하고 있다. 이레나이우스는 "'내가 네 자녀를 모으려 한 일이 몇번이냐 그러나 너희가 원치 아니하였도다'라는 말씀은 인간 자유에 대한 오래된 법칙을 보여준다. 하나님은 처음부터 인간을, 하나님의 강압 때문이 아니라 자발적으로 하나님의 명령에 순종할 수 있는 영혼을 가진 자유로운 행위자로 지으셨다. 하나님의 강요는 없다. 다만 우리를 향하신 하나님의 선하신 뜻이 항상 있을 뿐이다"[25]라고 썼다.

집회서 15장에도 다음과 같이 말씀하고 있다.

" '내가 죄를 짓는 것은 주님의 탓이다' 라고 말하지 마라. 주님께서 당신이 싫어하시는 것을 하실 리가 없다. '그분이 나를 빗나가게 만드셨다' 고 말하지 마라. 주님께 죄인이 무슨 필요가 있겠느냐? 주님께서는 모든 악을 미워하시므로 주님을 두려워하는 사람은 악을 좋아하지 않는다. 처음에 주님께서 인간을 만드셨을 때 인간은 자유의지를 갖도록 하셨다. 네가 마음만 먹으면 계명을 지킬 수 있으며 주님께 충실하고 충실하지 않고는 너에게 달려 있다. 주님께서는 네 앞에 불과 물을 놓아 주셨으니 손을 뻗어 네 마음대로 택하여라. 사람 앞에는 생명과 죽음이 놓여 있다. 어느 쪽이든 원하는 대로 받는 것이다. 주님께서는 위대한 지혜와 전능하신 힘을 가지시고 모든 것을 보고 계신다. 주님께서는 당신을 두려워하는 사람들을 굽어보시며 인간의 모든 소행을 다 알고 계신다. 주님께서는 인간에게 악인이 되라고 명령하신 적이 없고 또, 죄를 범하라고 허락하신 적도 없다."

| 제 3 부 |

가장 신적이지 않은 존재
"악의 추구"

6 | 우리는 모두 파괴자다
"모든 죄는 신성모독이다."

따라서 모든 죄는, 무엇이 되었든 간에 모두 일종의 신성모독죄다.¹⁾[1]

영화 「그랜드 캐니언(*Grand Canyon*)」을 보면 어떤 레커 운전기사가 자기 고객한테 못되게 구는 청년 부랑배 두목을 타이르는 장면이 나온다. 그들의 행동을 눈에 거슬려하던 기사가 이렇게 말한다. "이봐, 세상이 이래서는 안 되는 거야. 잘 모르는 모양인데 이러면 안 되지. 나, 당신들한테 양해를 구하지 않고도 내 일을 할 수 있는 거라고. 저 양반도 당신들한테 돈 뜯기지 않고도 얼마든지 차에서 기다려도 되는 거야, 이 사람들아! 지금 이게 다 이렇게 할 일이 아니지!"[2]

사람들이 분통을 터뜨리며 내뱉는 "이러면 안 되는 거지", "이런 법이 어디 있어요?" 같은 말 속에는 (자존감을 회복하려는 치료적 분위기에

젖어 있는) 현대 그리스도인들마저도 가끔 잊어버리는 진리가 담겨 있다. 모든 것이 괜찮은 척, 모두 잘살고 있다고 공언하고, 세상이 점점 더 살기 좋은 곳이 되고 있다고 주장하는 것으로 잠깐 동안 우리의 관심을 따돌릴 수는 있겠지만, 인간의 어두운 면에 대한 진실을 끝까지 피할 수는 없다. 사실을 있는 그대로 보는 객관적 관찰자라면 죄의 실제를 부인하는 현대 사회의 파괴적 영향에 대해 항변하지 않을 수 없을 것이다.

전문 선동가들은 썩고 죽어가는 사회의 무덤 내벽을 인본주의라는 회반죽으로 깨끗하게 단장해서 회칠해 놓았다. 귀청이 찢어질 듯한 스테레오 음악소리와 하늘을 가르는 제트기 때문에 우리는 진실에 귀먹었다. 컴퓨터에 앉아 손 빠르게 '웹 서핑'을 하거나 카지노 룰렛을 돌리는 동안 우리의 내면이 죽어가고 있다. 우리는 우리 죄를 지적하는 진리의 말들을 묵살시키는 데 공모하고 있다. 세상이 다 아는 범인을 변호하는 변호사처럼 우리도 한사코 증거를 무시하고 끝까지 아무 죄가 없는 척한다. 하지만 닳고 닳은 레커 운전기사까지 나서서 "지금 이게 이렇게 할 일이 아니지!"라고 소리치는 마당에 이 세상이 죄에 대해 새롭게 인식해야만 한다는 사실을 더 이상 모른 체할 수 없다.

미국의 시인 필리스 맥긴리(Phyllis McGinley)는 루이스의 『스크루테이프의 편지』의 한 판본을 소개하는 글에서 다음과 같이 통찰력 있게 쓰고 있다.

지난 100년 동안 인간이 잃어버린 모든 것들 가운데 자기만 아는 죄책감을 포기해버린 일만큼 큰 타격을 남긴 것은 없다. 인간이 그 창조주를 잃어버린 것은 무서운 일이다. 그러나 인간이 책임의식을 내던져버린 것은 단순히 무서운 정도가 아니다. 그것은 인간을 산산조각내 버렸다. 사회는 죄책감을 수치심으로 대치시킴으로써 인간 심성의 절반을 절단해버린 것이다. 짐승도 수치심은 안다. 그러나 인간만이 자기 죄에 대해 죄책감을 느낄 수 있다. 우리에게 큰 위로가 되는 놀라운 사실 하나는, 죄가 용서를 함축한다는 것이다. 잘못을 행한 사람은 뉘우치고 회복할 수 있다.3)

여러 부류의 심리치료자들이 죄책감을 수치심으로 대치시키려는 의도에서 도덕적 허물에 다른 이름을 붙이려 했고, 허물이 아니라 질병으로 다뤘다. 살인자는 병든 사회에 물들어버린 '아픈' 사람들이기 때문에 살인하는 것이고, 아동학대범들은 그들 자신이 학대를 받았기 때문에 '학대증후군'에 걸려서 아동을 학대한다는 식이다. 그러나 맥긴리의 주장은 다르다. "죄를 질환으로 보는 것은 악마의 가장 잔인한 최신 무기다. 자기 존중은 자유의지를 바탕으로 해서만 가능한 것이다. 우리의 죄를—따라서 우리의 선행까지—우리의 의지로도 어쩔 수 없는 것으로 만들어버리는 일이 바로 스크루테이프가 부추겼을 짓이다."4)

C. S. 루이스는 1940년대에 『스크루테이프의 편지』 같은 작품들에서 이것을 시도했다. 그의 글은 파멸로 이끄는 죄의 힘에 대해 참신하면서도 철저하게 전통적인 이해를 하게 해준다. 그의 작품에는 대부분 이 지구 구석구석으로 파고드는 악에 대한 분석까지는 아니어도 언급이 들어 있다. 현대인이 하나님에 대한 인식을 잃으면서 한꺼번에 무너져 쓸려 내려간 죄의식은 이상주의적 사회주의와 심리적 부인이라는 잔해 밑에 깔리고 말았다. 우리는 이전 세대에게 그토록 압도적으로 자명해 보였던 진리를 보지 못하게 하는 데 요

> "우리의 죄를—따라서 우리의 선행까지-우리의 의지로 어쩔 수 없는 것으로 만들어버리는 일이 바로 스크루테이프가 부추겼을 짓이다."

술같이 효과적인 방법을 개발해냈다. 하기도 아주 쉽다. 다음 처방대로만 하면 된다. "고요함을 피하고, 혼자 있는 것을 삼가며, 잘못된 길에서 벗어나게 하는 어떤 생각도 하지 말라. 돈, 섹스, 지위, 건강 그리고 (무엇보다도) 당신의 탐욕에 집중하라. 항상 라디오를 켜두고 많은 사람과 북적거리며 살라. 신경안정제를 대량 복용하라. 반드시 책을 읽어야 한다면 까다롭게 선택하라. 그러나 할 수만 있다면 신문만 읽는 것이 더 안전할 것이다."5)

그러므로 루이스의 가장 통찰력 있는 분석들 가운데 일부는, 타락에 관한 그들의 책으로 교회 전체의 가르침을 대표하게 된 존 밀턴(John Milton)이나 아우구스티누스의 사상을 새롭게 번안해 준다. 이것은 우선 아우구스티누스가 가르쳤던 대로 "하나님은 만물을 하나의 예외도 없이 선하게 지으셨다. 만물이 선하기 때문에, '악한 자연, 존재하는 악한 실체는 없으며 '악하다' 는 단어는 선함의 결여를 의미할 뿐이다"6) 라는 의미다. 하나님께서 당신이 지으신 모든 것을 '좋다' 고 하셨을 때, 그분은 파스닙(*설탕당근이라고도 부르는 미나리과 풀—역자) 뿌리부터 행성들까지, 쥐새끼부터 인간까지 아무도 흉내 낼 수 없는 손길로 축복하셨다는 것을 우리에게 보여준 것이다. 하나님께서 우리에게 볼 수 있는 눈을 주셨을 때는 선한 것으로 지어주셨고, 다만 우리가 그것을 선하게 사용하거나 악하게 남용하거나 할 수 있을 뿐이다.

둘째로, 루이스는 아우구스티누스가 강조하는 또 다른 주장, "우리가 악한 것이라고 부른 것은 선한 것이 타락한 것일 뿐이다"7)라는 입장도 수용한다. 사고로 시력을 잃었다면 그것은 나쁜 일이다. 시력이라는 좋은 것의 상실이 곧 나쁜 것이다. 도덕적 악함 역시 눈멀음과 마찬가지로 선함의 상실—살인적인 토네이도의 심장부가 진공상태인 것처럼— 에서 비롯되는 것이다. 따라서 죄는 원초적으로 "지각이 있는 피조물이 하나님보다 자기 자신에게 더 관심을 두기 시작하는 데서……그리고 '스스로' 존재하기를 바라는 데서부터 비롯된다.……이것이 교만의 죄다."8)

마찬가지로 루이스도 인간이 자기를 스스로 계획하고 스스로 실현하는 존재로 과시하는 영적 죄, 자만이야말로 모든 죄의 바탕이 되는 것이라고 그의 소설과 비소설에서 일관되게 주장했다. 존 밀턴은 "그것을 범한 최초의 피조물은 사탄이었다. 사탄은 명을 받드는 자가 되지 않고 오히려 자신의 명에 따르는 자들이 있는 것을 기뻐하는 폭군이 되어 하나님께로부터 돌이켜 자기 자신을 향한, 교만한 천사였다"9)고 설명했다. 『실낙원』에서 우리는 "주된 관심이 자기의 체면"이며, "자기가 하나님의 지으심을 입은 존재가 아니라 '자신의 힘으로 생기를 주어 스스로 낳고 스스로 길러냈다'는 의미에서 '스스로' 존재하는"10) 것처럼 행세하는 타락 천사를 보게 된다.

{ 반달족이 고딕양식의 성당을 유린했듯이 우리의 죄는 모든 선한 것들을 무지막지하게 일그러뜨린다. }

악한 행위―죄, 범죄, 배반―는 교만의 종양에서 흘러나오는 고름처럼 모두 신성모독이다. 우리는 성적 욕망이라는 선한 것을 취하여 정욕과 남색과 포르노 따위로 전락시켜 버린다. 루이스는 이것을 스트립쇼를 지켜보는 남자들을 예로 들어 설명했다. "여러분이 어느 나라에 갔는데, 그곳 극장에는 무대에 뚜껑 덮은 접시를 등장시켜서 천천히 뚜껑이 열리면서 사람들이 다 볼 수 있게 하다가 뚜껑이 활짝 열리면서 조명이 꺼지는 쇼가 열린다. 그런데 그 접시에 담긴 것이라고는 양고기 다진 것이나 베이컨 조각이 다인 쇼를 보려고 사람들이 몰린다고 생각해보자. 그 나라 사람들 입맛이 뭔가 크게 잘못되었다고 생각하지 않겠는가?"11) 건강한 입맛이 변하면 병이 든 것이다. 우리는 생명을 주는 피처럼 순결한 것을 헤로인으로 더럽히고, 허파가 꼭 필요해서 빨아들인 공기를 담배연기로 더럽힌다. 루이스는 "죄가 가증한 것은……모든 죄는 우리에게 흡수되는 에너지의 왜곡된 형태"라는 사실에서 파생된다고 썼다. "이 에너지가 그런 식으로 왜곡되지 않았더라면 '하나님이 그것을 하신다' 는 말도, '내가 그것을 한다' 는 말도 모두 맞는 표현이 되는 거룩한 행위를 하게 만들어 주는 에너지가 되었을 것이다. 우리는 그분이 우리에게 부어주신 포도주에 독을 타고, 우리를 가지고 그분이 연주하실 선율을 망쳐버린다. 그분이 그리시려는 자화상을 우리가 우스꽝스러운 캐리커처로 만든다. 그러므로 모든 죄는 그것이 무엇이 되었든 간에 신성모독죄다."12)

반달족이 고딕양식의 성당을 유린했듯이 우리의 죄는 하나님께서 지으신 모든 선한 것들을 무지막지하게 일그러뜨린다. 죄는 자기만족만을 위하는 비뚤어진 마음 때문에 하나님께서 지으신 것을 더럽힌다. 죄가 어린아이들의 실수나 자기도 모르게 저지르는 도덕적 실책과는 전혀 달리 아주 나쁜 이유는 바로 이것이다. 죄는 하나님에 대한 모욕이요 하나님의 기준, 하나님의 진리, 하나님의 아름다움—그분 존재 자체에서 비롯되는 모든 기준—에 대한 뻔뻔스러운 거부인 것이다. 이른바 '낙서 예술가' 들이 공공시설을 망치듯이 죄는 실재를 왜곡시킨다. 시나리오 작가가 셰익스피어의 극을 어설프게 '현대화' 해서 망치듯이 죄는 삶의 규칙들을 조잡하게 만들어 버린다.

더 나아가서 죄는 피를 빨아먹는 거머리나 기생충 같은 존재다. 이 부분에서 아우구스티누스와 토마스 아퀴나스도 죄란 선함이 결핍된 상태라고 말한 루이스의 입장을 지지한다. 죄는 막강한 힘을 가지고 있지만 그 힘의 원천은 모든 것을 빨아들이는 진공상태에서 나오는 것이다. 그 자체는 실재하지 않으면서 그 숙주의 생명력을 고갈시키는 존재가 죄다. 진행성 실명처럼 죄는 눈에서 시력을 빼앗아 그 본래의 완전함을 훼손시킨다. 죄는 생명체에서 피를 빼내 생명을 앗아가는 내출혈처럼 우리의 생명을 고갈시킨다. 루이스의 말대로 선함은 "이른바 '그 자체'로 있는 것이다. 악이란 훼손된 선함일 뿐이다. 따라서 뭔가가 훼손될 수 있으려면 먼저 선한 것이 존재해야 한다."13)

죄는 접촉하는 모든 것을 더럽힌다. 죄는 영적 면역체계를 공격하는 영혼의 에이즈라고 할 수 있다. 거룩하도록 지음받았지만 우리는 본래 모습을 버리고 순수함과 건강함을 잃었다. 토마스 아퀴나스가 가르치고 있듯이 죄는 우리 영혼을 구속하고 사슬에 묶어 나약함, 무지, 악의, 세상의 정욕이라는 네 가지 상처의 아픔 아래 무너지게 만든다. 우리의 소원을 따르고 우리를 즐겁게 하는 것을 좇아서 우리는 죄를 짓고 세상을 더럽히는 악에 그 영향력을 보탠다.

하나님을 적으로 한 게릴라전이라고 할 수 있는 우리의 죄 때문에 우리의 형상이 일그러진다. 왜냐하면 우리가 하나님을 어떻게 생각하는지가 그대로 우리의 형상이 되기 때문이다. 주식과 채권 외에는 아무것도 생각하지 못하는 주식거래중개인의 모습에서 볼 수 있듯이 우리의 주의를 끄는 것이 결국은 우리를 사로잡는다. 우리는 우리가 칭송하는 것을 닮게 되어 있다. 청소년들이 자기가 좋아하는 가수들의 옷차림과 걸음걸이를 그대로 따라하는 것만 보아도 알 수 있다. 뒤집어 말해서, 하나님을 인정하지 않으므로 사고가 공허하고 가차 없이 배신할 정도로 냉혹할 때 우리 형상이 시들지 않을 수 있겠는가. 우리가 참된 존재, 진리에 등을 돌리고 자기중심적인 허황된 공상을 좇을 때 우리는 생명을 주는 뿌리에서 잘려나간 가지처럼 시들어버릴 수밖에 없다.

영국의 소설가 아이리스 머독(Iris Murdoch)이 쓰고 있듯이 "우수한 도덕성의(예술에게도 마찬가지인데) 가장 큰 적은 개인적 환상이다. 자화자찬과 자기위안을 위한 바람과 꿈들이 개인 밖에 존재하는 것들을 있는 그대로 보지 못하게 만든다."14) 우리는 거짓말에 너무 쉽게 속고 거짓말에 중독된다. 인생 여정에서 틀린 지도를 들고 잘못된 표지판을 따라 돌아가는 길에 들어서서 가드레일에 숱하게 부딪힌다.

요한은 그의 두 번째 편지에서 우리에게 적그리스도(우리를 바른 길에서 벗어나도록 속이는 자)에 대해 이렇게 경계시키고 있다. "미혹하는 자가 많이 세상에 나왔나니 이는 예수 그리스도께서 육체로 임하심을 부인하는 자라 이것이 미혹하는 자요 적그리스도니"(요이 1:7). 요한은 첫 번째 편지에서도 "지금도 많은 적그리스도가 일어났"(요일 2:18)고, "예수께서 그리스도이심"을 부인하는 거짓말하는 자와 "아버지와 아들"을 부인하는 자들이 있다고 강조했다(요일 2:22).

{ **"모든 죄는 일종의 거짓말이다."** }

그리스어 접두사 'anti-'는 경우에 따라 '반대'를 뜻하거나 '무엇무엇에 대항하여'라는 의미를 갖는다. 따라서 적그리스도(Antichrist)란 그리스도에 반대하거나 대항하는 자들을 말한다. 성서 기자들 가운데 유일하게 이 용어를 사용한 요한이 여기서 이 표현을 사용한 것은 세상 끝날에 나타날 사탄의 모습을 그리기 위해서가 아니라 사람들을 사악하고 교묘한 방법으로 꼬여 하나님에게서 멀어지게 하는 자들을 묘사하기 위해서다. 아우구스티누스는 "모든 죄는 일종의 거짓말"이라고 했다. 사소한 잘못처럼 보이는 것이 (많은 사람들에게는 거의 모두가) 사실은 가장 치명적인 죄로, 죄 중의 죄로, 모든 적그리스도들의 주된 특질로 드러나는 경우가 많다. 이것에 대해서 루이스는 이렇게 말했다. "윌리엄스[찰스] 씨는 '지옥은 불분명하다'는 사실을 우리 뇌리에 박힐 만한 표현으로 상기시켜 주었으며, 사탄이 실낙원에서 언급한 어떤 주제에 대해서도 거짓을 말하고 있다는 사실을 우리에게 주목시켜 주었다."15)

죄의 기만성은 나니아 이야기의 정점이라고 할 수 있는 『마지막 전투(The Last Battle)』에 잘 묘사되어 있다. 거기서는 선악 세력간의 최후의 결전 이야기가 펼쳐진다. 악한 세력의 지도자, 원숭이 시프트는 나니아의 많은 사람들이 "자기 백성의 피를 먹고 사는" 칼로르멘의 "끔찍스러운 신" 타슈와 아슬란이 같은 인물이라고 믿게 만드는 데 성공한다. 시프트는 많은 현대인들이 흔히 그렇게 하듯이 '하나님'은 우리가 원하는 대로 무엇이든 될 수 있는 존재라고 선언했다. 중세의 유명론자들처럼 오늘날의 영향력 있는 교사들도 시프트와 마찬가지로 단어는 어떤 객관적 실재와도 관련이 없다고 가르친다. 말이란 말하는 사람이 의미하는 바를 의미할 뿐 실재 대상과는 아무런 관련이 없다는 것이다. 그러나 티리언 왕은 진리를 말한다. "당신은 지금 거짓을 말하고 있어! 그것도 너무나 뻔뻔스러운 거짓말이지. 당신은 지금 칼로르멘 사람과 원숭이처럼 거짓말을 하고 있는 거야."16)

그러나 그 원숭이는 대중을 속이는 데 성공한다. 원숭이는 늙은 사자 가죽을 구해서 순진한 당나귀 퍼즐한테 그것을 입힌다. "약간의 진실을 보태놓으면 거짓말이 훨씬 더 강력해지게 마련"17)이라는 시프트의 말대로 그의 사악한 속임수는 잘 먹혀들었다. 소수의 믿음 있는 자들만이 그 거짓을 알아보고 '마지막 전투'에서 아슬란과 함께한다. 나머지 대다수의 짐승들과 난쟁이들은 거짓말에 속아 잘못된 편에 서서 시프트와 함께 파멸의 길을 따른다. 그들은 지역 전에서는 이겼지만 결국 그들의 영혼을 잃게 된다.

우리는 자신과 거리가 있는 일에 대해서 거시적으로 볼 때는 쉽게 거짓을 알아채고 고발한다. 지금은 히틀러의 선전에 끌리는 사람들이 극소수밖에 없지만 한때는 수백만이나 되는 사람들이 그것에 포섭되지 않았던가. 오래된 잡지에서 말도 안 되는 가짜약 광고를 볼 때는 그런 것에 속아 넘어가던 그 시절 사람들의 순진성에 실소를 금하지 못하는 우리들이지만, 기적 같은 치료를 약속하는 세련된 TV광고에는 우리도 똑같이 넘어가고 있다. 비만으로 고민하는 사람마다 다이어트와 운동만이 방법이라는 것을 잘 알면서도 단 열흘 만에 확실하게 살을 빼준다는 뻔한 거짓말에 속는다. 우리는 정치판의 기만을 파헤치고 그 대상자를 지목해서 비난할 때는 진실을 말하는 것에 엄청난 중요성을 두지만, 정작 자신의 일상생활은 작은 기만과 거짓으로 엮어나간다. 허위광고와 계약불이행에 대해서는 어김없이 손해배상을 청구하면서도 자기가 하는 과도한 요구나 식언은 쉽게 합리화시키는 것이 우리들이다. 이것이 바로 스콧 팩(N. Scott Peck) 박사가 '거짓의 사람들' 이라고 부른 우리의 모습이다. 우리는 쾌락이나 평가나 이익이나 지위 따위를 너무도 갈구하는 나머지 쉽게 거짓에 넘어가고 있다.

그런데 비록 자신은 직장의 모든 일을 눈속임으로 하고 있을지라도 다른 사람은 나에게 거짓말하지 않기를 바라는 것이 또한 우리들이다. 감춰진 거짓말이나 나중에 탄로 난 배신만큼 인간관계를 망치고 고통을 주는 일도 다시없을 것이다. 아내에게 번번이 거짓말을 하면서도 아내는 그렇지 않기를 바라지 않는가? 그러나 '거짓말의 아버지' 사탄과 거짓을 말하는 우리 주변의 적그리스도들은 비실재와 망상과 오류로 우리를 꼬여낸다. 적그리스도는 우리를 속여 우리가 괜찮다고 믿도록 만들고 한갓 물거품 속을 헤매는 파멸의 길로 유혹한다. 이것이 우리가 사는 세상에 가득한 악이다.

하나님이 지으신 인간의 원래 모습은 훼손되고 뒤틀리고 비뚤어져서 하나님의 뜻은 겨우 흔적만 알아볼 수 있게 남아 있을 뿐이다. 따라서 거룩함에 대한 부르심에 앞서 거룩함을 막는 죄에 대한 회개와 성결이 있어야 한다. "모든 사람이 죄를 범하였으매 하나님의 영광에 이르지 못하"(롬 3:23)게 되었다. "한 사람으로 말미암아 죄가 세상에 들어오고 죄로 말미암아 사망이 왔나니"(롬 5:12). 우리도 다윗처럼 "대저 나는 내 죄과를 아오니 내 죄가 항상 내 앞에 있나이다"(시 51:3)라고 고백하게 된다. "만일 우리가 죄 없다 하면 스스로 속이고 또 진리가 우리 속에 있지 아니할 것"(요일 1:8)이기 때문이다.

7 | 이 곤궁을 일으키는 것은 마귀다
"뒤틀린 자"

"나는 모든 마녀들이 다 저랬으면 좋겠다. 저들은 활용 가치가 있지 않는 한 어떤 것에도 누구에게도 관심이 없거든. 얼마나 실용적인가!"[1)]

"너도 그 마녀와 똑같아!"라고 폴리가 말했다. "생각하는 거라고는 죽이는 것뿐이잖아."[2)]

C. S. 루이스가 처음으로 독자층의 큰 호응을 얻은 것은 (「타임」지가 그를 커버스토리로 다룬 것에서 드러나듯이) 1940년대에 『스크루테이프의 편지』를 내면서부터였다. 이 책은 지옥의 고관급 악마인 스크루테이프가 지구를 담당하고 있는 자기 조카 웜우드에게 보내는 편지를 모은, 가상 서한집이다. 편지는 제2차 세계대전기에 영국에 살고 있는 한

청년을 타락시켜 궁극적으로 지옥으로 보내기 위한 기술들을 차례로 소개하고 있다. 하지만 두 악마의 유혹은 청년이 나치의 런던 공습 때 사망하면서 엉겁결에 그들의 손아귀에서 빠져나가는 바람에 결국 실패한다.

이 편지들에는 심오한 메시지가 담겨 있다. 사탄과 그 부류들은 주로 은혜로운 성장, 곧 성화의 과정을 막는 방법으로 믿는 사람들의 구원을 은근히 무너뜨리려고 한다. 하나님은 믿음을 넘어, 우리를 변화시키려 하신다. 그래서 사탄이, 루이스가 다른 곳에서 말한 것처럼, 우리를 노리는 것이다. "노련한 체스 선수처럼 사탄은 항상 당신을 조정해서 루크(*장기의 차에 해당-역주)를 지키려면 비숍을 희생하지 않을 수 없는 곳으로 몰아간다."3)

{ 하나님은 믿음을 넘어, 우리를 변화시키려 하신다. 하지만 사탄이 우리를 노리고 있다. }

스크루테이프의 편지들을 보면 루이스가 악의 만연함을 인정하고 있을 뿐 아니라 그것이 어디에서 초래하는지도 분명히 하고 있음을 알 수 있다. 악은 사탄과 그의 타락한 추종자들에게서 생기는 것이다. 루이스는 『스크루테이프』의 개정판 서문에서 악마의 존재를 믿느냐는 질문에 이렇게 대답하고 있다. "믿는다. 나는 천사가 있다고 믿고, 천사들 중에 일부가 그 자유의지를 남용해서 하나님의 적이 되었고, 따라서 당연히 우리의 적이 되었다고 믿는다. 이들을 악마라고 부를 수 있을 것이다. 악마의 본성은 선한 천사와 다르지 않다. 하지만 그들의 본성은 타락했다."4) 악마가 상당한 권능을 가진 것은 사실이지만 창조된 존재로서 결코 하나님, 스크루테이프가 '위에 있는 원수'라고 부른 분의 적수가 될 수 없다.

타락한 천사들은 지옥에서 채찍으로 조정당하는 경주마들처럼 오직

이기기만을 위하여 끊임없이 자리다툼을 한다. 경쟁적이고, 힘이 곧 정의며 서로 물고 물리는 싸움만 가득한 곳이 지옥이다. 결론적으로 루이스는 "영적으로 말해서 악마는 서로를 그리고 우리를 잡아먹을 수 있다. 우리는 인간사에서도 같은 인간을 지배하고 삼켜버리지 못해 안달하는 사람들을 본다. 이들은 다른 사람의 지적이고 정서적인 온전한 삶을 자기 삶의 단순한 연장으로 여겨서, 자기 자신뿐 아니라 그 상대방을 통해서 자신의 증오를 증오하고 자신의 불만을 불쾌하게 여기고 자신의 이기주의를 만족시킨다"[5]고 보았다.

나니아 이야기의 『마법사의 조카(The Magician's Nephew)』도 같은 문제를 다루고 있다. 이 이야기는 자기 손이 닿는 곳에 있는 모든 것을 지배하려는, 사람의 몸을 입은 악, 즉 악마의 힘에 완전히 사로잡힌 것으로 보이는 한 남자를 생생히 보여준다. 비술(秘術)에 맛이 들어 (파우스트처럼) 지식으로 세상을 바꿔보려는 나이 많은 마법사 앤드루 케털리는 자기 조카 디고리를 속여서 실험대상으로 이용한다. 하지만 디고리는 어린아이 특유의 예리한 눈으로 이것을 꿰뚫어보고 이렇게 말한다. "삼촌은 자기가 원하는 것을 얻기 위해서라면 무슨 일이든 자기 마음대로 할 수 있다고 생각하는 거야."[6]

니체가 말한 '모든 가치의 전도'가 사람을 어떻게 철저히 뒤바꿔 놓는지를 잘 보여주는 인물, 앤드루 삼촌은 자신이 일말의 가책도 없이 디고리 어머니와의 약속을 깨버린 것, 디고리가 '비열한' 행동이라고 부른 것에 대해 이렇게 변명한다. "'비열하다고?' 앤드루 삼촌은 어이가 없다는 표정으로 되물었다. '아, 알 것 같구나. 네 말은 착한 어린이는 약속을 지켜야 된다는 게로구나. 물론 그렇다. 당연히 그래야 하고말고. 네가 그런 것을 제대로 배웠다니 내 마음이 흡족하다. 하지만 네가 아직 이해하지 못하는 것이 있다. 그런 규칙들은 어린아이들이나 아니면 하인들이나 아니면 여자들에게, 더 나아가서 보통 사람들한테는 대단히 훌륭한 것이지만 어려운 공부를 한 위대한 사상가들이나 현자들한테는 적용시킬 수 없는 법이다."7) 도스토예프스키의 소설 『죄와 벌』에 나오는 라스콜리니코프처럼 앤드루 삼촌은 자기가 법 위에 서 있는 자율적인 존재인 양 행세하고 있다. "나같이 남들이 알지 못하는 지혜를 가진 사람들은 상식적인 규칙에 구속되지 않는단다. 보통 사람들이 느끼는 즐거움을 누리지 못하는 것과 마찬가지로 밀이다. 보통 사람들보다 고귀해서 외로울 수밖에 없는 게 우리의 운명이란다."8) 자기 자신을 법으로 만들어버리는 이러한 태도는 하나님을 거부하는 교만한 사람의 특징이다.

  앤드루의 마법으로 다른 세계로 옮겨진 디고리와 다른 여럿은 고차원의—아니면 하급의 나쁜—악의 기원을 만나게 된다. 여기에는 나니아 이야기의 『사자와 마녀와 옷장(The Lion, the Witch, and the Wardrobe)』에 나왔던 주요 등장인물 하얀 마녀, 제이디스 여왕이 다시 등장한다. 이 여왕은 '유감스러운 말'로써 찬(Charn)에 살고 있는 모든 것을 모조리 없애버렸던 인물이다. 그곳에서 자기가 한 무참한 행동에 대해 여왕은 이렇게 설명한다. "얘야, 너나 다른 보통 사람들이 했을 때 나쁜 행동이라도 나같이 위대한 여왕이 했을 때는 잘못이 아니라는 것을 알아야 한다. 우리는 이 세상을 두 어깨에 짊어진 사람들이다. 그러니 다른 어떤 규칙도 우리를 구속해서는 안 되는 거란다. 보통 사람들보다 고귀해서 외로울 수밖에 없는 게 우리의 운명이란다."9) 바로 그때 "디고리는 갑자기 앤드루 삼촌이 그와 똑같은 말을 한 적이 있다는 사실이 생각났다."10) 니체가 말한 그와 같은 권력에의 의지, 다른 사람을 지배하려는 추동이야말로 전형적인 지옥의 힘이다.

이것은 『사자와 마녀와 옷장』에 나오는 마녀 제이디스의 전략에서도 잘 드러난다. 어린아이들이 이전에 아름다운 곳이었지만 이제는 마녀에게 볼모로 잡혀 있는 나니아로 들어가면서 이야기는 시작된다. 제이디스의 지배로 모든 것이 파괴되고 살과 피를 가진 따뜻한 생명체들이 차디찬 얼음 조각상으로 변하고 말았다. 그녀가 통치하는 곳은 일년 내내 겨울이었다. 나니아에 들어오자마자 썰매를 타고 있는 마녀를 만나고 나서 루시와 다른 친구들은 착한 생명체들로부터 자기들이 만났던 '여인'이 악한 인물이라는 것을 알게 된다.

{ 악마가 출몰하는 어두운 골목에는 거룩한 웃음이란 없다. }

"하얀 마녀? 그게 누구지?" 에드먼드가 말했다.

그러자 루시가 말했다. "그녀는 정말 끔찍한 사람이야."

"자기가 나니아의 여왕이라고 하지만 여왕이 될 자격은 전혀 없어. 파우누스와 드리아스들, 나이아스들, 난쟁이들과 동물들도―하여간 착한 편은 모두 다―그녀를 싫어해. 그런데 그 마녀는 사람을 돌이 되게 만들 수도 있고 별별 끔찍한 짓을 다 할 수 있어. 게다가 마법으로 나니아에 항상 겨울만 있게 만들 수도 있다니까. 항상 겨울이지만 크리스마스는 오지 않아."11)

지옥은 차디찬 얼음같이 웃음이 없는 곳이다. 농담이 있다면 상대를 깎아내리려는 악의에 찬 조롱이나 냉소 섞인 비꼬는 말들뿐이다. 악마가 출몰하는 어두운 골목에는 거룩한 웃음이란 없다. 루이스는 『스크루테이프의 편지』의 서문에서 이렇게 썼다. "체스터턴(Chesterton)에 따르면 '사탄은 진지함의 무게 때문에 추락한다.' 우리는 지옥을 모두가 자기 자신의 체면과 성공만 챙기고, 모두가 불만을 품고 있고, 모두가 불일 듯하는 시기와 자만과 적의에 가득한 삶을 사는 곳으로 그려야 할 것이다."12) 이것은 있지도 않은 상상의 모욕에 분개하여 강박적으로 불평하고, 사소한 화도 참지 않고 터뜨리며, 사사건건 법정 싸움으로 끝을 보는 '희생자의 나라' 미국의 1990년대와 너무나 닮아 있는 세계가 아닌가.

이러한 모든 악의 '실재'는 사탄의 실제에 뿌리를 두고 있다고 루이스는 가르치고 있다. 악이란 결국 질병과 마찬가지로 선의 결핍 혹은 부재일 뿐이지만 그것이 실재하는 존재와 천사와 사람들을 타락시킨다는 면에서 상당한 힘을 발휘한다. 악의 권능은 페레티(Frank E. Peretti)의 인기 소설 『이 현존하는 어둠(*This Present Darkness*)』과 그 연속물 『어둠을 뚫고(*Piercing the Darkness*)』에 잘 그려져 있다. 첫 번째 책의 제목은 에베소서 6장 12절 "우리의 씨름은 혈과 육에 대한 것이 아니요 정사와 권세와 이 어두움의 세상 주관자들과 하늘에 있는 악의 영들에게 대함이라"에서, 두 번째는 요한복음 1장 5절 "빛이 어두움에 비취되 어두움이 깨닫지 못하더라"에서 따온 것이다. 페레티 소설의 핵심주제는 인간의 마음과 행동 속에 자리 잡고 있는 악마와 천사의 끊임없는 갈등, 곧 영적 전쟁이다.

페레티는 성서의 명백한 가르침인 영적 전쟁을 진지하게 받아들였다. 영적 전쟁은 안토니 수도사 등이 악의 세력과의 싸움을 위해 사막으로 나가기도 했던 수도사들의 초대교회 운동의 핵심주제이기도 했다. 기독교에서는 우리가, 우리 안에 살고 있는 것이 아니라 밖에서 우리를 대적

{ 악이란 결국, 질병과 마찬가지로, 선의 결핍 혹은 부재이다. }

하는 악마와 싸우고 있다고 항상 일관되게 가르치고 있다. 위대한 영성 지도자 오수나의 프란체스코(Francisco de Osuna)는 『세 번째 영적 알파벳(The Third Spiritual Alphabet)』에서 "영적이고 싶다면 자신을 영적 전사로 여겨야만 할 것이다"13)라고 주장했다. 사탄의 세력이 언제든 이유 없이 우리를 공격한다는 것을 그는 잘 알고 있었던 것이다. 그러나 "성 베르나르(Saint Bernard)가 말했듯이 우리의 적은 지고자 하는 자만을 무찌를 수 있는 연약한 존재"14)라는 것을 우리는 항상 기억해야 한다.

우리가 인식하든 못하든 우리는 영적 전쟁에 가담하고 있다. 철학자 피터 크리프트는 "악령과의 전쟁은 살과 피를 가진 살아 있는 적들과의 전쟁과 하나도 다를 것 없이 끔찍하고 생생한 진짜 전쟁"이라고 했다. 그에 따르면 "역사상 가장 큰 전쟁은 제2차 세계대전이 아니라 바로 이 영적 전쟁이며, 우리가 지금 그 전쟁 중에 있다."15) 도덕적 상대주의자와 도덕적 전통주의자가 공존할 수 없고, 세속적 인본주의자와 신성을 인정하는 유신론자가 같은 강대상에 설 수 없다. 진리가 없다고 주장하는 자들과 신성한 진리를 믿는 사람들 사이에는 갈등이 없을 수 없다. 죄라는 것이 애초에 없다고 주장하는 자들은 그들의 악을 누가 보아도 분명하게 상기시키는 사람들을 미워하게 되어 있다.

이러한 영적 갈등은 또 다른 나니아 이야기, 『은의자(The Silver Chair)』에도 잘 그려져 있다. 여기서는 릴리언 왕자를 구출하도록 아슬란이 보낸 어린이들의 모험이 펼쳐진다. 아이들은 릴리언에게 마법을 부린 마녀인 '초록 옷의 여인'이 지배하는 영토에 들어서게 된다. 마녀는 아이들과 멋진 피조물―퍼들글럼이라는 이름의 마슈위글(*마슈위글은 나니아 이야기에 나오는 한 종족의 이름-역자)―을 꼬여서 아슬란뿐만 아니라 '나니아' 라는 세상 자체가 허상이라고 믿게 만들려 한다. 아이들과 퍼들글럼은 지금 이 순간만을 생각하라는 유혹 속에서도 진리와 아슬란의 기본적인 생각에 대한 기억을 간직하려고 애쓴다. 횃불 군중집회를 마련했던 히틀러만큼이나 대중선동에 능한 마녀는 마음을 둔하게 할 목적으로 말을 반복시켜 아이들을 홀린다.

> 마녀가 말했다. "그런 세상은 없었어."
> "네, 없었어요." 질과 유스터스가 말했다. "그런 세상은 없었어요."
> 마녀가 말했다. "내 세상 말고 다른 세상은 아무데도 없었어."
> 아이들이 말했다. "당신의 세상 말고 다른 세상은 없었어요."16)

작은 무리 중에서 마슈위글만이 마녀의 세뇌작전에 말려들지 않았다. 그녀의 세계는 진짜 세계가 아니었다. 그래서 그는 이렇게 말한다. "하지만 당신이 아무리 손가락이 떨어지도록 현을 튕겨도 내 머리에서 나니아의 기억을 지울 수 없어. 그리고 지상 세상에 대한 기억도 마찬가지야. 당신이 그곳을 없애고 여기처럼 어둠의 세계로 바꿔놓았을지도 모르지. 당신이라면 얼마든지 그러고도 남았을 테니까. 하지만 나는 내가 한때 그곳에 있었다는 것을 분명히 기억해. 별이 가득한 밤하늘을 분명히 보았다고. 아침이면 바다에서 떠올라서 밤에는 산을 넘어가던 태양을 나는 보았어. 그리고 한낮에 하늘 한가운데 떠 있던 태양도 보았어. 그때는 너무나 눈이 부셔서 제대로 볼 수도 없었지만 말이야."17)

그의 말에 갑자기 다른 사람들도 정신이 들었다. 단번에 진리를 깨달았다.

"그래, 맞아, 있어!" 왕자가 말했다. "물론이야! 이 정직한 마슈위글에게 아슬란 님의 축복이 있기를! 우리 모두가 잠깐 동안 꿈을 꿨던 거야. 우리가 어떻게 그것을 잊어버릴 수 있었을까? 분명히 우리 모두 태양을 보았는데 말이야."

"맞아, 우리 모두가 보았어." 유스터스가 말했다. "퍼들글럼, 정말 잘했어. 우리 중에서 너만 제정신이었어. 정말 그랬다고."[18]

마녀와 그녀의 포로들 간의 의지 싸움은 계속되다가, 마침내 아이들이 진실에 대한 아련한 기억을 떠올리면서 마녀의 거짓말을 꿰뚫어 보고 그녀의 손아귀에서 벗어날 수 있게 된다.

루이스의 공상과학소설 3부작에도 악령이 들린 인물, 웨스톤이 등장한다. 그는 새로운 행성 페럴렌드라에 "영성을 퍼뜨리고", 자기를 부추기는 "힘"에게 유익하도록 우주를 지배하려는 과학자다. 『페럴렌드라』 앞부분에서 그를 만나는 랜섬은 "이 자는 사실 인간이 아니다"라는 강한 느낌으로 충격을 받는다. 원래의 웨스톤은 사라지고 그 자리에 그 "비-인간"이 들어앉아 있었기 때문이다.

『침묵의 행성에서』 때부터 적수였던 웨스톤을 마주한 랜섬은 그 "비-인간"이 "악마 같은 미소"를 짓는 것을 보고 "자기가 그 말을 진지하게 받아들인 적이 없었다는 것을 깨닫게 된다. 그 미소는 선을 단순히 무시하는 정도가 아니라 아예 멸절시킬 정도로 묵살하고 있었다."[19] 악마에 사로잡힌 웨스톤은 인간을 지으신 하나님의 계획과는 정반대가 되어 있었다. "우주선을 타고 여행하는 웨스톤의 몸은 다른 것들이 페럴렌드라에 침입할 때 이용하는 다리 역할을 하고 있었다. 그 최고의 본래 악이 화성에서 소위 '뒤틀린 자'라고 불리는 존재든 그보다 급이 낮은 존재든 그것은 문제가 되지 않았다."[20]

페럴렌드라에서는 정의로운 세력을 대표하는 랜섬이 비-인간과의 육탄전에서 결국 적을 무찌르고 승리한다. 그러나 지구에서는 아담과 이브가 일찍이 패배해서 그들 주인의 영토를 잃어버린다. 지구 행성은 "적에게 점령당한 영토"가 된 것이다. "'적에게 점령당한 영토', 이것이 바로 우리가 사는 세계다. 기독교는 정의의 왕이 어떻게 이 땅에 찾아와서, 어떤 면에서 자신을 감추고 찾아와서, 우리를 불러 위대한 저항운동에 참예하도록 했는지에 관한 이야기다."21) 죄에 대한 우리들의 싸움은 대단히 보편적인 근원을 갖는다. 죄의 원천은 지옥의 '뒤틀린 자', 곧 사탄이기 때문이다.

루이스의 이러한 견해는 다음 구절에서 볼 수 있듯이, 이사야 선지자에게서 나온 것이 분명하다. "너 아침의 아들 계명성이여 어찌 그리 하늘에서 떨어졌으며 너 열국을 엎은 자여 어찌 그리 땅에 찍혔는고 네가 네 마음에 이르기를 내가 하늘에 올라 하나님의 뭇별 위에 나의 보좌를 높이리라 내가 북극 집회의 산 위에 좌정하리라 가장 높은 구름에 올라 지극히 높은 자와 비기리라 하도다 그러나 이제 네가 음부 곧 구덩이의 맨밑에 빠치우리로다"(사 14:12-15).

8 | 우리가 멸망의 길을 택한다

"타락이란 다른 것이 아니라 불순종이다."

"지옥을 지배하는 원칙 하나는 '나는 내 것이다' 이다."[1]

"악은 자유의지의 남용에서 생겨난다."[2]

죄가 없다면 우리는 하나님께서 지으신 그대로 거룩한 존재로서 창조주의 이끄심을 따라 옳은 길로 행하며 아름다운 삶을 누렸을 것이다. 그러나 우리는 원래의 선함을 잃고 올바른 길에서 벗어났다. 도덕의 나침반을 망가뜨려서 원래의 계획에서 벗어났고 애초의 청사진을 잊어버렸다. 따라서 거룩한 삶을 확실하게 회복하려면 먼저 죄에 대해 정확히 이해해야 한다. 우리가 아는 구원은 언제나 죄에 대한 이해를 전제로 한다.

죄를 사소한 것으로 비뚤어지게 정의해서, 악의 없는 단점이나 몰라서 저지르는 실수 정도로 축소하면, 자기개발서나 자기훈련 프로그램을 활용해서 죄의 영향을 쉽게 제거할 수 있을 것처럼 생각하게 될 수 있다. 아니면 반대로 죄를 과장되게 확대정의해서, 죄의 권능과 결정력이 너무도 큰 나머지 우리가 노예처럼 그것에 굴복하고 그 통제를 받을 수밖에 없는 것처럼 생각하게 될 수도 있다. 이런 입장을 취하는 사람들은 우리가 살아 있는 한 죄가 최고의 지휘권을 쥐고 우리를 지배하기 때문에, 죄에서 벗어난 어떤 생각이나 행동도 할 수 없고 어떤 형태의 기독교적 거룩함도 말소된다고 말한다.

적극적으로 '거룩해지기'를 좇도록 그리스도인들을 권면하는 사람들은 대체로 "엄격히 말해서 알고 있는 하나님의 법을 자발적으로 범하는 것 말고는 어떤 것도 죄가 될 수 없다. 그러므로 사랑의 법칙을 자발적으로 어기는 행위마다 모두 죄며, 그 외에 다른 죄는 없다고 말하는 것이 정확할 것이다"[3]라는 요한 웨슬리의 주장과 입장을 같이한다. (내가 알기로) C. S. 루이스는 웨슬리를 신학자의 권위를 부여해서 인용한 적은 없지만, '자유의지'를 인정한 웨슬리와 같은 입장을 취했다. 따라서 '죄'에 대한 루이스의 다음의 정의는 웨슬리의 것과 일치한다. "인간은 이제 하나님과 자기 자신에게 미운 존재이자 이 세상에 제대로 적응하지 못하는 존재가 되었는데 이것은 하나님께서 그렇게 만들어서가 아니라 인간이 그 자유의지를 남용해서 생긴 결과다."[4] 웨슬리와 루이스 모두 인류 역사에서 자유의지의 막강한 힘과 그 남용이 초래하는 악마적 결과를 진지하게 받아들였다.

인간의 타락이라는 주제는 다른 어떤 것에 못지않은 깊이를 갖는 주제로서 루이스 작품 구성에 중요한 역할을 하고 있다. 인간의 타락 한 가지만으로도 인류 역사에 점철된 인간의 설명하기 어려운 어리석음과 잔인성의 이유가 설명된다. 밀턴이 『실락원』에서 그리고 있는 지옥에 대해 고찰하면서 루이스는 이렇게 썼다. 갓 태어난 이브는 "물에 비친 자신의 모습을 보고 사랑에 빠진다. 그러자 하나님은 이브가 고개를 들어 아담을 보게 한다. 그러나 재미있게도 아담의 첫인상은 그다지 매력적이지 않았다. 아담은 그녀 자신에 비하면 직접적인 매력이 훨씬 떨어지는 대상인 것이다."[5]

연못에 비친 자기 그림자에서 눈을 떼지 못했던 그리스 신화의 나르시스처럼 우리는 자신과 사랑에 빠진다. 자기 자신 말고는 달리 중요하게 생각할 만한 것을 찾지 못하는 것이다. 우리는 심지어 '진리'란 결국 우리에게 쾌감을 주는 것일 뿐이라고 환원시켜 버린다. 루이지 피란델로(Luigi Pirandello)의 연극 제목 「네가 옳다면 옳은 것이다!」가 우리의 좌우명이 되었다. 자기 마음대로 '현실을 정의'할 수 있다고 믿으며 컴퓨터가 만든 가상의 세계에 자기가 살고 싶은 사이버 세계를 만드는 사람들까지도 있다. 어떤 것도 자기 자신만큼 중요하지 않다. 하나님도 마찬가지다.

> 연못에 비친 자기 그림자에서 눈을 떼지 못했던 그리스 신화의 나르시스처럼 우리는 자신과 사랑에 빠진다.

루이스는 그의 공상과학소설에서 타락하지 않은 두 행성 말라칸드라(화성)와 페럴렌드라(금성)를 죄에 빠진 어두운 세계인 툴칸드라(지구)와 대비시킨다. 나니아 이야기에서도 타락한 존재와 원래의 모습을 간직한 존재의 차이를 강조하는 대목이 자주 등장한다. 『캐스피언 왕자』에는 예전에 살았던 '옛 나니아 사람들'은 어떤 사람들이었는지에 대해 루시가 질문하는 장면이 나온다. "난쟁이가 대답했다. '글쎄, 그게 우리야. 말하자면 반역자들이지. 그렇다고 봐야지.'"[6]

이처럼 죄는, 연약함에서가 아니라 불순종에서 생겨나는 것이다. 하나하나의 구체적 죄악들은 연약함 때문이라고 할 수 있다. 그러나 '죄'가 되는 것은 내적인 반항심, 곧 죄 자체인 것이다. 신경계가 우리의 근육을 움직이게 하듯이 죄는 우리로 하여금 악한 행동을 하도록 자극한다. 루이스에게는 아담의 타락에 대한 초대교회 교부들의 이해가 인간이 처한 곤궁을 설명하는 데 도움이 되었다. 이것에 대해 루이스는 이렇게 말하고 있다. "초대교회 교부들이 우리가 아담의 죄 때문에 징벌을 받는다고 말한 경우도 있다. 그러나 교부들은 우리가 '아담으로서' 죄를 지었다는 표현을 훨씬 더 많이 사용했다. 이 표현이 무엇을 뜻하는지 우리로서는 알 길이 없다. 아니면 교부들이 잘못 표현한 것이라고 넘겨버릴 수 있을는지도 모른다. 그러나 나는 교부들이 말한 것을 단순한 '표현의 문제'로 넘길 일은 절대 아니라고 본다. 교부들은, 지혜롭게도 아니면 어리석게도, 우리가 실제로—단순한 법적 의제(擬制)로서가 아니라—아담의 행위에 개입되어 있다고 믿었다."7)

성경과 우리의 경험 모두 페인트 통에서 새어나온 페인트처럼 인류 역사에 방울방울 맺혀 있는 '죄'와 죄악들의 예를 충분히 보여준다. 인간은 루이스가 악을 향한 뿌리 깊은 경사(傾斜)라고 부른 것— '죄'—때문에 죄악을 저지른다. 바울은 죄를 "내 속에 거하는"(롬 7:17) 것이라고 했다. 떨쳐낼 수 없는 역병 같은 원죄, 곧 악을 향한 경사라는 지울 수 없는 먹물이 인간 역사의 장마다 얼룩을 남기고 있다. 루이스는 밀턴의 『실락원』에 대해 논의하면서 "타락이란 다른 것이 아니라 다만 불순종이다. 곧 하지 말라고 한 것을 하는 것이고, 그것은 교만—자신의 분수에서 벗어나서 자기 본분을 망각하는 것, 자기가 하나님이라고 생각하는 것—에서 비롯된다"8)고 썼다. 그는 이렇게 설명하고 있다. "성경을 기초로 한 밀턴의 고전이 보여주는 것은 이것이다. 즉 선악과를 먹자는 이브의 주장 그 자체는 매우 그럴 듯하다. 그것에 대한 답은 '먹지 말라. 말씀에 너희는 먹지 말라' 하신 것만 기억하면 찾을 수 있었다. 에디손(Addison)에 따르면 '밀턴의 작품을 지배하는 가장 큰 가르침은 가장 보편적이며 가장 유익한 것이니, 일렀으되 하나님의 뜻에 복종할 때 인간에게 복되며 불순종할 때 인간에게 재앙이라는 것이다.'"[9]

우리가 하나님을 거역한다는 것은 하나님에 대한 신뢰를 저버리고 하나님의 말씀대로 하지 않는다는 것이다. 불신은 우리를 자극해서 하나님으로부터 등을 돌리게 만든다. 우리는 자기의 계획대로 행하고 자기의 목표를 세우면서 하나님께서 당신의 계획에 따라 우리를 지으셨고 하나님의 목표가 있다는 사실을 잊어버린다. 하나님을 거스를 때 우리는 하나님을 사랑할 수 없다. 밥 먹고 나면 아이스크림을 주겠다고 약속해도 야채를 먹지 않겠다고 고집부리는 어린아이처럼 우리는 하나님의 뜻—하나님께로 돌아와서 하나님의 사랑 안에 거하는 것—대로 행하기를 거부한다.

사랑할 수 없을 때 우리의 영혼은 방향타 없는 배처럼 헤매며 두려움과 불안의 바다를 떠돌게 된다. 『침묵의 행성에서』에 나오는 말라칸드라의 선한 지도자 외아르사 앞에 못 박힌 듯 서 있던 얼윈 랜섬은 "뒤틀린 피조물들은 두려움에 가득 차 있습니다"라고 말한다.[10] 두려움은 박스오피스 공포영화에 나오는 것 같은 압도적인 재앙과 있을 수 없는, 많은 경우 꾸며낸 상실들을 만들어 낸다. 그래서 『스크루테이프의 편지』의 스크루테이프는 조카에게 그가 담당하고 있는 지구인을 유혹할 때 하나님—그들의 '원수'—은 "인간들에게 그들이 하는 일에 신경 쓰기를 바라지만, 우리가 할 일은 인간들로 하여금 그들에게 일어나는 일에 대해서만 생각하도록 만드는 것"11)임을 잊지 말라고 당부하고 있다.

실패와 불운과 죽음에 대한 두려움 때문에 우리는 사랑 많으신 하늘 아버지의 품안에서 편히 쉬지 못하고, 오히려 지푸라기라도 잡는 심정으로 바람에 흩날리는 낙엽에서 좋은 징조를 찾으려 하고 갖가지 점성술이나 증시 분석에 매달린다. 그러나 루이스가 그리스도인이 된 후 처음 쓴 저술, 『순례자의 귀향』에서 볼 수 있듯이 "안전은 인간의 가장 큰 적이다."12) 인간이 자기가 처한 곳을 안전하게 지키고, 자기 자신을 통제하고 자기 재산과 가족과 그밖에 '자기 것'이라고 할 수 있는 모든 것을 지킬 수 있는 자기만의 성에 높은 벽을 쌓는 일에 정신없이 매달리는 데서 많은 죄들이 생긴다.

> 스스로 통제하고 자신의 운명을 스스로 정복하려는 이러한 욕망이 결국은 우리를 지옥에 떨어뜨린다.

스스로 통제하고 자신의 운명을 스스로 정복하려는 이러한 욕망이 결국은 우리를 지옥에 떨어뜨린다. 실제로 스크루테이프는 인간이 "영원한 삶과 현재의 삶"을 잊어버리게―특히 "미래에 살도록"―하면 인간을 하나님의 실재로부터 사탄의 비실재로 쉽게 끌어들일 수 있다고 말한다. "한마디로, 미래는 그 어떤 것보다 영원과 먼 것이라고 할 수 있다. 미래는 가장 찰나적인 시간이거든. 그에 비하면 과거는 완전히 고정되어 더 이상 흐르지 않는 시간이요, 현재는 영원한 빛으로 환하게 빛나는 시간이니까."13)

1790년대 수많은 목숨을 단두대의 이슬로 사라지게 했던 프랑스 자코뱅파를 이끈 과격주의자들로부터 20세기에 전 세계적으로 수백만 명의 목숨을 앗아간 마르크스주의자들까지 다양한 이상 사회 구상의 추종자들이 있어 왔다. 이상 사회에 대한 더 가까운 예는 "가난과의 전쟁"을 선포하고 미국 정부가 통치하는 고통과 불평등과 불확실성이 없는 국가에 대한 밝은 전망을 내놓았던 린든 존슨의 "위대한 사회"에서 찾아볼 수 있다. 이상 사회에 대한 구상들은 한결같이 완전한 미래를 강조한다. 한 프랑스 이상주의적 사회주의자가 주장한 대로, "국민의 유익을 원하는 정부에게 불가능은 없다."14) 이상 사회에 대한 정신은 윌리엄 화이트(William H. Whyte)의 도시계획 연구서, 『잃어버린 풍경(The Lost Landscape)』에 시각적으로 잘 드러나 있다. 그 계획에는 상상할 수 있는 모든 것—쇼핑센터, 오락시설, 교육기관, 예술회관—이 들어 있다. 오직 한 가지 절대로 계획에 포함되지 않은 것이 있으니 바로, 공동묘지다. 완벽한 이상 사회는 죽음의 실재를 받아들일 수 없는 것이다!

그 옛날 바벨탑의 이야기는 계곡을 맴도는 메아리처럼 역사에 반복되고 있다. 그들의 방식을 따르기만 하면 지상 낙원이 이루어진다고 약속하는 예언자들이(우리 시대에는 세속적 인본주의자들이 바로 그들이다) 끝없이 등장하는 것을 우리는 본다. 그리고 그들의 꿈은 거의 언제나 악몽 같은 실행으로 끝이 나고 만다. 루이스는 이것을 이렇게 설명했다. "따라서 악은 거의 모두 미래에 뿌리를 두고 있다. 감사는 과거를 향하고 사랑은 현재를 향하지만, 두려움과 탐욕과 정욕과 야망은 앞을 내다보는 것이다."15) 예수님도 같은 말씀을 하셨다. "그러므로 내일 일을 위하여 염려하지 말라 내일 일은 내일 염려할 것이요 한 날 괴로움은 그 날에 족하니라"(마 6:34).

루이스는 공상과학소설 3부작의 제2권 『페럴렌드라』에서 통찰력 있는 상상력으로 이러한 원초적 유혹을, 그린 레이디에게 맡겨진 떠돌이 섬들을 포기하고 싶은 욕망으로 그리고 있다. 즉 명령을 거역하고 "안정된 땅"으로 이주함으로써 하나님에게 덜 의존하고 싶은 욕망이다. 마지막에 랜섬이 사악한 천재 웨스톤을 무찔러 죽이고 악마의 공격으로부터 페럴렌드라를 구하자, 페럴렌드라의 여왕 그린 레이디는 이렇게 말한다. "그녀가 말했다. '당신이 그 악한 자를 없애는 순간 내가 잠에서 깨어났습니다. 제 정신이 맑아졌던 것입니다. ……아직도 안정된 땅에 살고 있지 않은 이유가 이제는 너무나 분명합니다. 그것이 안정된 땅이 아니었다면 내가 왜 그곳에 살고 싶어 하겠습니까? 그리고 언젠가는 다음 순간에 내가 어디에 있게 될지, 나에게 무슨 일이 일어날지를 내 마음대로 정할 수 있다고 확신할 수 없다면 무엇 때문에 안정된 것을 바라겠습니까?"16)

그녀는 그녀의 주가 아니라 자기 자신을 믿도록 유혹을 받았던 것이다. 하나님이 공급해 주실 것을 믿지 못하고 만나를 저장했던 그 옛날 이스라엘 백성들처럼 그녀도 "말렐딜에게서 벗어나 '그렇게 말고 이렇게' 라고 말하며, 시간과 함께 우리에게 일어날 일들을 우리 마음대로 하고 싶은"17) 것이었다. 그러나 그녀는 유혹을 이기고 깨닫게 된다. "'그것은 차가운 사랑이요 어리석은 신뢰였을 것입니다. 그런 곳에서 어떻게 높은 사랑과 신뢰를 회복할 수 있겠습니까?' 랜섬이 대답했다. '잘 알겠습니다. 제가 사는 세상에서는 그것이 바보짓으로 통했을 테지만 말입니다. 우리는 너무나 오랫동안 악에 빠져 있었습니다…….'"18)

우리들 대부분은 그린 레이디처럼 하지 못하고 하루하루 의존해서 살아가는 것에 대한 불만을 키운다. 자기 진로를 스스로 이끌기를 바라고, 안전한 기반이나 도시나 문화를 세우려고 들면서 불안이 우리를 믿음에 반대되는 불신으로 몰아가도록 내버려 둔다. 불확실성을 견디지 못하고 우리 장래를 믿음으로 하나님께 맡기는 것이 어렵기 때문에 "염려하지 말라"는 예수님의 훈계를 거역한다. 온전한 피조물로서 편히 쉴 수 있는 용기를 잃었기 때문에 우리가 '불신'에 떨어지는 것이다.

루이스는 이렇게 요약하고 있다. "나는 지옥에 떨어진 자들이야말로 어떤 의미에서 마지막까지 저항에 성공한 사람들이라고 믿고 싶다. 지옥문은 안으로 잠겨 있기 때문이다. 내 말은 지옥에 있는 영혼들이, 어떻게 보면 시기심 많은 인간이 행복해지기를 '바라는' 곳인 지옥에서 나오고 싶어하지 않는다는 뜻이 아니다. 다만 그들은 영혼이 어떤 유익에라도 이르기 위해서는 반드시 통과해야 하는 자기 포기 과정의 가장 기본적인 단계조차도 따를 마음이 없다는 것이 확실하다는 뜻이다."[19]

지옥에서 빠져 있는 것은 요한이 그의 첫 번째 편지에서 권면했던 것들이다. "우리가 그의 계명을 지키면 이로써 우리가 저를 아는 줄로 알 것이요 저를 아노라 하고 그의 계명을 지키지 아니하는 자는 거짓말하는 자요 진리가 그 속에 있지 아니하되 누구든지 그의 말씀을 지키는 자는 하나님의 사랑이 참으로 그 속에서 온전케 되었나니 이로써 우리가 저 안에 있는 줄을 아노라 저 안에 거한다 하는 자는 그의 행하시는 대로 자기도 행할찌니라"(요일 2:3-6).

9 | 죄의 맹위

"영 혼 은 이 미 그 나 무 에 서 빠 져 나 갔 다."

"영혼은 이미 그 나무와 물에서 빠져나갔다. 아, 내가 말하거니와 당신이 그것들을 깨어나게 할 수 있겠으나 아주 조금뿐이다. 그것으로는 부족할 것이다. 폭풍이나 홍수로 범람한 강이라도 우리가 지금 상대하는 적에게는 별 소용이 없을 것이다. 당신의 무기는 당신 손에 들린 채로 망가질 것이다. 가공할 힘이 우리를 대적하고 있다. 니므롯이 하늘까지 닿는 탑을 쌓던 날과도 같은 것이다." ……마침내 그가 다시 말을 이었다. "지구상의 어떤 힘도 그 가공할 힘을 상대할 수 없을 것이다." 그러자 메르리누스가 말했다. "그렇다면 다같이 기도합시다."[1]

우리는 아파서 병원에 갈 때 통증의 완화 못지않게 왜 아팠던 것인지에 대한 정확한 진단을 원한다. 무엇이 잘못된 것인지가 불명확하다는 것이 병 자체보다도 우리에게 더 큰 고통을 주는 경우가 많다. 실제로 나는 걱정되는 증상에 대한 정확한 진단을 듣는 것만으로도 증상이 낫는 경험을 종종 했다. 약을 먹거나 수술 동의서에 서명하기에 앞서 우리는 어디가 아픈 것인지, 처방된 약이나 치료법이 어떻게 효력을 발휘하는 것인지 알고 싶어 한다. 어느 정도까지는 우리가 원하는 것은 그저 아는 것이다. 질병에 대한 무지를 진실이라는 해결책으로 해결하고 싶은 것이다. 우리는 또한 알 수만 있다면 병을 일으킨 혹은 지금에 와서는 병을 키우고 고통을 증가시키는 나쁜 생활습관을 바꾸기 원한다.

C. S. 루이스는 특히 『저 가공할 힘(*That Hideous Strength*)』 같은 소설 작품들에서 치명적인 역병처럼 개인과 사회와 지구 자체마저도 타락시키는 죄의 파괴적 위력을 생생히 그려냈다. 아담의 타락으로 개인뿐 아니라 사회도 전염되고 마비된다. 루이스에게는 영혼을 잃어버린 현대사회야말로 죄의 파괴력을 여실히 보여주는 것이다.

메러디스 벨드만(Meredith Veldman)은 『판타지, 폭탄 그리고 영국의 인사: 낭만적 저항, 1945-1980(*Fantasy, the Bomb, and the Greeting of Britain: Romantic Protest, 1945-1980*』[2])에서 '현대성'의 어떤 측면에 대해 공통적으로 반감을 느꼈던 '낭만적 저항'의 흐름에 대한 그의 연구에 C. S. 루이스를 포함시키고 있다. 그의 판단에 따르면, E. F. 슈마허(Schumacher)에게서 영향 받아 "작은 것이 아름답다"는 기치를 내건 환경론자들뿐 아니라 J. R. R. 톨킨(Tolkien)과 루이스의 판타지 문학도 20세기 과학기술 사회에 염증을 느끼며 과거를 그리워하는 정서를 공유하고 있다.

벨드만은 "낭만주의란 현대 과학의 경험적이고 분석적인 방법으로는 실재를 이해할 수 없으며, 온전한 진리는 신체적 감각으로는 닿을 수 없는 저 너머의 것임을 믿는 것이다"[3]라고 했다. 옥스퍼드 풍이라고 할 수 있는 루이스와 톨킨 두 사람은 이런 비옥한 "낭만주의의" 옥토에 단단한 뿌리를 두고 독자들의 심금을 울리는 판타지 소설의 초를 잡았고 결국에는 "20세기 영국에서 가장 인기 있는 두 명의 작가가 되었다."[4] 두 사람 모두 이전 세대의 많은 가치관이 파괴되었다고 주장하며, 현대 사회의 많은 것들을 싫어했다.

물론 다른 세계, 더 나은 세계에 대한 사랑은 이 두 사람이 판타지 소설을 구상하는 데 도움이 되었다. 루이스의 공상과학소설 3부작이나 『나니아 연대기』, 톨킨의 『반지의 제왕(The Lord of the Rings)』은 흘러간 시절에 있던 미덕을 찬양하고 있다. 그러한 판타지 작업은 두 작가 모두에게 '종교적' 행위였으며 과학기술적 '진보'의 매연이 질식시켜 버린 영적 실재들을 증거하는 일이었다. 두 사람 모두 참으로 건강한 삶에서 빠져서는 안 되는 근본 진리를 독자들에게 되돌려줄 수 있는 이야기를 써내려고 했다.

루이스의 소설 『저 가공할 힘』을 보면, 국립협동실험연구소(N.I.C.E.)의 악마 같은 건축가 중 한 명인 피버스톤 경(Lord Feverstone)이 젊은 사회학자 마크를 채용하는 장면이 나온다. 그는 연구소의 과학적 목적을 설명하면서 "인간이 인간을 책임져야 한다"[5]고 선언한다. 이것은 물론 소수의 엘리트 집단이 사회의 통제권을 장악하게 된다는 뜻이다. 어떤 정책을 시행해 나갈 것이냐는 질문에 피버스톤은 이렇게 대답한다. "우선 아주 단순하고 당연한 것부터, 즉 부적합한 것들을 단종시키고 열등한 종족을 제거하는 일이다. (우리는 쓸데없는 부담을 원치 않으니까.) 선택된 혈통만 번식시키는 것이다. 그 다음은 교육이다. 태교에서부터 시작되는 진짜 교육."[6] "엄청난 계획이군요"라며 마크가 놀라자 피버스톤도 인정하며 이렇게 선언한다. "결국은 그것이 참된 존재인 것이다. 전혀 새로운 유형의 인간! 그리고 그 인간을 만들어 나가야 할 사람이 바로 당신 같은 사람들이다."[7]

그러한 '새로운 인간'은 결국 황폐한 지구를 통치하게 될 것이다. 또 다른 관계자가 선언한 대로 지구의 모든 식물을— 들릴라가 삼손의 머리칼을 밀어버렸듯이—베어 버릴 것이기 때문이다. 그 말을 듣고 마크가 말했다. "모든 유기 생명체를 완전히 없애버리겠다는 소리로 들리는군요." 그 관계자는 그렇다고 인정하며 "왜 아니겠습니까? 이건 기본 위생일 뿐입니다"라며 설명을 덧붙인다. "인간의 경우 유기 생명체가 우리 안에 마음을 생성시켰습니다. 할 일을 한 것입니다. 이제 그것은 더 이상 필요가 없습니다. 우리는 당신이 푸른곰팡이라고 부르는 것 같은 유기 생물이 계속 자라고 발아하고 번식하고 썩어가며 이 세상을 뒤덮는 꼴을 더 이상 보고 싶지 않습니다. 그것들을 반드시 없애야 합니다."[8]

{ 이 세상의 많은 어려움들은 우리가 자연의 순리와 창조의 진리를 이해하지 못하는 데서부터 파생된다고 루이스는 믿었다. }

그러한 이상 사회에 대한 비전들은 창조된 것을 파괴하고 인간의 기준에 맞는 새로운 창조를 추구한다. 이 세상의 많은 어려움들은 이러한 욕망에서, 곧 자연의 순리와 창조의 진리를 이해하지 못하는 데서 파생된다고 루이스는 믿었다. 잘못된 생각은 어리석은 행동을 낳게 마련이다. 에이즈에서부터 낙태까지 우리 시대의 다양한 문제들은 현대인들이 자연의 순리에 따라 살지 못하고 실재에 대한 진리를 받아들이기 거부하는 데서 비롯된다.

루이스와 같은 시각을 가진 그리스도인이 보기에 대자연의 어머니는 지금 암환자처럼 아파하고 쇠잔해지고 있다. 우리가 그것을 함부로 하기 때문이다. 인간의 놀라운 사고능력 덕분에 우리는 사려 깊게 생각하지 못하고 사물을 있는 그대로 보지 못한다. 현대인은 견고한 전통 문화를 지탱해왔던 '형이상학적 실재론'을 상실해버렸다. 미국의 현대 철학자 힐러리 퍼트남(Hilary Putnam)도 이것을 인정했다. "칸트 이전 (그리고 소크라테스 전 세대 이후) 철학자 가운데 형이상학적 실재론자가 아닌 사람을 찾을 수 없다."[9]

미국에서 가장 저명한 철학자 가운데 하나로 꼽히는 윌리엄 알스톤(William P. Alston)은 이러한 상황을 회복하기 위해 최근 『실재론자가 이해하는 진리(A Realist Conception of Truth)』를 출간하여, 실재론이야말로 진리를 파악하는 데 가장 유리한 철학적 입장이라는 주장을 설득력 있게 펼치고 있다.[10] 알스톤의 주장에 따르면 우리가 "진리를 파악하는" 방식이 우리 행위의 많은 부분을 결정한다. 이러한 접근은, 루이스의 접근과 마찬가지로 아리스토텔레스 같은 철학자들이 '진리'가 우리를 '참된' 존재와 바르게 일치시켜 준다고 주장해온 2천년 역사의 서양 철학에 뿌리를 둔 것이다. 우리는 우리 자신의 세계가 아니라 객관적으로 실재하는 세계에 살고 있다. 우리가 '진리'를 인식할 때 우리의 마음은 주형에 담긴 회반죽처럼 그것에 합치된다. 그래서 우리는 '진리'를 명제로 공식화한다. 예컨대 나는 "워싱턴 D. C.는 미국의 수도다." 혹은 "콜로라도 주에는 산이 많다." 같은 말을 한다. 내가 하는 모든 진술, 내가 가지고 있는 모든 생각은 언제나 이렇게 선언적 형태를 취하며, 언제나 내 마음과 독립된 어떤 세계의 객관적 실재성을 전제로 한다.

많은 경우 '이상주의'의 형태로 제시되는, 이와 정반대되는 견해에서는 인간의 마음이 세계를 구성하며, 따라서 세계는 우리가 '생각'하기 나름이거나 '뜻' 하기 나름이라고 주장한다. '사회적 구성'이니 현실에 대한 '개인적 해석'이니 하는 것들을 끊임없이 제시하는 '포스트모던'한 글들에서 이러한 견해를 특히 자주 접하게 된다. "당신이 실재이기를 바라는 것은 무엇이나 실재다"가 오늘날 정신적 지도자들의 선언이다. 이러한 접근에서는 우리의 마음이 실세계에 의존하는 것이 아니라 실세계가 우리 마음에 의존할 수밖에 없다. 개념에서 차이가 있다고 주장하는 두 구상은 전혀 다른 세계상을 내놓을 것이고, 모든 '진리'는 우리 밖이 아니라 안에서 찾아야 한다.

예를 들어보자. 내가 실재론자로서 "태양이 빛난다"라고 말했다면 나는 내 바람이나 판타지를 말하는 것이 아니라 실제로 태양 광선이 내가 서 있는 아주 구체적인 장소인 지구에 내리꽂히고 있다는 사실을 말하는 것이다. 태양 빛은 주어진 것이다. 내가 태양을 보는 것은 그것이 실제로 그곳에 있으며, 그 존재를 내 마음에 인식시키기 때문이다. 태양이 없다면 나는 태양을 상상할 수 없었을 것이다. 나는 실재 사물의 표상이나 왜곡이 아닌 어떤 것을 상상할 수 없다. 태양에 대한 기억이나 생각은 태양을 보는 것과는 다르다. 그러나 애초에 태양을 보지 않았다면 태양에 대한 생각이나 기억도 없을 것이다.

> 창조를 창조주의 계획에 따라 이해하지 못할 때 우리는 금방 그것을 망치는 편에 서게 된다.

의도한 것은 아니지만 알스톤의 실재론은 유신론에 완벽하게 적용된다. 실제로 알스톤은 진리란 결국 "사물의 실재로써" 결정된다고 결론짓고 있으며, 다만 우리를 "초월하여 존재하는 타협 없는 불변의 사실들에 '복종'해야 하는 것에 강한 거부감을 느끼고 심지어 견딜 수 없는 것으로까지 받아들이는 사람들이 많다"[11]고 지적했다. 알스톤은 그리스도인으로서 이것을 "원죄의 특별한 예로서, 인간의 자율성과 통제를 고집하면서 우리의 존재와 운명을 결정하는 존재—그리스도인에게 그것은 하나님이다—에 복종하기를 거부하는 것"12)이라고 보았다. 알스톤이나 루이스 같은 유신론자들은 하나님의 주권, 그분의 초월성을 엄연하게 받아들인다. 그분은 실재이시며 궁극적 존재이고 창조주로서 우리들 위에 계신 분이다! 그분은 또한 우리와 독립적으로 존재하는 모든 구체적 대상들도 그렇게 지으신 분이시다. 우리가 창조주의 계획에 따라 창조를 이해하지 못할 때 우리는 금방 그것을 망치는 편에 서게 된다. 진리를 따라 생각하고 지혜롭게 살 수 없게 되는 것이다.

루이스가 애호하던 시인 가운데 하나였던 17세기 존 던(John Donne)의 시에는 이러한 실패의 요체가 예언적으로 암시되어 있다. 그는 합리주의와 의심으로 교착된 '새로운 철학'의 등장을 걱정하며 그것의 근시안적인 태도에 주목했다.

> 태양을 잃어버린 지구는 인간의 어떤 지혜로도
> 어디서 그것을 찾아야 할지 알지 못하는도다.
> 이제 인간들은 이 세상은 끝났다고 거침없이 고백하나니.
> ......
> 모든 응집력이 사라져서 만물이 흩어지도다.13)

던은 인간의 편협한 자기중심성과 자기몰입적인 인본주의가 인간과 나머지 다른 피조물 사이를 갈라놓는 쐐기가 될 것을 걱정했다. 그것은 자기 주변 사람들을 전혀 배려하지 않고 자기 가족을 안하무인의 기세로 대하거나 아예 모욕하는 사춘기 아이들의 고질적인 태도와 다를 바 없다. 던의 걱정은 좀더 최근에 씌어진 예이츠(W. B. Yeats)의 시, 「예수의 재림(*The Second Coming*)」에서도 다시 나온다.

> 거친 소용돌이 속에 휘둘려 돌아가며
> 사냥매가 매사냥꾼의 음성을 듣지 못하고.
> 모든 것이 흩어지며 중심은 그 힘을 잃고
> 완전한 혼돈이 이 세계를 덮친다.14)

만물이 흩어지는 것은 부분적으로 우리의 무지 탓이다. 우리의 모든 인지능력에도 불구하고 우리는 번번이 함정—실재하는 엄청난 흑암구덩이—으로 떨어진다. 그 모든 과학지식이 있지만 정작 잘살기 위한 지혜는 빠져 있다. 영양학을 착각해서 프루츠케이크를 먹어도 과일을 먹은 것과 마찬가지라고 잘못 생각하거나 식빵 대신 파이를 먹어도 괜찮다고 생각하는 일이 얼마나 많은가. 너무나 많은 사람들이 지혜롭고 건강하게 살아가는 데 필수적인 소중한 진리들을 너무 늦게 배운다.

이것은 인간이 지구에 저지르고 있는 행위에도 그대로 적용된다. 바느질 서툰 어린아이가 삐뚤삐뚤한 바느질자국으로 덧댄 자리를 흉하게 만들어놓듯이, 무지한 우리 인간들이 자연 경관을 망치고 있다. 우리는 창조주의 음악을 듣지도, 생명의 신비에 경외감을 느끼지도, 방금 갈아놓은 밭의 구수한 흙냄새를 맡지도, 잘 익은 감의 단맛을 맛보지도, 서로 유기적으로 얽힌 이 복합된 세계에서 한 귀퉁이를 차지한 우리 인간의 위치를 파악하지도 못하는 경우가 너무도 많다. 우리는 우리의 자리를 잘못 측정해서 그것을 무한대로 확장하고 있다. 우리는 인생의 질감도 잘못 판단해서 그것이 가는 명주실이 아니라 강철 케이블로 짜여진 것으로 착각하고 있다. 우리가 창조의 진리를 알지 못한다면 창조주에 대한 진리는 더욱 알 수가 없다.

우리의 이와 같은 무지는 부분적으로 오늘날의 교육제도에서 비롯된다. 오늘날의 교육과정은 어떤 초월적 실재도 인정하지 않고, 전통적 철학이나 이 우주에 계신 하나님에 대해 다룰 시간을 허용하지 않는 비종교적 훈련과정이 되어가고 있다. 루이스는 나중에 『인간의 폐지』라는 책으로 묶어 출판한 일련의 강의에서 예사롭지 않은 혜안으로 이러한 경향을 감지해서 말한 바 있다. 그의 지적에 따르면, 과거에 지혜로운 선생님들은 "영혼이 실재를 본받아 따르게" 하려고 애썼고, "그 비법은 지식과 자기수련과 덕성이었다."15) 현대 교육에서 빠진 것은 예전의 교육가들이 지침으로 삼았던 바로 그것들이다. 그때의 교육가들은 도덕적인 선과 악을 구분했다. "아우구스티누스는 덕을 사랑의 질서(ordo amoris), 곧 모든 대상에 그 종류대로 적절한 만큼의 사랑이 주어지는 정서상태로 정의했다. 아리스토텔레스는 교육의 목표는 학생들로 하여금 마땅히 좋아해야 할 것을 좋아하고 마땅히 싫어해야 할 것을 싫어하도록 하는 것이라고 말했다. ……그보다 앞서 플라톤도 같은 말을 한 바 있다."16) 루이스가 보기에 가장 지혜로운 두 교육자의 이 합의는 "객관적 가치를 인정하는 교의요, 우주가 어떤 것이며 인간은 또 어떤 존재인지에 대한 어떤 구체적 태도는 진실로 참된 반면 다른 어떤 태도는 진실로 거짓된 것이라는 믿음"17)을 지지하는 것이었다.

'현대' 교육자들은 정반대의 접근을 취한다. 그들은 실재를 인간 마음에 맞추려 하고, 우리가 이 세계를 우리가 욕망하는 대로 '구성'하고 있다고 주장한다. 루이스의 공상과학소설 3부작의 처음 두 권(『침묵의 행성에서』와 『페럴렌드라』)에 등장하는 인물 웨스톤은 루이스가 보기에 거리끼는 것일 뿐 아니라 실제로 치명적 해를 끼칠 수 있는 '현대적 정신'을 여러 면에서 대표한다. 첫 번째 말라칸드라(화성) 여행을 마치고 지구로 돌아온 주인공 랜섬은 이렇게 경고한다. "우리는 이미 '웨스톤' 혹은 '웨스톤'의 배후에 있는 힘이 다가올 몇 세기 동안 생길 일들에 매우 중대한 역할을 할 것이며, 우리가 그것을 막지 못한다면 엄청난 재앙이 벌어질 것이라는 증거까지—거의 날마다 늘어가고 있습니다—확보했습니다."18)

웨스톤은 500여 년 전 르네상스(A.D. 1300-1600)의 물결과 함께 등장하여 서구 문명의 주류를 혼탁시킨 기계적 사고방식을 대표하는 인물이다. 이 세계를 하나님의 완전한 계획에 따라 인간이 영원

{ 인본주의자들은 다른 어떤 영원한 것이 아니라 지금 여기를 위해서—영원한 축복이 아니라 순간의 쾌락을 위해서—산다. }

한 삶을 예비하는 경기장으로 보았던 중세 철학자들과는 달리 현대의 기술전문가들은 자신들의 세계를 지금 여기를 즐기기에 더 좋은 곳으로 만드는 데 적극적인 노력을 기울여왔다. 이전에 하나님이 손수 지으신 작품으로 간주되던 자연이 이제는 인체공학적으로 적합한 '천연 자원'의 집합체 취급을 받게 되었다. 획득의 지속적인 증대로 정의되는 '진보'는, 그것이 개인적 진보를 뜻하든 국가적 진보를 뜻하든 갈수록 서구인들을 움직이는 관심사가 되어 왔다. 주된 관심사는 종교에서 점차 '경제'로 바뀌었다. 그러나 역설적이게도 루이스의 첫 기독교 저술 『순례자의 귀향』에 묘사된 대로, 그 결과는 기대와는 정반대였다. "노동 절약형 발명들은 고역을 가중시켰고, 최음제는 발기부전을 불러왔다. 오락은 지루함을 낳았으며 식량의 빠른 생산은 인구의 절반을 기아에 빠뜨렸고 시간 절약을 위한 발명품들 때문에 그 나라에는 여가시간이 사라졌다."19)

현대철학의 주장대로 "인간이 만물의 척도"라면 우리를 참되고 가치 있는 실재와 다시 연결시키기 위한 종교나 '궁극적 관심'이 인간 중심으로 변하게 된다. 데이비드 에렌펠드(David Ehrenfeld)는 『거만한 인본주의(The Arrogance of Humanism)』라는 제목의 탐색적 연구에서 종교적 마음을, 과학적 기술적 수단을 통해 끝없는 사회 진보를 성취하기 위해 이 세계를 운영할 수 있는 인간의 능력과 이성에 대한 믿음이라고 확인해냈다. 따라서 "이성의 힘에 대한 의심 없는 믿음을 굳게 간직한" 인본주의에서는 인간의 통제를 벗어나 있는 것이면 그것이 초자연적인 것이든 비합리적인 것이든 어떤 실재의 가치도 인정하지 않는다. 인본주의자들은 다른 어떤 영원한 것이 아니라 지금 여기를 위해서— 영원한 축복이 아니라 순간의 쾌락을 위해서—산다.

에렌펠드의 말에 따르면, 인본주의자들은 '자연주의'를 표방하면서도 인간 외에 다른 모든 것의 가치를 인정하지 않는 '강한 반 자연적' 편향을 가지고 있다. 그는 특히 "모든 문제는 인간이 해결할 수 있다"는 "인본주의적 기본 가정"에 주목한다. 이 가정은 결국 '무한한 사회적 진보와 기술적 발전이 가능하다', '석유 등 유한 천연자원을 대체할 더 나은 것이 나올 것이다', 따라서 "인류 문명은 살아남을 것이다"[20]라는 결론을 이끌어 낸다.

이에 대해 에렌펠드와 생각을 같이하는 루이스는, 고대 그리스와 초기 기독교 사상가들이 그토록 책망했던 인간의 오래된 오만과 교만이 과학적 인본주의에서 여실히 드러난다고 보았다. 중세를 밀어내고 근대가 들어서면서 천천히 드러난 것은 자부심이 긍정적 가치로 변화한 현상이다. 오늘날 미국 사회가 '자존감'을 얼마나 강조하는지 보라! 초등학교 교실에는 "우리는 우리에게 박수를 보냅니다!"라는 깃발이 걸려 있고, 그 옆 반에서는 아이들이 "나는 나이고 그것으로 충분하다"는 믿기 어려운 맨트라를 한목소리로 암송한다. 그 결과 '일등주의'가 득세하고 더 이상 우리의 '요구를 충족' 시키지 못하는 관계를 포기하고 '기분을 좋게' 하는 것이면 무슨 일이든 하고, 우리 마음 내키는 대로 천연자원을 소비하고, 후손에게 고스란히 물려질 빚은 생각하지 않으면서 우리의 유익을 위해서 사회보장제도를 마구 마련하고, 다음 세대에 대한 배려를 거의 하지 않고 있는 우리를 발견하게 된다. 인간이 만물의 '척도'인 이상, 중요한 것은 인간뿐이고, 물리적 세계란 그것이 우리의 즉각적 목적에 기여할 때만 그 가치를 갖는 것이기 때문이다. 인간은 하나님의 능력으로 창조된 존재이기를 거부하고 신적인 능력으로 창조하려고 하는 것이다.

| 제 4 부 |

하나님의 거룩한 예비하심
"기독교의 전부"

그의 백성을 위한
그분의 계획

10 | 거룩하도록 부름 받음
"특 정 한   유 형 의   사 람 들"

> 하나님이 어떤 규범체계에 대한 단순한 복종을 원하신다고 생각할
> 지도 모르겠다. 그러나 그분이 진정으로 원하는 것은 어떤 특정한 유
> 형의 백성이다.[1]

1778년 3월 16일, 미국 혁명으로 자유를 얻은 것에 한껏 고양된 뉴욕 의회는 떠오르는 태양이 그려진 뉴욕 주 문장(紋章)에 라틴어 표어를 넣기로 결의했다. 표어는 바로, 엑셀시오르(Excelsior), 곧 '더 높이!' 였다. 신흥 국가의 탄생을 기다리는 태아 상태의 미합중국이 가졌던 열망이 이 표어에 고스란히 담겨 있다. 최상의 정부 형태와 최고의 삶의 질을 갖춘 최고를 향한 갈망이었다.

그러나 역설적이게도 미국 혁명으로 수립된 '민주적' 사회와 그것을

본 뜬 전 세계 여러 국가는 그러한 열망을 자주 희석시켰다. 민주주의 체계는 평등을 강조하느라 질을 놓치는 경우가 많다. 플라톤은 『공화국(The Republic)』에서 민주주의를 선원들이 폭동을 일으킨 배에 비유했다. 그러나 불행하게도 항해에 필요한 전문 지식과 경험이 없는 그들에게 안전한 여행에 대한 전망은 시간이 지날수록 점점 희박해지기만 한다. 마찬가지로, 모든 사람의 모든 사람에 대한 '평등'을 주장하는 사회에서는 '우수함'을 인정하는 어떤 행위도 멸시의 대상이 되는 경향이 있다. 평범함이 득세하는 것이다. 그러나 루이스는 이렇게 논박하고 있다.

> [평등은] 정신의 세계에서는 존재할 수 없다. 아름다움은 민주적이지 않다. 아름다움은 다수가 아니라 소수에게 자신을 드러내며, 무신경한 사람들에게보다는 훈련된 눈으로 꾸준히 그것을 찾는 사람들에게 그 모습을 더 많이 드러낸다. 덕성도 민주적이지 않다. 남들보다 더 뜨거운 열정으로 그것을 추구하는 사람에게만 주어진다. 진리도 민주적이지 않다. 진리는 특별한 재능과 남다른 성실함을 보이는 사람들을 총애한다. 민주주의적 정치가 평등에 대한 요구를 이러한 고차원의 영역에까지 확장시키려고 한다면 절망적인 결과를 맞을 수밖에 없다. 윤리적, 지적, 미학적 민주주의는 죽음이다.[2]

지옥의 유혹자 스크루테이프가 젊은 악마들을 위한 유혹자 양성학교 연차대회 서녁식사 모임 연설에서 말하고 있듯이, 이러한 입장을 받아들이지 않으려는 태도 때문에 지난 세기에 전반적인 평판이 추락하는 추세가 나타났고 결국 모든 유형의—도덕적, 문화적, 사회적, 지적—인

간 우수성이 말살되었다.[3]

그러나 우리가 언제까지고 외면할 수만은 없는 진리가 있다. '우수성은 존경받아 마땅하다.' 타이거 우즈가 약관 21세에 코스 기록을 경신하며 마스터스 골프 토너먼트에서 우승했을 때 모든 사람들이 환호했다. 노장 존 엘웨이가 마침내 덴버 브로코스의 슈퍼볼 결승 진출을 이끌어 냈을 때 모든 사람들이 그의 기량에 탄복했다. 그리고 우리들 대부분은 가끔은 자신도 그러한 목표를 성취하고 싶은 갈망을 느낀다는 것을 인정할 것이다. 어렸을 때는 누구나 한번쯤 프로야구 선수나 대형스타가 되는 꿈을 꾼다. 성인이 되어서도 학교나 교회에서 고매한 목표를 담은 '사명 선언문'을 작성해보기도 한다. 세워 놓은 목표가 자신의 능력을 훨씬 뛰어넘는다는 것을 누구나 알고 있다. 우리들 대부분이 때로 아픈 경험을 통해, "잘못될 수 있는 일은 반드시 그렇게 된다"는 머피의 법칙이 참이라는 것을 몸소 배웠다. (사족을 달자면, 머피는 그래도 낙관주의자였다는 소문이 있다!)

> 우리는 때로 말도 안 되게 엄청난 실패 경험들이 속출하는 와중에 우리가 가진 참된 잠재력이 얼마나 위대한 것인지를 그 어느 때보다 분명히 깨닫곤 한다.

이런 역설적 '법칙'은 '최악의' 삶에 대한 우리의 경험뿐 아니라 두려움까지 드러내 준다. 가장 바람직하게 풀리는 일이란 거의 없다는 것을 다들 너무도 잘 알고 있다. 더 중요한 것은 이러한 '법칙'들이 '우리가 가장 바람직한 상태에 있는 경우는 매우 드물다'는 진리를 우리 의식의 스크린에 띄운다는 사실이다. 그러나 흥미롭게도, 우리는 때로 말도 안 되게 엄청난 실패 경험들이 속출하는 와중에 우리가 가진 참된 잠재력이 얼마나 위대한 것인지를 그 어느 때보다 분명히 깨닫곤 한다. 최악의 상황은 종종 유머를 자아낸다. 마땅히 그래야 하는 상황과 실제 상황의 차이를 느끼기 때문이다. 우리는 인생을 가장 바람직한 모습으로 살아야 한다는 것, 최고를 목표로 노력해야 한다는 것을 안다. 그러나 드러내 보여줄 수 있는 최고의 모습이 우리 삶의 무대에 당당히 오르는 일이 얼마나 드물던지!

우리가 '가장'이라는 단어를 붙일 때는 그 대상을 단 하나의 최정상으로 들어올리는 것이다. '가장'이라고 부를 만한 것은 한 범주에 단 하나뿐이다. 해발 8천8백 미터까지 솟아오른 에베레스트 산은 세상에서 '가장' 높은 산이다. 안데스 산맥에서 대서양까지 뻗어 있는 아마존 강은 세계에서 '가장' 긴 강이다. 총 7천만 제곱킬로미터를 아우르는 태평양이 이 지구상에서 '가장' 큰 대양이다. 모두 중에 절대적으로 최고인 것이 반드시 있다.

> 우리 안에는 가장 좋은 것을 알고 싶어 하고, 최고가 되고 싶어 하는 무엇인가가 있다.

우리 안에는 가장 좋은 것을 알고 싶어 하고, 최고가 되고 싶어 하는 무엇인가가 분명히 있다. 우리는 우리 아이의 축구팀이 어린이 리그에서 최고이기를 바란다. 우리 지역의 고등학교가 국내 10대 우수고교에 끼기를 바란다. 내가 사는 곳이 '살고 싶은 도시'로 뽑힐 때 뿌듯해진다. 이처럼, 바울이 고린도 교회에 보낸 편지에서 쓰고 있는 대로—너희는 더욱 큰 은사를 사모하라 내가 또한 제일 좋은 길을 너희에게 보이리라(고전 12:31)—삶에는 궁극적인 것, 최고 중에 최고, 곧 진정한 최고가 있다. 그것이 바로 최고선(最高善, summum bonum)이다. 그래서 바울은 '좋은'이라는 형용사 앞에 '제일'(혹은 그리스어 표현대로 '비할 데 없는')이라는 부사를 두고 있는 것이다.

진정한 우수함을 대할 때 우리가 그것을 칭송하는 것은 우리 모두가 플라톤이 말한 대로 "우수한 것은 드물다"는 것을 잘 알기 때문이다. 그렇지만 존재한다! 드물다뿐이지 분명히 있다. 『최우수를 찾아서(In Search of Excellence)』와 『최고를 향한 열정(A Passion for Excellence)』의 공동저자인 톰 피터슨(Tom Peterson)은 그의 책에서 미국에서 '최우수'라고 불릴 만한 회사는 극소수뿐이라고 지적했다. 피터슨은 그러한 칭호를 받을 만한 기업들은 공통적으로 높은 기준을 세우고 거기에 투신하고 있다는 것을 보여주었다. 메르세데스벤츠의 광고문구, "우수함은 당신이 얼마나 높은 목표를 세우는지에서 시작됩니다"가 그 회사의 운영원칙을 함축하고 있다.

우수함은 당신이 얼마나 높은 목표를 세우는지에서 시작된다! 우리 모두가 최고의 순간에는 최고를 바라고, 얻을 수 있는 최고의 질의 삶을 바란다. 거룩함은 높은 목표를 세우고 영적 탁월성을 향하게 한다. 예수님의 말씀으로 표현하자면, 우수함은 "완전하라"고 하신 목표에 도전하는 데서 시작된다. 예수님은 "하늘에 계신 너희 아버지의 온전하심과 같이 너희도 온전하라"(마 5:48)고 하셨다. 우리는 예수님의 이러한 명령을 무시하고 '값싼 은혜'로 대신해 버리려는 경우가 너무 많다. 불행히도 많은 그리스도인에게 '은혜'라는 단어는 서로 권장할 뿐 아니라 축하까지 하는 '평범성'을 뜻하는 암호가 되어버렸다. 따라서 이제 많은 사람들에게 '완전'이라는 말은, '거룩함'이라는 단어와 마찬가지로, 불가능을 시사하는 묘한 낙인처럼 들린다.

{ 거룩함은 온전한 인간이 되는 길이다. }

우리는 예수님의 말씀이 아니라 현대 문화가 지어내는 판에 박힌 위로의 표현, "완전한 사람은 없다"를 더 받아들인다. 그러나 성경의 언어에서 완전함이란 거룩함이다. 베드로는 이렇게 말했다. "오직 너희를 부르신 거룩한 자처럼 너희도 모든 행실에 거룩한 자가 되라 기록하였으되 내가 거룩하니 너희도 거룩할찌어다 하셨느니라"(벧전 1:15-16). 우리가 거룩해져야 하는 것은 다른 이유가 아니라 우리가 거룩하도록 지어졌기 때문이다. 메르세데스벤츠 자동차는 잘 달릴 수 있게 설계되었기 때문에 그에 맞게 잘 달린다. '탁월한' 자동차다. "우수함은 당신이 얼마나 높은 목표를 세우는지에서 시작된다!" 우리도 잘살도록, 고결한 인간이 되도록 지음받았다. 온전한 인간이 되는 바른 길, 곧 거룩함이 우리의 목표다.

『스크루테이프의 편지』에서 악마 스크루테이프는 조카인 신출내기 유혹자 웜우드에게 인간을 유혹할 때는 그가 자기 본성을 모르게 하는 것이 중요하다고 가르친다. 나침반이 없이 안개 속에서 길을 잃었을 때 우연히 찾던 길로 들어서게 되는 경우는 거의 없다. 인간이 금수와 하나도 다를 것이 없는 존재라고 믿어버리면 그렇게 행동하게 되어 있다. 우리가 어떤 존재로 지음받았는지 알지 못할 때 우리는 쉽게 원래의 존엄한 모습에 훨씬 못 미치는 행동과 믿음에 떨어질 수밖에 없다. 그러나 하나님은 "결국에는 모든 사람들이(자신을 포함하여) 모든 피조물이 영화롭고 탁월한 존재라는 것을 깨닫게 되기를 원하신다."4)

그리스도께서 우리에게 "완전하라"고 명하신 것은, 우리를 지으실 때 하나님이 뜻하신 목표에 우리가 이르러야 한다는 뜻이다. 이것은 아무리 해도 이룰 수 없는 마르크스 신화의 '계급 없는 사회' 같은 것과는 진히 다른 것이며, 이상주의적 '완벽함' 과도 아무 상관이 없다. 영화배우처럼 멋진 외모를 갖거나 프로선수처럼 강해지는 것을 말하는 것이 아니다. 그리스도인의 '완전함' 은 아주 실제적이고 실행가능한 일이다.

우리가 애써야 할 단 한 가지 목표 그리고 우리가 훌륭하게 이뤄낼 수 있는 유일한 목표는 거룩함, 곧 하나님과 우리를 연합시키는 진심어린 영적 항복과 그 연합으로부터 자라나는 미덕이라고 루이스는 가르쳤다.

1장에서 언급한 바와 같이 루이스는 학생 시절에 조지 맥도널드의 『판테스티스』를 읽고 거룩함의 가능성을 깨달았다. 당시 그는 스스로 확고한 무신론자라고 믿고 있었지만 그 책을 통해 (항상 '기쁨'을 갈구하는) 그의 마음이 열리고, 실재의 더 높은 차원에 대한 가능성을 인정하게 되었다. 그것은 "마치 내가 이전 세상에서 죽었다가 어떻게 해서 그렇게 되었는지도 모르게 새로운 세상에 살아 있는 것과도" 같았고, 그가 만난 그 '새로운' 실재는 '거룩함'의 '찬란한 그림자'였다.5)

> 그 후로 거룩함의 '찬란한 그림자'는 그를 하나님께로 이끌었다.

이것은 루이스의 저작을 관통하고 있는 거룩한 분위기를 이해하는 데 아주 중요한 구절이 된다. 루이스는 그의 마음 깊은 곳으로부터 그가 그토록 갈급하던 거룩한 세계, 신적인 차원을 발견했으며 그 후로 한 번도 그것이 주는 매혹에서 벗어나지 못했다. 그 후로 거룩함의 '찬란한 그림자'는 그를 하나님께로 이끌었다. 예수님과 성자들 머리 위에 후광을 그려 넣었던 중세의 화가들은 믿음으로 그 초상들을 그렸던 것이다. 거기에는 광채와 매혹과 거룩함이 있다. 나아가서 그 그림들이 표상하는 거룩한 인간이 되는 것이 인류의 진정한 목표다.

모두 인정할 수 있듯이 아시시의 프란체스코(Francis of Assisi) 성자만한 거룩함에 이르른 사람은 거의 없다. 게다가 우리 시대는 성자의 시대도 아니다. 그렇다고 전설에 나오는 푸른 수염의 해적처럼 비인간적이고 무지막지한 죄인의 시대도 아니다. (루이스가 나중에 『스크루테이프의 편지」에 덧붙인 「건배(Toast)」에서) 스크루테이프는 입맛 당기는 음식(죄인)을 찾기 힘들게 된 현대를 탄식하면서 이런 주장을 편다. "가장 훌륭한 (그리고 가장 맛이 좋은) 죄인은 위대한 성자들이라는 끔찍스러운 현상을 만들어 내는 것과 동일한 원료로 만들어진다. 그러한 원료들이 사실상 사라졌다는 것은 우리가 시시한 밥상을 받게 되었다는 뜻이다. 하지만 이것이 원수에게 엄청난 좌절이자 굶주림이 아니고 무엇이겠는가? 원수는 연옥의 후보자, 곧 '실패한' 인간을 만들어 내려고 인간을 창조한—인간이 되어서 고문을 당하고 인간으로 죽은—것이 아니다. 그는 성자, 곧 자기 자신과 같은 신들을 만들기 원했다."6)

> **십자가의 길은 주말 골프 게임같이 희희낙락한 길이 절대 아니다.**

흔히 현대 기독교를 특징짓는 특성인 평범성에 대해 루이스가 참지 못해하고 있다는 것을 누구나 알아챌 수 있다. 그는 거룩함에 대한 명령을 무시하거나 살짝 권하는 식의 부드럽고 듣기 좋은 설교를 싫어했다. 루이스가 보기에 복음은 분명 '무서운' 진리를 담고 있다. 그래서 그는 그리스도의 길을 '파티'처럼 묘사하는 사람들도 인정하지 않았다. 십자가의 길은 주말 골프 게임같이 희희낙락한 길이 절대 아니다. 하나님의 나라는 '풍요로운 삶'의 '무료 증정'을 약속하며 영적 수양을 싸게 파는 대형할인매점이 아니다. 루이스에게 그리스도인의 믿음이란 (특히 요즘 인기 있는 설명대로) "오직 믿음을 통해 은혜로써" 구원받는 것 훨씬 이상의 것이다. 그 정도라면 예수님의 말씀에 우호적으로 고개를 끄덕이고, 믿음을 "구원받았다는 사실을 받아들이는 일" 정도로 희석시켜 정의하는 것보다 더 나을 것이 별로 없다는 것이 루이스의 생각이다.

루이스는 구원이 완전해지려면 거기에 개인적 변화가 있어야 한다고 본다. 우리를 위해 그리고 우리 안에서 하나님이 하시고자 하는 일의 목표는 단순한 용서가 아니라 거룩함이다. 그리스도 안에 '있다'는 것만으로도 '거룩'하다고 믿는 (특히 개혁주의 전통에 있는) 사람들에게 루이스라면 이렇게 반박했을 것이다. 진정으로 다시 태어난 사람들, 실제로 변화된 사람들만이 '그리스도인'이라는 칭호를 받을 자격이 있다. '거듭남'이 절대적으로 필요하다. 그리스도인의 삶이 시작되는 시점이 반드시 있어야 하기 때문이다. 그러나 정말로 중요한 문제는 어디서 어떻게 출발했는지가 아니라 어디를 향하고 있으며 그곳에 도달했을 때 어떤 모습이냐이다. 중요한 것은 마지막이지 시작이 아니다. '거듭남'이란 지워지지 않는 잉크로 우리 인격을 채색해서 그 후로 우리가 어떻게 하든 영원한 고정불변의 정체성을 갖게 하는 순간적인 '결심'이 아니다. 좀더 정확히 말해서 거듭남은 평생에 걸친 인격 변화의 출발점이다. 하나님께서 은혜로써 우리를 그분의 성품에 맞게 바꿔나가는 역사과정의 시작이다. 그리고 우리는 "선한 싸움"을 싸우며 "달려갈 길"을 마침으로써, 곧 정말로 그리스도같이 됨으로써 우리의 믿음을 증명한다. 왜냐하면 "하나님은 약속을 지키셨다. 자기를 그분께 맡기는 사람마다 그분이 완전하신—사랑과 지혜와 기쁨과 아름다움과 영원한 생명에서 완전하신—것처럼 완전해질 것"7)이기 때문이다.

　히브리인들에게 보내는 편지에는 이렇게 말씀하시고 있다. "그러므로 예수도 자기 피로써 백성을 거룩케 하려고 성문 밖에서 고난을 받으셨느니라 그런즉 우리는 그 능욕을 지고 영문 밖으로 그에게 나아가자 우리가 여기는 영구한 도성이 없고 오직 장차 올 것을 찾나니"(히 13:12-14), "모든 사람으로 더불어 화평함과 거룩함을 좇으라 이것이 없이는 아무도 주를 보지 못하리라 너희는 돌아보아 하나님 은혜에 이르지 못하는 자가 있는가 두려워하고 또 쓴 뿌리가 나서 괴롭게 하고 많은 사람이 이로 말미암아 더러움을 입을까 두려워하고 음행하는 자와 혹 한 그릇 식물을 위하여 장자의 명분을 판 에서와 같이 망령된 자가 있을까 두려워하라"(히 12:14-16).

11 | 완전한 그리스도인
"기독교의 전부"

그분은 모호하고 이상주의적 허세로 말씀하시는 법이 없다. 그분이 "완전하라"고 말씀하셨을 때는 말 그대로 완전을 요구하신 것이다. 우리가 완전히 달라지는 과정을 거쳐야 한다는 말이다. 이것은 어려운 일이다. 그러나 우리 모두가 바라마지 않는 일종의 타협은 더욱 어렵고 사실상 불가능하다. 새가 알을 깨고 나오기가 어렵겠지만, 알에서 나오지 않은 채로 날기를 배우기는 훨씬 더 어려운 것과 마찬가지다. 지금 우리는 그 알과 같은 상태다. 그래서 언제까지고 평범한 신선한 알로 남아 있을 수 없다. 부화하거나 아니면 부패하게 되어 있다. 이미 앞에서 한 이야기로 다시 돌아가자면, 이것이 기독교의 전부다. 다른 것은 없다.[1)]

C. S. 루이스는 쓸데없는 신학 논쟁을 싫어했고 스스로 "골수 당파적 신자들(Churchmanships)은 내 기피대상"[2]이라고 썼을 정도지만, 본질적인 진리가 걸린 문제에 대해서는 추호의 망설임도 없이 절대 용납하지 않는 태도로 즉각 반응하여 신중한 분별을 제시했다. 진리가 걸린 문제에 대한 관용이란 곧 반역이다. 프로 골프선수가 일곱 개나 되는 아이온을 필요에 따라 자유자재로 활용하듯이 기독교 전통과 교리를 철저히 이해해서 구사할 수 있었던 루이스는 논쟁에서 언제나 분명한 입장을 취했다. 어리석음을 겨우 감춘 냄새 나는 가리개 사이로 거짓과 이단의 냄새가 폴폴 풍기는 것을 팔짱끼고 바라보고만 있을 루이스가 아니었다.

완전한 구원에 대한 루이스의 설명은 많은 복음주의자들이 취하는 "믿음에 의한 칭의(稱義)"라는 입장보다 훨씬 넓은 것을 아우른다. '거듭남'은 영광스러운 발사대이지 평생 걸리는 정신분석을 위한 폭신한 카우치(*고전적 정신분석에서 사용하는 베개 달린 침상-역주)가 아니다. 그리스도가 모든 값을 치르시고 우리는 아무런 값을 치를 것이 없는 은혜를 찬미하려는 유혹은 교리의 쓰레기통으로 보내야 마땅하다. "오직 믿음만으로 의롭다하심을 얻는다"는 주장은 죄인들을 위해 하나님이 계획하신 과정의 전 궤도를 설명하지 못한다.

> '거듭남'은 영광스러운 발사대이지 평생 걸리는 정신분석을 위한 폭신한 카우치가 아니다.

마르틴 루터로부터 일기 시작한 종교개혁의 불길은 많은 사람들의 마음속에 믿음에 의한 칭의만이 다른 모든 것을 가늠할 수 있는 유일한 기준이라는 야생사과 가지를 접붙여놓았다. 그에 대하여 C. S. 루이스(그리고 그에 앞선 요한 웨슬리)와 같은 영국성공회 신자들은 오직 하나님의 은혜로만 구원받는다는 것에는 분명히 동의하지만, '오직 믿음'을 외치면서 도덕률 폐기론적 입장을 취하는 일부에 대해서는 단호하게 반대했다. 그들이 믿기로는, "죄인이면서 동시에 의인(simul justus et peccator)"이며, "한 번 구원받으면 영원히 구원받은 것"이라는 복음을 소리쳐 외치는 것은 인간 마음에 역사하시어 구원하시는 하나님 은혜의 참된 실재를 부인하는 것이다.

길버트 메일랜더(Gilbert Meilander)는 C. S. 루이스에 관한 그의 훌륭한 연구에서 20세기의 저명한 신학자 앤더스 나이그렌(Anders Nygren)을 인용하여, "하나님께 협력함"을 "하나님의 거룩함"에 참여하여 거기에 이르는 일로 여기는 입장이 초기와 중세의 기독교 신학자들 사이에서 얼마나 일반적인 입장이었는지를 설명하고 있다. 여기서는 '믿음'보다는 '사랑'이 우리를 하나님께 온전히 연합시켜 주는 것이 된다. 우리는 그분에 관한 명제적 진실을 '인정'하는 것을 넘어서서 그분의 뜻을 행하며, 진리 그 자체를 따라 '행'해야 한다. 복음이 갖는 진리의 가장 확실한 요체는 "사랑으로써 역사하는 믿음"(갈 5:6)이다. 우리는 하나님의 은혜로써 마음 깊은 곳에서부터 변화될 수 있으며, 도덕률을 충족시키고 올바른 삶을 살기 위하여 하나님께 협력한다.

나이그렌의 지적에 따르면, 루터의 '코페르니쿠스적인 개혁'으로 위 아래가 뒤집히고 "하나님께 협력함"이 "우리 인간의 수준에서의 협력"으로 축소되었다. "루터의 입장은 '거룩함이 아니라 죄를 근거로 하나님께 협력함'이라는 신경(信經)으로 표현된다고 할 수 있다"[3]는 것이다. 이 입장에 따르면, 하나님이 인간의 수준으로 몸을 낮추고, 우리의 곤궁함에 들어와서 운명을 같이하셨기 때문에 우리가 구원을 받는 것이지, 아우구스티누스 등이 주장하는 대로 그분이 우리에게 오심으로 우리가 우리의 죄에서 구원받아 올바른 삶을 살 수 있게 되는 것이 아니다.

루터 이전의 중세 가톨릭교회는 '칭의'를 '의롭게 하심'으로 이해했던 아우구스티누스의 입장을 받아들였다. 우리가 의인으로 인정되는 것은 하나님의 은혜로 우리가 실제로 변화되었기 때문에, 곧 '의롭게 만드셨기' 때문이다. 따라서 의로움은 원인이면서 동시에 결과다. 하나님은 우리를 그리스도의 피로써 내적 씻김을 받은 모습 그대로 보시지, 합성수지 따위로 살짝 가려놓은 모습으로 보시지 않는다. 이러한 입장은 최근 발간된 가톨릭 교리문답서에도 분명히 요약되어 있다.

> 부활의 신비에는 다음의 두 가지 측면이 있다. 그리스도는 그의 죽음으로써 우리를 죄에서 구속하시며, 부활하심으로써 우리에게 새로운 생명의 길을 열어주신다는 것이다. 이 새 생명은 무엇보다도 우리를 의롭게 하사 하나님의 은혜 가운데 우리를 회복시키기 위한 것이다. 곧 "아버지의 영광으로 말미암아 그리스도를 죽은 자 가운데서 살리심과 같이 우리로 또한 새 생명 가운데서 행하게 하려 함이니라"(롬 6:4).
> 의롭게 하심은 죄로 말미암은 죽음에서 승리하는 것과 은혜에 새롭게 참예하는, 두 가지 모두에 있다.[4]

루이스는 다른 많은 영역에서와 마찬가지로 구원에 관해서도 고대와 중세 교회에 뿌리를 둔 이러한 이해와 입장을 같이했다. 그가 힘주어 강조하는 주장에 따르면, 우리는 거룩함을 바탕으로 하나님과 연합한다. 이에 대해 메일랜더는 이렇게 쓰고 있다. "루이스에게 하나님께 협력하는 것이란, 나이그렌의 어법에 대비시켜 표현하자면, 거룩함을 바탕으로 하는 것이다. 그의 입장은 아우구스티누스의 '카리타스 신스시스' (*caritas synthesis-하나님과 인간의 관계, 그리고 인간이 하나님을 어떻게 사랑해야 하는지를 설명하기에는 에로스, 필리아, 노모스, 아가페 각각의 의미가 지나치게 제한적이기 때문에 '복합적인 사랑'을 표현하기 위해 아우구스티누스가 소개한 개념-역자)와……상당히 일치한다. 피조물과 하나님의 연합은 온전히 그리고 전적으로 은혜의 역사다. 그러나 피조물은 이 연합을 통해 그의 가장 근본적인 욕구가 충족되고, 깨끗함을 입음으로써 거룩한 존재 안에 거할 수 있는 존재가 된다."5)

{ 하나님의 은혜로 우리는 그분과 동행할 수 있고 그분이 거룩한 것처럼 우리도 거룩해진다. }

요컨대 우리는 하나님의 은혜로써 하나님과 동행할 수 있고, 그분이 거룩하신 것처럼 우리도 거룩해짐으로써 그분께 협력할 수 있다. 오직 은혜—우리 안에 거하시는 하나님의 사랑의 영—만이 우리를 거룩한 사람으로 변화시킨다. 그러나 은혜는 우리의 빈번한 죄과를 보지 않으려고 하나님께서 스스로 난시가 되시거나 장밋빛 색안경을 쓰는 식의 일이 아니다.

핵심적인 질문은 이것이다. 우리는 의롭다고 '선언되는' 것인가, 아니면 실제로 의롭게 '만들어' 지는가? 만약 하나님께서 우리를 의롭게 '만드신다' 고 믿는다면 "오직 믿음으로(*sola fide*)"라는 루터와 칼뱅의 입장은 수정되어야 한다. 이들의 입장에서는 믿음과 사랑이 너무 쉽게 분리되어, 구원받기 위해 믿음이 요구되지만 사랑의 실천이 없는 것은 합리화시킨다. 『스크루테이프의 편지』가 잘 보여주듯이, 루이스가 생각하기로는 지옥의 악마에게도 형식적인 '믿음'은 있기 때문에, 하나님에 관한 몇 가지 분명한 진리는 악마도 '믿는다.' 그들에게 빠져 있는 것은 사랑, 겸손, 깨끗함이다. 그들은 하나님께 순종하고 하나님을 섬기기를 거부한다.

사실 성경은 우리에게 거룩하라고 분명히 명령하고 있다. 하나님께서 우리에게 불가능한 것을 명하셨다고 상상하는 것은 하나님의 신실하심에 정면으로 배치된다. 루이스가 설명하고 있는 대로, 정확히 말해서 '오직 은혜로' 구원받는다는 것은 초자연적이고, 삶을 변화시키는 은혜가 우리 안에서 역사하심으로 구원받는다는 뜻이다. 우리가 우리 자신을 바꿀 수 없는 것은 분명하다. 어떤 자기성장서나 고가의 주말 집중훈련 프로그램이나 설탕발림의 주문을 읊어대는 제아무리 대단한 영성지도자도 거룩함에 이르는 지름길을 안내하지 못한다. 오직 은혜—우리 안에 거하시는 하나님의 사랑의 영—만이 우리를 거룩한 사람으로 변화시킨다. 은혜는 그리스도께서 속죄의 귀한 값을 치르심으로써, 그분의 변함없는 사랑을 믿는 모든 사람이 받을 수 있게 된 완전한 구원의 선물이다. 루이스는 이것을 이렇게 표현하고 있다. "그런 면에서 우리 주님은 치과의사 같은 분이라고 할 수 있을 것이다. 아주 사소한 것 때문에 치과에 가지만 결국 엄청난 치료를 받게 되지 않던가. 많은 사람들이 자위행위나 몸을 사리는 소심함 같은, 자신이 부끄럽게 여기는 문제 때문에 혹은 못된 성질이나 음주 문제처럼 일상생활을 망치는 특정한 몇 가지 죄악을 고침받기 위해서 그분께 나아간다. 물론 하나님께서는 그것들을 고쳐주신다. 그러나 그분은 거기서 멈추시지 않는다."6)

죄를 치유하는 데 하나님이 상당한 값을 치르신다. 그리고 우리가 치러야 할 값도 있다. 우리는 하나님을 완전하게 사랑하도록 지어졌으며, 그것은 순결한 마음 없이는 할 수 없는 일이다. 깨끗한 마음이 아니고는 어떤 것도 우리를 하나님의 거룩한 존재 앞에 설 수 있게(혹은 견딜 수 있게) 만들어 주지 못한다. 이것을 루이스는 이렇게 묘사했다. "그 자신을 우리에게 주고 우리로 하나님을 닮도록 명하는 영원한 생명이 우리에게 의도하는 것은 그 안에 모든 도덕률을 삼켜들이는 어떤 것이다. 우리는 전혀 새로운 존재로 다시 만들어져야 하는 것이다."7)

죄 가운데 있는 인간을 전면적인 개조가 필요한 토끼로 비유한 이 글에서 루이스는 이렇게 말을 잇고 있다. "우리 안에 있는 모든 토끼를 없애야 한다. 겁쟁이와 음란한 토끼는 말할 것도 없고 걱정 많은 토끼, 양심적인 토끼, 윤리적인 토끼까지도 모두 없애야 한다. 토끼털을 한 움큼씩 뜯어낼 때마다 피가 나고 비명을 질러대겠지만, 그러고 나면 놀랍게도 그 밑에는 우리가 그때까지 한번도 상상해보지 못한 것들이 있다는 것을 알게 된다. 하나님의 아들이요, 강하고 영화롭고 지혜롭고 아름다우며 기쁨이 가득한, 참 인간이 그곳에 있다."8)

완고한 개혁신학 사상가들은 이생에서는 그러한 '치유'가 절대 불가능하며, 우리가 얻을 수 있는 의로움이란 우리에게 돌려지는 "그리스도의 이질적인 의로움"뿐이라고 주장한다. "그리스도인의 완전"에 대한 명령을 드러내놓고 비웃는 사람들도 있다. 루이스는 나중에 『순전한 기독교』로 출간된, 제2차 세계대전 중의 라디오 방송 강연에서 이 "어려운 말"이 어려운 일이라는 것을 인정하면서 이렇게 지적했다. "지난번에 말씀드린 '너희도 완전하라'는 주님의 말씀을 마음에 걸려 하는 분들이 상당히 많이 있더군요. 어떤 분들은 이 말씀을 '너희가 완전하지 않으면 나도 너희를 돕지 않겠다'는 뜻으로 받아들이는 것 같습니다. 이것이 만약 그런 뜻이라면, 우리는 아무도 완전하지 않기 때문에 우리로서는 절망적일 수밖에 없을 것입니다. 그러나 저는 그분이 그것을 뜻하신 것은 아니라고 믿습니다. 저는 그분이 말씀하시고자 한 것은, '내가 줄 수 있는 유일한 도움은 완전해지도록 돕는 것뿐이다. 너희가 그

이하를 바랄 수 있을지는 모르지만, 나는 그 이하만으로 그칠 수 없다'라고 생각합니다."9)

실제로 참된 그리스도인의 삶이란 정말로 만족을 주고 거룩하게 만드는 순례자의 길이다. 루이스는 『순전한 기독교』의 중요한 구절에서 이것을 이렇게 힘주어 표현했다. "그러나 인간이 그 속성상 갖고 있지 못한 것이 영적인 삶, 곧 하나님께서 가지고 있는 질적으로 다른 높은 차원의 삶이다." '빛'이나 '사랑'이라는 단어를 물리적 의미와 영적 의미 양쪽으로 다 쓰는 것처럼 '생명'이라는 단어도 마찬가지다. 그리스어에서는 생물학적 생명을 가리킬 때는 '바이오(bios)'가, 하나님의 은혜로운 선물로서 영적 생명을 가리킬 때는 '조에(zoe)'가 쓰인다. 이 두 가지 서로 다른 종류의 생명에는 어떤 유사성이 분명히 있다.

> 그러나 어떤 장소와 그 사진 혹은 어떤 사람과 그의 동상 사이 정도의 유사성이 있을 뿐이다. 생물학적 생명을 가진 사람에서 영적 생명을 가진 사람으로 변화한 사람은 조각된 석조 동상이 진짜 사람으로 변하는 것 같은 엄청난 변화를 겪지 않을 수 없을 것이다.
> 이것이 바로 기독교라는 것이다. 이 세상은 조각가의 거대한 작업실이다. 우리는 모두가 그 작업장에 있는 조각상인데, 조각상 중에는 언젠가 생명을 얻게 되는 것들도 있다는 소문이 들린다.10)

이 새로운 생명, 이전의 껍데기를 벗어버리고 새 사람을 입는 과정은 루이스의 가장 재미있는 동화 가운데 하나인 『새벽 출정호의 항해(*The Voyage of the Dawn Treader*)』에 아주 자세히 묘사되어 있다. 이 배에 탄 어린이 가운데 한 명인 유스터스는 자기밖에 모르는 아주 고약한 사내 아이로 배에 탄 모든 사람들에게 골칫거리였다. 그런데 그들이 찾아간 어떤 섬에서 유스터스가 게으름과 탐욕 때문에 길을 잃고 용으로 변하게 된다. 그에게는 너무나 괴로운 상황이었다. 마지막에는 유스터스가 충분히 겸손해지고 나서 사자왕 아슬란을 만나게 된다. 아슬란은 그에게 용의 가죽을 벗으라고 명한다. 유스터스가 비늘을 긁어내보려고 했지만 잘 되지 않는다. 그는 이 일에 대해 나중에 이렇게 말했다.

그러더니 그 사자가 내게 자기가 내 가죽을 벗겨내야 한다고 말—사자가 말을 할 수 있는지는 모르겠지만—했어. 솔직히 말해서 사자의 발톱이 무서웠지만 이미 다른 방법이 없었어. 그래서 그대로 바닥에 똑바로 누워 사자가 하는 대로 맡겼어.

사자가 맨 처음 찢어낸 자리가 어찌나 아프던지 나는 심장이 찢겨져 나가는 줄로만 알았다니까. 그 다음부터 사자가 조금씩 내 가죽을 벗겨낼 때마다 그렇게 아플 수가 없었어. 그나마 내가 아픔을 참을 수 있었던 것은 가죽이 벗겨져 나가는 시원한 느낌 때문이었어.[11]

아슬란의 뜻에 복종해서, 자기 힘으로는 벗겨낼 수 없는 질긴 가죽을 그의 발톱으로 수술하도록 맡김으로써 유스터스는 구원을 얻었다. 아슬란이 일을 마쳤을 때 그는 자신을 살펴보며 매우 기뻐한다. "이제 나는 벗겨놓은 나뭇가지처럼 부드럽고 매끈한 모습으로 예전보다 조금 작아져 있었어. 그때 그가 나를 잡아서—나는 그게 별로 좋지 않았던 것이, 가죽을 벗겨낸 자리가 아직까지 아주 약했거든—물 속으로 던져 넣더군. 물이 처음에 아주 잠깐은 따갑게 느껴졌지만 금세 너무나 시원해졌어. 헤엄을 치면서 물장구를 쳐보니 팔 아프던 것이 말끔히 사라졌다는 것을 금방 알겠더라고. 왜 그런지 알 것 같았어. 내가 남자아이의 몸으로 다시 돌아왔던 거지."12)

유스터스의 변화는 시작일 뿐이었다. 그가 단숨에 온전해지는 것은 아니었다. 아직도 다듬어야 할 모난 구석이 남아 있었다. 돈 많은 부모와 '진보적' 교육제도가 심어 놓은 현대 특유의 어리석은 망상들을 비뚤게 자란 사랑니 뽑듯 뽑아내야 했다. 그를 하나님의 의로운 기준에 맞추기 위해서는 아직도 할 일이 많이 남아 있었다. 유스터스는 분명히 "다른 아이가 되기 시작"했지만, "다시 예전으로 돌아갔다. 아직도 그가 매우 성가시게 구는 날들이 많았다. 하지만 치유는 이미 시작되어 있었다."13)

루이스는 우리의 '영적' 생명도 우리가 유스터스처럼 "하나님의 은혜에 자발적으로 복종하여 그리스도 안에서 하늘 아버지의 아들이 될" 때부터 시작된다고 주장했다. 바울은 이렇게 설명했다. "그런즉 누구든지 그리스도 안에 있으면 새로운 피조물이라 이전 것은 지나갔으니 보라 새것이 되었도다 모든 것이 하나님께로 났나니 저가 그리스도로 말미암아 우리를 자기와 화목하게 하시고 또 우리에게 화목하게 하는 직책을 주셨으니 이는 하나님께서 그리스도 안에 계시사 세상을 자기와 화목하게 하시며 저희의 죄를 저희에게 돌리지 아니하시고 화목하게 하는 말씀을 우리에게 부탁하셨느니라"(고후 5:17-19). 바울은 자신에 대해서도 이렇게 고백했다. "내가 이미 얻었다 함도 아니요 온전히 이루었다 함도 아니라 오직 내가 그리스도 예수께 잡힌바 된 그것을 잡으려고 좇아가노라 형제들아 나는 아직 내가 잡은 줄로 여기지 아니하고 오직 한 일 즉 뒤에 있는 것은 잊어버리고 앞에 있는 것을 잡으려고 푯대를 향하여 그리스도 예수 안에서 하나님이 위에서 부르신 부름의 상을 위하여 좇아가노라"(빌 3:12-14).

12 | 그리스도 예수를 본 받아
"모든 사람의 원래 지어진 모습"

그리스도에게서 새로운 인간형이 나타났다. 그리고 그분에게서부터 시작된 그 새로운 종류의 삶은 우리에게도 부어진다.[1]

그리스도와 함께 하나님뿐 아니라 인간도 다시 살아났다. 이것이 요체다. 처음으로 우리는 진짜 인간을 보게 된 것이다.[2]

새 생명을 얻은 사람은 새 생명을 얻기 전 옛사람과는 완전히 다른 사람이라고 할 수 있을 것이다. 새 생명, 곧 그 사람 안에 형성된 그리스도가 그 사람의 모든 것을 변화시키기 때문이다. 그의 정신과 영혼과 육체 모두가 다시 태어난다.[3]

우리의 마음 깊은 곳에는 존재하고자 하며 또 뭔가 훌륭한 존재이고자 하는—생의 본능이 갖는 힘으로 맥동하는—갈망이 있다. 인간이란 결국 점점 식어가는 우주를 떠도는 무가치한 영혼 없는 덩어리일 뿐이라는 설명을 끝까지 흔쾌히 받아들일 사람은 별로 없을 것이다. 우리의 마음 깊은 곳에는, 우리가 받아 마땅하다고 여기는 존경과 체면을 유지시켜 주기에 충분한 근거를 확인하고 싶은 욕망이 있다. 러시아의 대문호 톨스토이는 그의 중년에 이것을 강렬하게 체험했다. 성공했고 부유했지만 어떤 것도 그의 영혼에 만족을 주지 못했다. "왜 사는 걸까? 나는 결국 어디로 가고 있는 것일까?"라는 의문이 끊임없이 들었다.4) 그가 그 때까지 따랐던 '권위들'에서는 아무런 답도 얻을 수 없었다. 그가 믿고 있던 유물론적 사고대로 믿자면, 그는 아무런 의미나 목적도 없는 "입자들의 우연적이고도 일시적인 응집체"5)일 뿐이었다. 죽음과 함께 입자들이 해체되어 분자 상태로 다시 허공으로 흩어지는 것, 그것이 전부였다. 그러나 톨스토이가 보기에 그것은 죽음이라는 현실에 맞서게 하기에는 턱없이 모자란 '진리' 였다.

톨스토이가 그랬듯이 우리도 삶의 목표를 찾으려고 애쓴다. 우리는 무엇 하자는 존재일까? 무엇이 목적인가? 우리는 분명 원자나 분자보다 가치 있는 존재다. 그래서 우리들 대부분은 자기의 가치를 조금이라도 높여주는 작은 애정표현(미소, 포옹, 칭찬)에 몸 달아 한다. 존재감이 충분히 채워지지 않으면, 결국 말의 힘에 의탁해서 "나는 괜찮아. 너도 괜찮아"를 되뇌며 일종의 자기체면을 건다. 캄캄한 동굴에 있는 아이가 두려움을 떨쳐내려고 주문을 외듯이 말이다.

그런데 비극적이게도 많은 경우—대단한 사람이 되고자, 체면을 세우고자, 사랑받고자 하는—우리의 갈망은 흰개미처럼 우리의 내면을 갉아먹는다. 우리는 때로, 세상에서 버려진 것을 먹고 살면서 모습이 드러날까봐 빛을 피하여 어두운 곳으로만 다니는 바퀴벌레같이 된다. 그러나 지하 땅굴의 어두움 속에 숨어 있을 때조차도 우리는, 우리가 하나님의 형상대로 지음 받았으며 언젠가는 하나님의 자녀라는 우리의 원래 자리를 되찾아야 한다는 것을 기억한다.

빛이 아니라 어둠 속에서 살다가 죄와 허물 가운데 죽는 우리에게 그래서 복음이 찾아온 것이다. 복음의 기쁜 소식에서 우리는 우리를 구원한 그리스도에 대해서 들을 뿐 아니라 궁극적으로 우리가 마땅히 되어야 할 모습을 본다. 우리는 영생하는 하나님의 말씀이 육신으로 오신 그리스도에게서 어떤 전갈과 이상과 하나님께서 직접 그려주신 삽화를 본다. 그리스도를 통해 우리는 믿음을 따라 그분의 사랑으로 변화되어, 원래 지어진 대로 '하나님의 아들'이 된다. 루이스는 "기독교의 가르침에서 가장 충격적인 것은 우리가 그리스도에게 붙어 있기만 하면 '하나님의 아들이 된다'는 말"6)이라고 했다.

{ 하나님과 생명을 나누고 변화된다는 것은 거룩한 수혈을 받아 우리 자신으로부터 영화로운 존재로 높여진다는 뜻이다. }

루이스 저작들의 중요한 주제 가운데 하나이자, 그가 최우선으로 강조하고 있다는 점에서 그리스도인의 거룩함에 대한 그의 관심이 어느 정도였는지를 볼 수 있게 해주는 것은 변화 가능성에 대한 선언이다. 곧, 우리가 실제로 그리스도처럼 되어 하나님의 아들이라는 축복된 자리에 은혜로써 동참할 수 있게 되었다는 선언이다. 루이스의 말로 표현하자면, 그리스도는 "단순한 개선이 아니라 완전한 개조"7)를 위해서 우리를 부르셨다. 이것은 신경(信經)에서 말하듯이 "성부 하나님께서 영원한 존재로 낳으신" 하나님의 아들이 직접 사람의 몸을 입으셨기에 가능하다. 하나님과 생명을 나누고 변화된다는 것은 거룩한 수혈을 받아 우리 자신으로부터 영화로운 존재로 높여진다는 뜻이다.

루이스는 "구원은 오직 믿음으로"라며 인간의 책임, 곧 한결같은 순종을 무시하는 '값싼 은혜'에 분명히 반대했다. 루이스의 가르침에 따르면 우리는 하나님의 은혜, 곧 우리 마음속에 역사하시는 하나님의 사역으로 구원받으며, 우리 자신의 노력으로가 아니라 우리의 구원을 위한 하나님의 계획에 복종함으로써 거룩해진다. 그는 "우리는 은혜로써 구원받는다"고 확실히 믿었다. "우리 육체에는 선한 것이 없으며, 우리는 어디까지나 피조물이지 창조주가 아니고 스스로 사는 존재가 아니라 그리스도로부터 파생된 존재이기 때문이다."8)

루이스는 아리스토텔레스의 생각에서 착안하여 모든 진짜로 자연적인 갈망에는 그것을 충족시켜 줄 실제 대상이 있다고 생각했다. 우리는 갈증을 느끼고, 갈증을 해소시켜 줄 물은 실제로 존재한다. 우리는 신체적 애정표현을 갈망하는데 우리를 만지고 껴안고 어루만져 줄 사람들 역시 실제로 존재한다. 그런데 우리의 원래 계획된 모습을 실현하는 데, 우리 마음속 깊은 곳의 갈망을 충족시키는 데 필요한, 그러나 우리 스스로 얻을 수 없는 것을 사랑의 하나님께서 은혜로 우리에게 주신다. 그분의 생명, 영원한 생명이 바로 그것이다. 영생은 우리가 바라는 것이지만 속성상 얻을 수 없는 것이다. 자신의 가장 깊은 곳에 있는 갈망을 정직하게 들여다 본 사람이라면 누구나 이 땅의 어떤 것으로도 그것을 채울 수 없다는 것을 깨닫게 된다.

우리가 가장 근본적으로 갈구하는 것은 영원한 생명과 그것을 누릴 수 있는 깨끗한 인격이다. 우리는 이것을 예수님의 부활로 단번에 영원히 누릴 수 있게 되었다. 루이스가 쓰고 있는 바대로, "그리스도와 함께 하나님뿐 아니라 인간도 다시 살아났다. 이것이 요체다. 우리는 처음으로 진짜 인간을 보게 된 것이다."9) 다시 사신 주님에게서 우리는 우리가 본래 어떤 존재로 지어졌는지를 본다. 곧 하나님과 영원히 하나 되어 하나님의 거룩한 임재를 누리는 존재다. 루이스는 이 진리 선포하기를 늦춘 적이 없다. 우리는 오직 하나님의 선물로써 영원한 생명을 찾는다. 왜냐하면 하나님께서 말씀하신 대로 "우리는 애초부터 피조물로서 창조주와, 죽을 수밖에 없는 존재로서 영생하는 존재와, 구원받은 죄인으로서 죄 없는 구속자와 연합하도록 부름받았기 때문이다. 그분의 임재, 그분과 우리 사이의 상호교통은 육체를 가지고 사는 우리의 인생 동안 항상 절대적으로 지배적인 요소가 되어야 하며, 그분과의 동행을 최우선으로 하지 않는 기독교 정신이라면 어떤 것도 일고의 가치가 없다."10)

실제로 루이스는 이것에 대해 이렇게 설명하고 있다. 그리스도인들이 "우리 안에 계신 그리스도"라고 말할 때는 단지 그분을 닮으려고 한다는 뜻이 아니라, "그리스도께서 실제로 그들을 통해 움직이신다고 말하는 것이다. 그리스도인들 전체가 그리스도께서 일하시는 유기체인 것이다. 다시 말해서 우리는 그의 손가락이고 근육이며, 그의 몸을 이루고 있는 세포들이다."11)

기독교가 우리에게 제시하는 것은 바로 이것이다. 하나님의 뜻대로 하시도록 우리를 그분께 맡기기만 하면 우리가 그리스도의 생명에 동참할 수 있다. 그러면 우리는 만들어진 것이 아니라 하나님이 낳으신, 영원히 있었고 앞으로도 영원히 있을 생명에 동참하게 되는 것이다. 우리가 이와 같은 생명에 동참하면 하나님의 아들이 된다. 그리스도께서 그 아버지를 사랑하듯이 우리가 하나님을 사랑하게 되고 우리 안에 성령이 일어난다. 그리스도는 자기가 가진 것과 같은 생명을 다른 사람들에게 전파—내가 '좋은 전염'이라고 부른 것을 통해—하시기 위해 이 땅에 사람으로 오셨다. 모든 그리스도인은 작은 그리스도가 되어야 한다. 그것이 그리스도인이 되는 목적의 전부다."12)

{ "그것은 똑똑한 사람이 더 똑똑해지는 그런 식의 변화가 아니다. ……하나님의 피조물에서 하나님의 아들로 전혀 다른 존재가 되는 것이다." }

요한은 하나님의 말씀 자체이신 예수 그리스도에 대하여, "참빛 곧 세상에 와서 각 사람에게 비취는 빛이 있었나니"(요 1:9)라고 쓰고 있다. 그런데 "빛이 어두움에 비취되 어두움이 깨닫지 못"(요 1:5) 했다. 예수님은 "자기 땅에" 오셨는데 "자기 백성이 영접지 아니하였"(요 1:11)던 것이다. 우리가 예수님을 받아들이지 않는 한 우리는 죄의 암흑 속에 살게 된다. 우리가 어둠에 사는 한, 우리가 가장 바라고 또 그렇게 되어야 마땅한 존재가 될 수 없다. 루이스가 선포하고 있는 대로 우리는 우리 자신을 벗어던져야 하고, 우리의 혈육에 의한 정체감을 떨쳐버려야 하고, 타락한 이후 우리가 처한 곤궁에서 실제로 벗어나야 한다. 왜냐하면 "기독교의 견해란 다름이 아니라, 그 다음 단계가 이미 우리 앞에 나타났다는 것이기 때문이다. 그리고 이것은 완전히 다른 방향으로의 변화다. 이것은 똑똑한 사람이 더 똑똑해지는 그런 식의 변화가 아니다. 하나님의 피조물에서 하나님의 아들로 전혀 다른 존재가 되는 것이다. 그 첫 번째 예가 2천년 전 팔레스타인 땅에 나타났다."13)

요한복음은 "영접하는 자 곧 그 이름을 믿는 자들에게 하나님의 자녀가 되는 권세를 주셨으니"(요 1:12)라고 분명히 밝히고 있다. 우리는 단지 출생에 따라 아니면 어떤 사회 집단에 소속되었다는 이유만으로 개인의 존엄성을 갖게 되고 하나님의 자녀가 되는 것이 절대 아니다. 우리 중에 대단히 훌륭한 조상을 가진 사람들이 있을 수 있다. 메이플라워호를 타고 대서양을 건너온 순례자 중 한 분이 몇 대조 할아버지일 수도 있고, 플리머스록에서 그들을 맞았던 인디언이 몇 대조 할아버지일 수도 있다. 자기 조상을 확인하고 기리는 데서 자기의 가치를 찾는 것은 옳은 일이다. 그러나 우리가 하나님 나라의 백성으로 태어나는 것은 어떤 가문이나 인종으로 태어나서 되는 것이 아니고, 어떤 특정한 종교 집단에 가입해서 되는 것도 아니다.

루이스는 『순전한 기독교』에서, 리용의 이레나이우스(Irenaeus of Lyons) 같은 초대교회 여러 교부들이 인정한 핵심 진리 가운데 하나를 다음의 말로 반복하고 있다. "하나님의 아들은 사람들을 하나님의 아들이 되게 하려고 사람이 되었다."14) "피조물을 아들로 만들기 위해 하나님이 사람으로 된 것이다. 단지 옛사람보다 나은 사람을 만들기 위해서가 아니라 완전히 다른 새로운 인간형을 만들기 위해서였다. 이것은 말을 훈련시켜서 더 높이 뛰게 만드는 것이 아니라 아예 날개 달린 짐승으로 만들어 주는 것 같은 일이다."15)

우리의 한계를 인정하고 하나님을 의지하기보다는, 우리를 설계하신 아버지께로 돌아가기보다는, 내가 속한 집단을 우상화하고 그것이 이뤄낸 성취들을 떠받들고 싶은 것이 우리가 받는 유혹이다. 적어도 지난 2세기 동안 인류는 새로운 것을 발명해 내는 인간의 능력을 믿어왔고, 진보에 희망을 걸어왔다. 모든 인류의 육체적 안락을 보장해 줄 '다가오는' 사회변혁을 바라보며 살아왔다. 인간을 자연계 최고 자리에 앉히는 기술의 힘으로 수십년 안에 이 세상이 완전한 곳으로 변화되리라고 기대하는 사람들도 있다. 과학의 발달과 유전학의 발전, 이상주의적 정치 프로그램 들이 사람들로 하여금 인간의 문제는 모두 인간이 해결할 수 있는 문제일 뿐이라고 생각하게 만들었다. 그러나—모든 사람이 보통 정도의 안정과 번영을 누리게 하는, 이미 반쯤 실현되기도 한—사회주의적 복지 국가의 위대한 발상들이 사람들을 더 행복하고 더 잘살게 해 준 것은 전혀 아니다.

　루이스의 소설 『그 가공할 힘』 전체를 관통하는 주제가 바로 그것이다. 자신을 개혁하려는 인간의 노력은 죽음과 파괴를 부르고 국립합동실험연구소(N.I.C.E.)를 낳는다. 연구소 과학자 가운데 하나인 필로스트라토는 모든 식물과 유기 생명체가 없어진, "전혀 자연적이지 않은" 세계를 너무나도 만들고 싶어 한다. 그의 구상에 따르면, 연구소는 "죽음의 정복, 표현이 좀 그렇다면, 유기 생물의 정복을 목적으로" 한다. "'전혀 자연적이지 않은, 인조인간'을 제조하여 그들이 이 행성을 완전히 통제하게 하는 것"이 목적이다.16) 필로스트라토는 요새 사람들이 논쟁하는 인간 '복제'와 비슷하게 자연의 한계를 탈피해서 인간이 완전히 조절할 수 있는 영원한 생명을 확보하려고 했다.

　그러나 우리가 그 목표를 얻을 수 있는 유일한 방법은 소설에서 N.I.C.E.에 대항하는 안내 공통체의 예를 따르는 것밖에 없다고 루이스는 가르친다. 우리는 우리의 노력을 통해서가 아니라 성령의 초자연적인 역사와 우리에게 주시는 "은혜의 분량대로" 거룩해지는 것이다. 우리는 이상사회를 건설하기 위해 애쓰거나, '평화와 번영'을 위해 여러 정치 분파를 이리저리 엮거나, 경제 성장과 사회개혁 프로그램을 끊임없이 구상해 낼 것이 아니라, 힘을 빼고 그때그때 주시는 하나님의 좋은 선물을 받아야 한다.

N.I.C.E.의 세속적이고 과학적인 사람들과 성 안네 종교 마을에 사는 사람들이 대비되는 점들을 젊은 사회학자 마크가 지적해낸다. 성 안네 공동체로 들어간 자기 아내 제인에게로 돌아가기로 결심했을 때, 마크는 만족스럽지 못한 자기 삶에 대해서 깊이 생각하게 된다. 그의 눈에 비친 그 마을 사람들은 너무나 경이로웠다.

[그곳의 착한 주민들은] 몸에 아무런 긴장이 없었고 수심이라고는 전혀 없는 눈으로 먼데 수평선을 둘러보고 환상적이고 재미난 이야기들을 재잘거리며 [돌아다녔다.] 아름다움을 아는 사람들이었으며, 경계하는 눈치가 없었고 사실 할 필요도 없었다. 나로서는 흉내조차 낼 수 없는 그런 밝고 쾌활한 웃음의 비밀은 무엇이었을까? 그들은 모든 것이 달랐다. 그냥 의자에 앉을 때도 제대로 늘어지게 쉴 줄 아는 사람들 같았다. 그들의 삶에는 내 삶에서는 한 번도 찾을 수 없었던 어떤 안락함이 있었다. 한마디로 그들은 마음을 가진 존재였고 나는 한갓 스페이드였던 것이다.[17]

마크가 성 안네 마을 사람들에게서 보았던 쾌활함과 당당함과 여유로움의 비밀은 그곳에 사는 사람들의 '거룩함'에―얼윈 랜섬의 지도에 기꺼운 마음으로 순종하는 데서 파생되는 거룩함에―있었다. 그곳 사람들은 랜섬의 지시대로, 초자연적인 임재로써 그 공동체를 도와주는 엘딜(천사)들에게 협조한다. 성 안네 마을에 있던 천사들은 그리스도인의

{ 예수 그리스도께서 사람이 되었다는 복음의 기쁜 소식은 하나님이 사람이 되었고⋯⋯우리의 잃어버린 생명을 찾아주려고 하나님께서 먼저 솔선하셨다고 말해준다. }

삶 가운데 임재하셔서 그리스도의 제자된 사람들의 일상생활 속에서 그

들을 변화시키고 만족시키는 성령과 같은 것으로 볼 수 있을 것이다. 성령이 함께하심으로 우리는 우리의 바라는 바를 모두 할 수 있다.

아담의 타락으로, 아담의 후예들의 계속된 배신으로 우리는 육체적 생명은 있으나 영적 생명은 없는 존재가 되었다. 성경은 우리가 죄와 허물 때문에 죽는다고 선포하고 있다. 우리는 가장 소중한 것을 얻으려야 얻을 수 없게 되었다. 에덴동산에서 잃어버린 영적 생명을 다시 찾을 수가 없게 되었다. 그러나 예수 그리스도께서 사람이 되었다는 복음의 기쁜 소식은 우리가 잃어버린 생명, 조에를 찾아주려고 하나님께서 먼저 솔선하셨다고 말해준다. 우리가 하나님이 지으신 원래 모습의 인간이 되는 것은 오직 그의 은혜―그 은혜가 곧 하나님의 살아 있는 말씀이신 예수 그리스도다―로서만이다. 우리가 스스로 고치려는 시도를 포기할 때, 우리의 영적 빈곤을 고백할 때 하나님의 생명을 우리에게 나눠주시는 은혜를 얻게 된다.

바울은 이렇게 고백했다. "우리도 전에는 어리석은 자요 순종치 아니한 자요 속은 자요 각색 정욕과 행락에 종노릇한 자요 악독과 투기로 지낸 자요 가증스러운 자요 피차 미워한 자이었으나 우리 구주 하나님의 자비와 사람 사랑하심을 나타내실 때에 우리를 구원하시되 우리의 행한 바 의로운 행위로 말미암지 아니하고 오직 그의 긍휼하심을 좇아 중생의 씻음과 성령의 새롭게 하심으로 하셨나니 성령을 우리 구주 예수 그리스도로 말미암아 우리에게 풍성히 부어 주사 우리로 저의 은혜를 힘입어 의롭다 하심을 얻어 영생의 소망을 따라 후사가 되게 하려 하심이라"(딛 3:3-7).

바랄 만한 한 가지, 정결한 마음

13 | 새 사람을 입음

"의 지 의   전 환"

"죽 기 전 에 죽 으 라."

저들이 '은혜'라고 부르는 회개와 돌이킴은, 특히 네가 말한 정도 규모의 것이라면 일급에 해당하는 패배다. 그 정도면 거의 제2의―그리고 아마도 처음보다 더 깊은 차원의―회심이라고 보아야 한다.[1]

회심에는 의지의 전환이 필요하다. 그리고 전환이란 아무리 적은 것일지라도 초자연적인 것이 개입되지 않고는 일어날 수 없다.[2]

우리 안에는 새로운 출발, 새로운 시작을 갈구하는 뭔가가 있다. 내가 가르치는 일을 좋아하는 까닭은 일 년에 두 번 늘 하던 과목을―윤리학 등―새로운 학생들에게 가르칠 수 있는 기회가 오기 때문이다. 그럴 때마다 예외 없이 제대로 해내고 싶은 마음이 생긴다. 학기 초마다 강의실이 빽빽이 차고, 열의에 찬 젊은 학생들이 몰려들어, 제한 인원을 초과해서 수강신청들을 한다. 수강생들이나 나나 한 가지로 그 과목을 정복하고 능력을 최대한 발휘하겠다는 결의와 기대와 흥분에 들뜬다. 그러나 넉 달이 지나면 다들 진이 빠지고 지친다. 약간의 패배감을 느끼면서 원래 기대에 못 미치는 성과에 그저 고마워하고 어떻게든 학기가 끝나기만을 바라게 된다. 그러나 방학 동안 잠깐 쉬고 나면 또다시 새 학기를 시작할 준비가 갖춰진다. 자기 능력으로 할 수 있는 정도의 것을 이룰 수 있다는 가능성을 다시 회복한다.

대학 강의에서 일어나는 일은 우리 인생에서도 똑같이 일어난다. 일이란 바람직한 방향대로만 되는 법이 거의 없는 것 같다. 그래서 우리는 항상 다시 시작할 수만 있다면 더 잘 할 수 있을 텐데 하는 아쉬움을 느낀다. 어마 봄벡(Erma Bombeck)의 책 제목처럼 "『정화조 위에서 자란 풀이 더 푸르다!(*The Grass Is Always Greener over the Septic Tank!*)』" 조건이 조금만 달라진다면……더 나아가서, 내가 조금만 더 나은 사람이라면……우리는 아쉬워한다. 루이스의 소설『우리가 얼굴을 가질 때까지』에서 여왕 오루얼은 이렇게 말한다. "우리는 모두 우리를 정복자로 맞이할 어떤 다른 나라, 어떤 다른 세계, 상을 주는 어떤 새로운 방식을 늘 꿈꿔왔다."[3]

사실 우리는, 아담과 이브가 하나님께 순종하고 하나님의 피조물이라는 그들의 자리를 겸손하게 받아들였더라면 오늘날 우리가 훨씬 더 좋은 모습으로 살고 있었으리라는 것을 느낀다. 두 사람이 원래의

{ 아담과 이브가 그들 앞에 달랑거리던 사탄의 꼬임에 넘어가지만 않았더라면……. }

거룩함, 원래 지어진 모습을 지킬 수만 있었더라면, 사탄의 공격에 적극

적으로 저항했더라면, 그들 앞에 달랑거리던 사탄의 꼬임에 넘어가지만 않았더라면, 두 사람이 좀 다르게 행동했더라면, …면, …면, …면! 우리는 그것 때문에 우리가 원래 지어진 모습보다 못하고, 원래 할 수 있는 것보다 못하고 있다는 것을 안다. 그래서 죄책감을 느낀다. 단지 우리가 한 일에 대해서 뿐 아니라 우리가 당연히 어떤 존재여야 하는지를 아는 데도 그렇지 못한 것에 대해서 죄책감을 느낀다.

루이스의 훌륭한 작품 가운데 하나로 꼽히는 『우리가 얼굴을 가질 때까지』는 고대 글롬 왕국의 이방인 여왕 오루얼에 관한 이야기다. 인생극장의 마지막 커튼이 닫히는 순간 화가 나고 마음이 상한 오루얼은 신들을 상대로 긴 고소장을 쓴다. 그녀는 자신의 모든 아픔과 고통, 특히 한창 꽃피울 나이에 글롬의 죄를 씻기 위한 희생제물로 바쳐진 여동생 사이키를 잃어버렸을 때의 아픔에 대해 신을 탓했다. 그때 이야기가 갑자기 반전되고, 소설의 대단원에는 그녀가 책을 쓰는 과정에서 떠오른 기억들이 불러일으킨 꿈과 이상들이 자세히 묘사되어 있다. 오루얼은 전혀 예상하지 못했지만, 그 책 때문에 '신들의 수술'[4]을 받을 준비를 갖추게 된다. 그리고 결국에는 있는 그대로의 자신을 보게 된다. 잃어버린 동생에 대한 '사랑'으로 교묘하게 위장한, 질투와 증오로 인생을 소모해 버린 한 여인이 그대로 드러난다. 그녀가 이 아픈 진실에 직면하자 비로소, "그 신령한 의사들이 나를 묶고 수술을 시작했다. 내 분노는 잠깐 동안 나를 보호해 주었을 뿐이다. 화가 사그라지면 진실이 드러나게 되어 있다."[5]

오루얼은 그렇게 해서 일그러진 얼굴을 감추기 위해 어른이 된 후 줄곧 쓰고 다니던 베일을 벗고 맨 얼굴로 다니게 되었다. 마침내 자기 자신을 드러낼 용기가 생겼고, 그것을 행동에 옮기자 그녀가 그렇게도 부인하려고 했던 신들에 대해서도 마음이 열리게 된다. 그녀는 "네가 죽기 전에 죽어라. 다음에는 기회가 없다"⁶⁾고 말하는 음성을 듣는다. 그녀는 똑같은 음성을 어렸을 때도 들은 적이 있었는데 그 음성은

{ 거만한 자기 뜻, 부풀린 자기 존중감을 갖게 되면 섬겨야 마땅할 자리에서 지배하려고 들기 십상이다. }

"그렇게 긴 시간이 지났어도 하나도 달라진 것이 없었다. 그러나 나는 달라져 있었다. 이제는 반항심이 전혀 없었다."⁷⁾ 그녀는 난생 처음으로 변화할 준비가 된 것이다. 그녀는 거만한 자기 뜻, 부풀린 자기 존중감을 갖게 되면 섬겨야 마땅할 자리에서 지배하려고 들기 십상이라는 것을 깨닫는다. 제멋대로 하려는 자기(self)에게는 복종하고 섬긴다는 것이 곧 죽음이기 때문이다.

　오루얼은 '추한' 얼굴을 감추기 위해서 일찍부터 베일을 썼지만, 정작 추한 것은 그녀의 마음속에 있었다. 40년의 자기기만 끝에 그녀는 진리를 받아들인다. 죄를 고백하고 신들이 실제로 존재하며 신들이 하는 일이 옳다는 것을 인정하지 않을 수 없었다. 그녀가 본 이상(理想)의 최고조에서 오루얼은 신들이 사는 산속으로 담대하게 들어가서 판사에게 자신의 불만, 특히 사이키를 잃어버린 것에 대한 탄식을 토로한다. "그 아이는 제 것이었어요." 그녀가 퉁명스럽게 말했다. "무슨 권리로 이 끔찍한 산까지 그 아이를 몰래 끌고 온 건가요? 내가 질투했다고 말하고 싶겠죠. 사이키한테 질투를 느꼈다고요? 그 아이가 제 것이었을 때는 아니었어요."⁸⁾ 그러나 신들은 그녀를 데려왔다. 그러자 오루얼이 이렇게 말한다. "당신들과 우리는 같은 하늘 아래 있을 수가 없어요. 당신이 큰 나무라면 우리는 그 그늘 때문에 잘 자라지 못하는 존재 같은 것입니다. 우리끼리 살고 싶어요. 나는 스스로 결정할 수 있는 존재였고 사이키는

내 것이었어요. 나말고는 누구도 사이키를 어떻게 할 권리가 없어요."9)

그녀가 이상을 보고 깨달은 것은 "고소내용이 답"10)이라는 사실이었다. "신들이 왜 우리에게 공개적으로 말하지 않는지, 왜 우리에게 답하게 두지 않는지 이유를 분명히 알겠다. 그 답이 우리한테서 나올 때까지 우리가 뜻도 모르고 지껄이는 말들을 신들이 듣고 있어야 할 까닭이 뭐겠는가? 우리한테 얼굴이 없는데 어떻게 우리와 얼굴을 마주하고 이야기할 수 있겠는가?"11) 그녀가 자기 죄를 고백하고, 이기적인 태도와 잘못된 행동을 인정했을 때 비로소 사이키와 함께 진짜 신을 예배할 마음이 들기 시작했다. 그리고 신이 나타났을 때 "우리 주변이 갑자기 불을 붙여놓은 듯 점점 밝아졌다. 숨을 들이쉴 때마다 나는 새로운 공포와 기쁨과 엄청난 달콤함 속으로 빨려들었다. 그 화살이 내 온몸을 뚫고 지나갔다. 내가 없어지고 있었다. 나는 이제 아무도 아니었다."12)

루이스에 따르면 "없어지는", "죽기 전에 죽는" 것이 우리 앞에 드러나는 가장 큰 비밀이다. 생명의 신비를 깨달을 수 있는 참된 실마리가 여기에 있다. 오루얼은 이 신령한 이상을 보고 나서 의식을 되찾는다. 죽음에 임박한 오루얼은 이렇게 기록한다. "주여, 저는 제 첫 번째 책을 그들은 아무 답도 없다는 말로 마쳤습니다. 이제 저는 왜 당신께서 답하지 않으시는지 압니다. 당신 자신이 그 답이십니다."13) 우리에게 필요한 것은 더 많은 새로운 진리도 아니고 더 감동적인 경험도 아니다. 우리에게 필요한 것은 실재이신 분, 거룩하신 분, 곧 진리 그 자체다. 오루얼은 마지막 순간에 신께로 돌아간다. 그녀는 신을 멀리하게 만드는 악마를 쫓느라 일그러졌던 자신을 신에게 맡겼다. 그 주름을 펼 수 있는

{ 우리가 매일매일 하는 '사소한' 결정들이 결국은 우리 성품에 깊이 밴다. }

더 강한 손에 말이다. 겸손한 마음으로 자기 생명을 다시 그분의 손에 맡긴 것이다.

소설 『우리가 얼굴을 가질 때까지』에 깔린 주제 가운데 하나는 인간의 자유다. 자신의 운명을 스스로 결정하면서 자유롭게 살고자 하는 오루얼의 욕망은 이뤄지지 않는다. 진정한 자유는 오직 하나님의 뜻에 복종하는 데서 오는 것이기 때문이다. C. S. 루이스는 그의 작품들에서 줄곧 인간 자신의 결정, 의지적 행동, 헌신의 중요성을 강조했다. 우리가 매일매일 하는 이런 '사소한' 결정들이 결국은 우리 성품에 깊이 배는 경우가 많다. 자기를 하나님께 맡기는 진정한 회개란 스스로 주인인양 행세하던 것을 포기하고 하나님의 주권이 실재한다는 것을 인정하는 일이다.

루이스의 공상과학소설 3부작의 제2권 『페럴렌드라』에는 얼윈 랜섬의 페럴렌드라(화성) 여행과, 거기서 비-인간이며 사악한 과학자인 웨스톤의 유혹을 이겨내도록, 말렐딜(그리스도)을 대신해서 '그린 레이디'를 돕는 그의 역할이 묘사되어 있다. 계속되는 유혹 속에서 랜섬은 깨닫는다. "그의 페럴렌드라 여행은 도덕 훈련이나 모의전투가 아니었다. 문제의 결말이 말렐딜의 손에 달려 있다면, 지금은 랜섬과 그린 레이디가 바로 그 손이었다. 앞으로 몇 시간 동안 그들이 어떻게 행동하느냐에 세상의 운명이 달려 있었다. 이것은 너무도 분명한 사실이었다. 그들이 마음만 먹는다면 이 새로운 인류의 순결함을 지켜주기를 거부할 수 있었고, 만약 그들이 거부하면 그 순결함을 구할 길은 달리 없는 상황이었던 것이다."[14)]

(새로운 세계의 주인인) 말렐딜이 자신이 지은 세계의 운명을 자기 피조물의 손에 맡긴다는 것이 학구적인 문헌학자 랜섬에게는 어처구니

없는 일로 여겨졌다. 어째서 그런 중차대한 문제가 "자기 같은 허깨비 인간의 손에 결정적이고 절대적으로 맡겨져야 한단 말인가?"15) 그러나 그때 그는 고대 로마의 호라티우스(Horatius)나 십자군의 깃발 아래 정복자의 길을 택한 젊은 콘스탄티누스(Constantine) 같은 사람들이 결국은 세상의 운명을 바꿔놓았던 사실을 기억했다. 개인의 자유로운 선택에 의한 행동 하나하나가 좋게 혹은 나쁘게 인류의 역사를 바꾼다. 그는 에덴동산에서 이브의 선택이 어떤 결과를 가져왔는지 생각했다. "그래, 세상은 다름 아니라 바로 이렇게 만들어졌던 거야. 뭔가 의미 있는 중대한 일이 될 것이냐 아니면 아무런 의미 없는 사소한 일이 될 것이냐는 오직 개인의 결정에 달려 있는 것이었어. 만약 그것이 중대한 일이라면 그 영향이 어디까지 미칠지 누가 감히 말할 수 있겠어? 작은 돌멩이 하나가 강의 흐름을 바꿀 수도 있는 법이지. 지금 이 끔찍한 순간에는 그가 바로 온 세상의 중심이 되어버린 그 돌멩이인 셈이지. 모든 행성에서 영원한 빛의 죄 없는 생명체들이 케임브리지의 얼윈 랜섬이 어떻게 하는지를 조용히 지켜보고 있는 거야."16)

랜섬은 치열한 격투 중에 자기가 할 것은 오직 "최선을 다하는 것"뿐이라고 깨닫는다. 위력적인 악마를 무찌를 수 있을지는 그도 알 수 없었다. 그래도 단호하게 웨스턴에 맞서 싸워야만 했다. "유혹은 이곳 페럴렌드라에서 랜섬의 손에 의해 끝장이 나거나 아니면 달리 막을 길이 전혀 없어지거나 중 하나였다."17) 자신이 이전에 '불가능해' 보이던 일들을 해냈던 몇 가지 기억들을 떠올리자 두려움에 맞설 수 있는 용기가 생겼다.

몸싸움을 꺼리는 학자적인 기질을 가진 랜섬이었지만, 웨스턴의 몸이 페럴렌드라 유일의 악마 주둔지라는 것을 깨닫자 생각이 달라졌다. 반드시 무너뜨려야만 했다. 아무리 작은 것일지라도 뭔가 유익한 일을 해야만 했다. 그는 이전에 그런 일을 한 적이 있었다. 이번에도 할 수 있을 것이다. 그가 일단 이런 결심을 하고 마음을 굳히자 그 다음 행동은 사실상 이미 정해져 있는 거나 마찬가지였다. 마음속의 갈등은 끝났다. 웨스톤과의 싸움은 아직 시작되지도 않았다. 그러나 랜솜이 말렐딜의 뜻에 복종하기로 결정한 순간 중요한 문제는 이미 해결되었던 것이다.

우리가 그분의 진리를 받아들이고 그분의 뜻에 복종하기로 우리의 뜻을 정하는 순간, 우리가 결심하는 순간부터 온전한 구원을 위한 하나님의 역사가 우리 안에서 펼쳐진다. 거룩해지려면 성결케 하시는 진리가 필요하다. 그리고 그리스도께서 우리에게 주신 것이 바로 그것이다. 지금 여기에서 우리를 선하게 만드심으로써 영원히 축복받는 존재가 되게 하려는 것이 그리스도의 분명한 목표다. 온전한 회심에는 그분의 은혜로운 용서를 받아들이겠다는 한순간의 결심 이상의 것이 필요하다. 거기에는 "초자연적인 존재가 개입되지 않고는 일어날 수 없는 '의지의 전환'"[18]이라는 더 근본적인 것이 필요하다.

우리가 오루얼처럼 하나님의 '수술'을 받을 때, 다시 말해서 '죽기 전에 죽'을 때 우리는 우리 안에 역사하시는 하나님의 은혜의 깊이를 체험한다. 내가 정말로 알아야 하는 것은 나의 내적 존재에 관한

> '죽기 전에 죽'을 때 우리는 우리 안에 역사하시는 하나님의 은혜의 깊이를 체험한다.

진실이다. 나는 도대체 누구인가? 내가 예수를 향할 때, 내가 그에게 귀를 기울일 때 그분은 나 자신에 대한 진실을 말씀해 주신다. 그것은 내가 항상 듣고 싶어 하는 말이 아닐는지 모르지만, 그것은 구원을 주고 거룩하게 하는 진리다. 하나님께서 나를 그리스도의 형상대로 지으시기

원하신다는 것을 알기에, 그분께서 나를 그 모델에 맞추도록 내가 허용한다면 결국은 자유로워질 것임을 나는 안다. 이것에 대해 루이스는 이렇게 말했다. "하나님께서 당신의 고등한 피조물에게 예비하신 행복은 스스로 원해서 자유롭게 하나님과 또 사람들끼리 사랑과 기쁨의 극치 속에 하나가 되는 행복이다. 이것에 비하면 이 세상의 어떤 남녀 간의 열광적인 사랑도 물 탄 우유처럼 밍밍하다."[19]

바울도 이렇게 말했다. "그러므로 형제들아 내가 하나님의 모든 자비하심으로 너희를 권하노니 너희 몸을 하나님이 기뻐하시는 거룩한 산 제사로 드리라 이는 너희의 드릴 영적 예배니라 너희는 이 세대를 본받지 말고 오직 마음을 새롭게 함으로 변화를 받아 하나님의 선하시고 기뻐하시고 온전하신 뜻이 무엇인지 분별하도록 하라"(롬 12:1-2).

14 | 완전한 복종

"내 게 전 부 를 다 오."

그리스도는 말씀하신다. "내게 전부를 다오. 너의 시간이나 재산이나 노력은 내가 원하는 것이 아니다. 나는 너를 원한다. 나는 너의 본래 자아를 괴롭히려고 온 것이 아니라 죽여 없애러 왔다. 절충이란 없다. 나는 여기저기 잔가지를 정리하자는 것이 아니다. 나는 나무를 통째로 쓰러뜨리기 원한다."[1)]

초자연적인 존재가 인간의 영혼에 들어가는 순간 선과 악 양쪽 모두에 대한 새로운 가능성이 열린다. 길은 거기서 두 갈래로 갈린다. 하나는 거룩함과 겸손함의 길이요, 다른 하나는 영적 교만과 독선과 박해적인 열성의 길이다. 이전의 영적 순진무구함으로 돌아갈 길은 이제 없다. 하나님의 부르심이 우리를 더 선한 존재로 만들지 않는다면 더 악한 존재가 되는 길밖에 없다. 모든 악한 사람들 중에 종교적으로 악

한 사람이 최악이다.2)

1963년 내가 오클라호마 대학 대학원에 입학할 즈음 우리 학교 축구단은 한참 전미 최강의 자리를 지키고 있었고 최고 기량의 조 돈 루니(Joe Don Looney)가 러닝백으로 뛰고 있었다. 루니가 오클라호마 팀에서 뛰기 시작했을 때 언론은 그를 헤이스먼 기념트로피의 유력한 후보자로 떠들썩하게 지목했다. 그가 아메리칸풋볼리그(NFL)에서 두각을 나타낼 것은 거의 확실했다. 부와 명예가 그를 기다리고 있었고, 실제로 그는 둘 모두를 얻었다.

그러나 조 돈 루니는 그의 잠재력을 발휘하는 데 실패했다. 사실은 대학조차 마치지 못했다. 연습 경기에서 코치에게 주먹을 휘두른 일 때문에 버드 윌킨슨 코치가 그를 제명시켰다. 늘 철없는 아이처럼 제멋대로였던 조 돈은 질서를 무시하고 지시에 반항하고 팀 전체를 생각하는 마음이 없었다. 자기 식으로 경기를 하려고 들었다. 늘 자기 방식대로만 살다가 결국 만취 난동, 노르먼 시 곳곳에서의 싸움, 교수나 코치와 언성을 높이는 말싸움 등으로 여러 번 체포되었다. 마지막에 가서는 그가 뛰어난 운동선수라는 것마저 도움이 되지 못했다. 장학금을 놓쳤고 대학선수 생활도 계속할 수 없었다. 몇몇 NFL 팀에 들어갔지만 어디서도 버티지 못했고 그가 기대했던 '스타'의 꿈은 끝내 이루지 못했다. 방종으로 스스로 무너졌던 것이다.

루니는 능력이 부족해서가 아니라—우리 중에 일부가 늘 그렇듯이—겸손이 부족해서 실패했다. 부모님이 우리에게 가르쳐 주실 수 있는 가장 중요한 것, 선생님들이 모범을 보여주실 수 있는 가장 중요한 것, 우리가 익혀야 할 것 중에 가장 중요한 교훈은 자기 조절이다. 자기 조절은 복종을 배우고, 다른 사람의 가르침을 받아들이고, 윗사람의 뜻에 따르고, 하나님 앞에 엎드리는 데서 비롯된다. 프리드리히 니체(Friedrich Nietzsche)도 비슷한 말을 했다. "'천상천하'에 없어서는 안 될 한 가지는……한 방향에 대한 지속적인 복종이 있어야 한다는 것이다. 인생을 살 만한 것으로 만들어 주는 무엇인가는 결국 거기서 생기며, 또 지금까지 늘 거기서 생겨왔다."3)

니체는 그의 통찰에 대한 모범을 몸소 보여준 적이 없고 오히려 겸손에 대해 공공연히 경멸감을 표했다. 하지만 우리의 부족함을 고

{ 우리는 시간의 검증을 받은 훈련소로 들어간다. 그곳 코치는 우리를 자기가 키워낼 수 있는 최고의 선수로 만들겠다는 굳은 결의에 차 있다. }

백하고 우리의 허물과 실패를 인정하며 대부분의 죄인들이 피하고 싶어 하는 방식으로 하나님 앞에 마음을 여는 데서 시작되는 겸손함에 대한 복종이 있는 것만은 분명하다. 우리들은 대개 하나님이 우리의 몇 가지 불편함을 해결해 주고, 부끄러운 기억을 지워주고, 좀더 내세울 만한 사람이 되도록 고쳐주기를 바란다. 그러나 우리가 그분을 우리 삶에 모셔 들일 때 그분은 우리의 전 존재를 다스리기를, 우리를 원래 지어진 모습—모든 면에서 완전한!—으로 만들기를 원하신다. 루이스가 말한 대로 "그래서 그리스도인이 되기에 앞서 '대가를 생각하라'고 경고하는 것이다. 그분은 이렇게 말씀하신다. '착각하지 마라. 네가 허락하면 나는 너를 완전하게 한다. 네가 자신을 내 손에 맡기는 순간 너는 오직 완전함을 위해 맡겨진 것이다. 그 이하의 어떤 것도 안 된다. 너에게는 자유 의지가 있다. 원한다면 나를 밀쳐낼 수 있다. 그러나 네가 나를 밀어내지만 않는다면 내가 이 일을 끝까지 이뤄내고 만다는 것을 명심해라.'"4)

우리는, '식구' 같이 생각해서 평생 고용을 보장하는 것은 물론이고 대출에 갖가지 특혜까지 베푸는 마음씨 좋은 친척 아저씨네 회사에 취직하는 것이 아니다. 우리가 들어가는 곳은 오히려 시간의 검증을 받은 훈련소에 가깝다. 그곳 코치는 우리를 자기가 키워낼 수 있는 최고의 선수로 만들겠다는 굳은 결의에 차 있다. 예수님은 이렇게 말씀하신다. "너희가 인생에서 그 대가로 어떤 고통을 치러야 하든, 너희가 어떤 엄청난 정결케 하는 과정을 겪어야 하든, 내가 어떤 대가를 치러야 하든, 네가 글자 그대로 완전해지기까지—내 아버지께서 내게 내 기뻐하는 자라고 말씀하시듯이 너에 대해 더 할 수 없는 흡족함을 느끼실 때까지—나는 결단코 쉬지 않을 것이며 너를 쉬게 두지도 않을 것이다."5)

이것은 우리가 자주 피하고 싶어 하는 진리다. 갖가지 죄에 중독된 우리는 커피를 한잔 더 마시거나, 아이스크림콘을 한 개 더 먹거나, 잠을 한 시간 더 잘지언정 우리 마음의 부족을 채워주시겠다는 하나님의 비책만은 받아들이려 하지 않는다. 우리는 흔히 하나님의 몇몇 축복—TV 퀴즈게임 같은 데서 멋지게 우승한다든지 하는—은 챙기고 싶지만 매일 훈련실로 가서 영적 근육을 단련시키고 그분이 우리 영혼을 거룩하게 하시는 축복의 역사를 이뤄나가게 맡기고 싶어 하지는 않는다. 우리는 우리의 한계와 혼자 힘으로 살 수 없는 존재라는 사실을 인정하려 들지 않는다. 우리 마음 깊은 곳에는 스스로 해결사이고 싶고 스스로 메시아이고 싶은 마음이 도사리고 있다. 그러나 성경은 우리가 그러한 허세를 버리고 겸손해져야 한다고 시종일관 가르치고 있다.

인간을 구원에 이르게 하는 이러한 겸손에 대해서는 나니아 연대기의 『말과 소년』에 잘 그려져 있다. 노예로 살던 칼로르멘에서 도망친 말들인 브레와 휜, 그리고 이 말을 타는 아라비스와 샤스타는 선한 나니아

땅인 북쪽 지방으로 자유를 찾아 떠난다. 이 모험에서 그들은 여러 차례 사자 아슬란의 보이지 않는 도움을 받는다. 이야기의 마지막에서 그들은 광채 나는 아슬란의 진짜 모습을 보게 된다. 그들은 두려움에 압도된다. 사자는 가끔 말도 잡아먹으니까. 긴장된 순간이 지나자,

휜이 웃음인지 울음인지 알 수 없는 소리를 내더니, 온몸을 발발 떨면서 그 사자 쪽으로 타박타박 걸어갔다.

"정말 아름다우십니다. 원하신다면 저를 잡아먹어 주세요. 나중에 다른 짐승에게 잡아먹히느니 지금 당신에게 먹히는 게 훨씬 좋겠어요."

아슬란은 벌름거리는 휜의 부드러운 코에 사자의 입맞춤을 해주며 말했다. "사랑하는 딸아, 나는 네가 곧 올 줄 알았다. 네게 기쁨이 있을 것이다."6)

자기 몸을 "산 제사"(롬 12:1)로 아슬란에게 드린 휜의 겸손함은 평생을 좌우하는 결단이었다. 그러나 함께 있던 브레는 여전히 망설인다. 그러자 아슬란이

고개를 들어 더 큰 소리로 말했다.

"브레야, 가엾고 거만하고 겁에 질린 말이여 가까이 오라. 더 가까이 오너라, 내 아들아. 두려워할 것 없다. 나를 만져보고 냄새도 맡아보아라. 내 앞발, 꼬리, 콧수염 모두 만져보아라. 나는 진짜 짐승이다."

브레가 떨리는 목소리로 말했다. "아슬란 님, 제가 어리석었습니다."

"어린 나이에 그것을 알았으니 너는 행복한 말이다. 인간이라도 모를 수가 있단다."7)

그리스도를 위해 '바보'가 됨으로써—'어린아이 같은 믿음'을 가짐으로써, 하나님 뜻의 알 수 없는 세계로 '무조건' 뛰어듦으로써, 자신의 진정한 모습과는 다른 어떤 사람인양 하는 허세를 버림으로써—성결케 하시는 그리스도의 임재를 느끼게 되는 때가 분명히 있다. "그러나 진정한 자기 포기가 반드시 있어야 한다. 자기를 그야말로 '무조건' 내던져 버려야 한다. 그리스도는 당신에게 진짜 성격을 반드시 주실 것이다. 그러나 그것을 바라고 하나님께로 나가서는 안 된다. 당신이 신경 쓰는 것이 당신의 성격인 한 당신은 그분께 나아갈 수 없다. 모든 것은 자기를 아예 잊어버리려고 애쓰는 데서부터 시작된다."8)

> 그리스도가 우리를 이끄시도록 계속 포기해나가는 동안 우리는 거룩한 삶의 비밀을 알게 된다.

자기를 잊어버림으로써 우리는 궁극적인 진리, 곧 "우리 안에 그리스도께서 사신다"는 것을 인정할 수 있게 된다. 우리는 성화의 완성을 향한 결정적인 출발점에서 그리고 그 이후 그 결단을 계속적으로 재확인할 때마다 "옛사람"과 "거짓 자기", 곧 스스로 어떻게 살아야 마땅한지 알고 있다는 듯 허세를 부리는 내 속의 내가 아닌 폭군에 대해 죽을 수 있다. 계속 포기해나감으로써, 힘을 빼고 방향키에서 우리의 손을 뗌으로써, 그리스도께서 우리를 이끄시도록 함으로써 우리는 거룩한 삶의 비밀을 발견할 수 있다.

우리에게 하나님이 필요하다는 것을 인정하는 데서 더 나아가서 우리는 가르침을 따르고 훈육을 받고 우리의 가장 깊은 곳에 있는 자기를 하나님 앞에 포기해야 한다. 루이스는 이렇게 말했다.

이것은 인생 전체를 관통하는 원리다. 자기를 포기하라, 그러면 참된 자기를 발견하게 된다. 생명을 버려라, 그러면 생명을 구할 수 있다. 죽음을 기꺼이 받아들여라. 당신의 야망과 이루고자 하는 소망들에 대해 날마다 죽고, 결국은 온몸의 죽음까지도 받아들여라. 그러면 영원한 생명을 찾게 된다. 아무것도 남겨두지 마라. 당신이 바치지 않고 남겨둔 것 중에 결국 당신의 것이 될 것은 아무것도 없다. 죽지 않고는 죽음을 이기고 다시 일어설 수 없다.9)

브레와 휜이 나니아의 안전항에 들어가서 알게 된 것이 바로 그것이었다. 포기하고 아슬란의 뜻에 복종하는 일은 그들이 바랐던 말이 되기 위한 필수조건이었다. 그들은 자기를 잃어버림으로써 진짜 자기를 찾았다.

우리는 도움이 필요한 존재임을 인정하고, 하나님의 인도에 복종함으로써 우리 삶을 하나님께 맡기고 기쁨으로 하나

> 자기 전부를 자기보다 지혜롭고 자기보다 나은 존재에게 맡기는 것이 지혜다.

님을 섬길 수 있다. 자기 전부를 자기보다 지혜롭고 자기보다 나은 존재에게 맡기는 것이 지혜다. 소설 『그 가공할 힘』의 주요 등장인물 가운데 하나인 제인은 이것을 알게 된다. 그녀는 남편 마크를 비롯해서 어느 누구든 그녀에게 자기 뜻을 관철시키려는 사람들의 어떤 노력도 받아들이기 거부하면서 자기 힘으로 살아가려고 했다. 그러나 마크가 악의 중심인 N.I.C.E에 연루되고 제인 자신은 알 수 없는 힘에 이끌려 평화롭고 위계질서가 분명한 성 안네 기독교 마을로 들어가게 되면서 인생이 완전히 뒤바뀐다.

처음에 그녀는 그 집단에 들어가지 않으려고 했다. 그들로부터 "당신이 자신을 우리에게 주지 않으면 적이 당신을 이용할 것입니다"10)라는

말을 들었기 때문이었다. "'당신 자신을 우리에게 준다'는 표현은 잘못 선택된 말이었다. 제인은 몸이 빳빳이 굳는 느낌이었다."[11] 그녀는 '자신을' 누구에게도 완전히 줘본 적이 없었다. 게다가 성 안네 마을에 들어가려면 먼저 남편 마크의 '허락'을 받으라는 말까지 듣자, 제인은 화가 머리끝까지 치밀었다. 그녀로 말할 것 같으면 남편에 대한 '복종' 따위의 구식 전통에서 완전히 자유로운 '현대적'인 깨인 여성이었으니까.

사실 그때까지 제인은 늘 개인의 자율성을 추구했다. 그녀는 인생이라는 계약의 조건을 자기가 정하고 그것을 명시하려고 했다. 그래서 결혼도 무조건적인 약속이라기보다는 구체적 조항으로 명시된 일종의 사업계약을 맺듯이 했다. 그녀는 남편을 원했지만 자기에게 권위를 행사하려는 어느 누구에게도 저항했다. "그녀가 공개적으로 그렇게 말을 한 적은 없었지만 ─ 적어도 당분간은 ─ 아이를 갖지 않겠다는 결심의 깊은 속내에는, 다른 사람으로부터 침해받고 관계에 뒤엉키는 것에 대한 두려움이 있었다. 사람은 각기 자기 삶이 있다는 것이었다.[12]

제인은 나중에 자기 세계가 무너지는 것을 보고 나서야, '요정'(N.I.C.E. 경찰국의 가학적이고 뒤틀린 레즈비언 국장)한테 육체적인 고문을 당하고 나서야 성 안네 마을로 도망친다. 그곳에서 제인은 그 마을 '지도자' 랜섬에게서 "사랑이 부족해서 복종하지 못하는 것이 아니라, 애초에 복종을 시도하지도 않았기 때문에 사랑을 잃어버리고 말았다"[13]는 만고의 진리를 배운다. 그녀의 불행한 결혼이나 남편과의 불화는 그녀가 좀더 겸손하지 못했고 자기 외에는 어떤 누구에게도 복종하지 않으려고 고집을 부렸기 때문이었다.

제인의 태도는 최근 일부 페미니즘의 시각을 가진 사람들 사이에서 칭송받을 만한 입장으로 치켜세움을 받으면서 전면으로 부상하고 있다.

예컨대 대프니 햄슨(Daphne Hampson)은 현대 여성들에게 죄를 새롭게 정의하도록 권하고 있다. "여성의 '죄'는—주디스 플라스코우(Judith Plaskow)의 설득력 있는 표현을 인용하자면—'자기실현이라는 책임을 다하지 못한 것이다.' 그러한 행위를 '죄'라고 부르는 것은……매우 설명적이다. 자신을 진지하게 받아들이는 것은 권리이자 의무이며, 중요한 것은 자신이 누구며 무슨 생각을 가지고 있느냐이다, 라는 말을 듣는 것만으로도 여성들에게는 그들이 지금까지 받아들여 온 기독교 신학이 완전히 뒤집히는 일이다."14) 햄슨의 주장에 따르면 여성은 지금까지 자기를 부정하고 겸손해지도록, 다른 사람의 유익을 위해서 자기를 파괴시켜 가면서 희생하도록 교육받아왔다. 따라서 이제 그러한 태도를 거부하고 자기주장이 분명한 태도를 가질 필요가 있다는 것이다.

제인이 발견한 것은 햄슨 같은 성역할 페미니스트들이 거부하는 바로 그것이었다. 즉 자기 희생만큼 영혼을 만족시켜 주는 것은 없다. 그녀가 자신의 '자기실현' 계획을 따를 때는 실패했다. 그러나 랜섬의 묘하게 따뜻하면서 권위 있는 태도에서 그때까지 그토록 거부해왔던 부성애를 발견하자, "한 순간에 그녀의 세계가 해체되었다."15) "그 긴 세월만에 처음으로 그녀는 왕을 전투, 결혼, 성직, 자비, 권력과 연관시켜 느낄 수 있었다. 그녀의 눈길이 처음으로 그의 얼굴에 머물던 순간, 제인은 자기가 누구인지, 어디에 있는지, 그레이스 아이론우드에 대한 모호한 원한, 마크에 대한 그보다 더 모호한 원한, 어린시절, 아버지의 집까지 모두 잊어버렸다. 그것은 물론 찰나였다. ……그러나 그녀의 세계는 해체되었고, 그녀는 그것을 분명히 알 수 있었다. 이제 무슨 일이든 가능했다."16)

그런데 이상하게도 "그녀의 마음에 다른 남자[랜섬]에 대한 생각이 가득한 바로 그 순간에 어떤 표현하기 어려운 모호한 감정과 함께 이전에 그녀가 마크에게 해준 어떤 것보다 더 많은 것을 그에게 주어야겠다는 결심이 생겼다. 그리고 그렇게 하는 것이 지도자에게 정말로 주는 길이라는 것을 알게 되었다."17)

우리가 우리 전부를 하나님께 맡기기만 하면 우리는 편히 쉴 수 있는 자유, 우리를 평안케 하는 은혜를 발견하게 된다. 스트레스에 찌든 세상에서 스트레스 없이 사는 지혜를 발견한다. 우리는 자기가 맡아야 마땅하다고 생각하는 역할을 요구할 때가 아니라, 자기에게 맡겨진 자기의 삶에 자족할 때 편인할 수 있기 때문이다. 그런 편인한 겸손이 우리에게 전혀 뜻밖의 모습으로 비춰질 수도 있다. 왜냐하면 그런 겸손을 가진 사람은 종종 아리스토텔레스가 '고결한' 사람들이라고 칭송한 사람들과 아주 비슷하게 강하고 자신감에 차 있기 때문이다. 루이스는 정말로 겸손한 사람은 "요새 사람들이 흔히 말하는 '겸손한' 사람"이 아니라고 설명했다. "그는 입만 열면 자기는 아무것도 아니라고 말하며 살살 다른 사람의 비위를 맞추는 사람이 아니다. 그보다는 오히려 쾌활하고 당신이 하는 말에 진심으로 관심을 보이는 이지적인 사람을 생각하는 것이 가까울 것이다. 그 사람이 왠지 싫게 느껴진다면 그것은 아마도 그렇게 편안히 인생을 즐기는 사람이 있다는 것에 질투가 생겨서일 것이다. 그는 겸손함에 대해서 아무런 생각이 없다. 그는 사실 자기 자신에 대해서조차 아무런 생각이 없을 것이다."18)

내가 무위(無爲)의 길이라고 부른 방식에는 큰 지혜가 담겨 있다. 중국의 철학자 노자는 그에 책에서 무위—사물의 흐름, 사물의 본질에 맞추는 것—를 가르치고 있다. 하얀 물거품을 일으키며 흐르는 오자크(Ozark) 산맥 급류에서 카누를 타는 것에 비유해보자. 능숙한 사람은 꼭 필요한 때만 몇 번 노를 저어주는 것으로도 급물살 속에서 카누의 방향을 유지하면서, 있는 힘을 다해 정신없이 노를 젓는 다른 카누를 앞질러 나간다. '흐름을 따라간다'는 말은 때로 방향감각을 잃고 표류한다는 의미가 되기도 한다. 그러나 카누 타기에서 그것은 정확히 말해 목표를 얻기 위해서 물살을 이용한다는 의미다.

인생의 여러 스트레스에는 거룩한 흐름―하나님의 뜻―이 있다. 자기 길을 고집할 것이 아니라 그 흐름에 따를 때 우리는 인생길을 지혜롭게 걸어갈 수 있다. 흐름에 따르는 인생길에서 우리는 각자의 '자리'에서 맡겨진 '역할'을 해낸다. 이런 태도를 가질 때 우리는 자신의 '천분'을 감사함으로 기쁘게 받아들일 수 있고, 남들보다 주목받는 사람들에게 기꺼이 박수를 보내고, 일과 희생이 필요한 과업과 책임을 흔쾌히 받아들이며 그리스도의 몸에서 자신의 천분을 실현할 수 있다. 이것이 자신의 부족을 인정하여 하나님의 뜻에 복종하고 이 세상에서 자유롭게 책임지는 삶을 살아야 하는 과업에 헌신하게 하는 겸손함이다.

> 자기 길을 고집할 것이 아니라 거룩한 흐름을 따를 때 우리는 인생길을 지혜롭게 걸어갈 수 있다.

이런 수준으로 자기를 포기할 때 하나님께서 우리를 깨끗게 하시고 거룩하게 하신다. 그리스도께서 "네 전부를 다오"라고 말씀하실 때 바로 이것을 말씀하신 것이다. 하나님은 자기 자신을 믿는 허세의 '나무를 통째로' 넘어뜨리기 원하신다. 그리고 여기저기 잔가지를 정리하는 것으로는 절대 만족하지 않으신다. 세례 요한은 예수님의 임무에 대한 환상을 보았다. "나는 너희로 회개케 하기 위하여 물로 세례를 주거니와 내 뒤에 오시는 이는 나보다 능력이 많으시니 나는 그의 신을 들기도 감당치 못하겠노라 그는 성령과 불로 너희에게 세례를 주실 것이요 손에 키를 들고 자기의 타작 마당을 정하게 하사 알곡은 모아 곡간에 들이고 쭉정이는 꺼지지 않는 불에 태우시리라"(마 3:11-12).

15 | 내 모든 것을 그리스도께 맡기고
"모 든 문 을 여 는 열 쇠"

순종이 모든 문을 여는 열쇠다. 감정은 하나님이 기뻐하시는 것에 따라 일어나고 (혹은 일어나지 않고) 사라진다. 우리의 뜻대로 감정을 만들어 낼 수 없고, 그러려고 해서도 안 된다.[1]

밀턴이 옳았다. ……"천국에서 섬기느니 차라리 지옥에서 통치하는 것이 낫다"는 표현에 잃어버린 영혼의 선택이 드러난다.[2]

나는 『죽도록 즐기기(Amusing Ourselves to Death)』라는 닐 포스트만 교수의 책 제목이 잘 잊혀지지 않는다. 포스트만은 그 책에서 쉴 새 없이 번쩍이는 화려한 네온사인 아래 흥문에 늘는 사람늘이 흥청대며 세월을 즐기기에 바쁜 도시, 네바다 주 라스베이거스가 현대 미국을 가장 상징적으로 보여준다고 지적하고 있다. 피터 크리프트(Peter Kreeft)가 '지옥의 주제가'로 꼭 맞을 가사로 꼽았던 프랭크 시나트라의 노래「나는 내 식대로 살았다(I did it my way)」대로다. "내 식대로" 살고, "기분에 맞춰" 사는 것이 우리 세대의 전형적인 방식인 것 같다. 결과적으로 우리는 여러 가지 중독과 재미와 오락—이들의 대부분은 우리 영혼을 무디게 해서 영원한 것을 생각하지 못하게 할 목적으로 만들어진 것들이다—으로 우리 자신을 말 그대로 죽이고 있다.

나는 세상을 좇아 사람들이 "내일이면 죽을 몸, 먹고 마시고 즐기자"는 오래된 구호를 따라 사는 것을 얼마든지 이해할 수 있다. 그러나 내가 좀체 이해할 수 없는 것은 어떻게 그런 태도가 예수 그리스도의 교회에 도둑고양이처럼 기어들어올 수 있었을까다. 우리가 설교 내용과 예배 방식을 오락과 재미에 맞추는 경우가 분명히 종종 있다. 하나님께 '영광'를 돌린다는 '예배'에서 '세월을 즐기자'는 것이다. 우리는 그리스도께서 성공하게 해주시고, 위로해 주시고, 은행 잔고를 늘여 주시고, 한마디로 대박을 터트려 주신다고 사람들을 설득하며 "예수님께 나오라"고 전도한다. 하지만 불행히도 이것은 진실이 아니다.

몇 년 전 미드아메리카 나사렛 대학(지금의 미드아메리카 나사렛대학교) 채플 설교에서 지미 도브슨(Jimmy Dobson—'가족회복운동'의 설립자 제임스 도브슨 박사의 부친)이 들려준 목사 초년기 경험담은 많은 것을 생각하게 만든다. 당시 도브슨은 베다니 페닐 대학(지금의 나사렛 남부대학교)을 졸업하고 루이지애나의 구시가지에 있는 교회에 파송되었다. 거룩한 '고전'들 독파로 무장했겠다 교수님들의 충고를 있는 대로 들었겠다 성실하게만 하면 목회자로 '성공'할 수 있을 것 같았다. 열심히 일하고 부지런히 기도하고 믿음으로 하나님 말씀을 전하면 교회가 부흥되고 그 지역에 성령의 불길이 일 줄로만 믿었다.

그런데 정반대 현상이 벌어졌다. 몇 주가 지나고 몇 달이 지날수록 그나마 있던 교인들마저 가뭄 맞은 옥수수 줄기처럼 시들어갔다. 그가 열심히 하면 할수록 사람들의 반응은 심드렁해졌다. 기도하면 할수록 '영적' 기운이 가라앉는 것 같았다. 게다가 그의 어린 아들(지금의 그 유명한 제임스)까지 아파서 치료를 위해 아이와 아이 엄마를 그녀의 친정이 있는 곳으로 보내야 했다. 몇 달 동안 혼자 지내게 된 지미 도브슨은 모든 것으로 보아 자기가 분명히 실패했다고 생각했다. 애초에 설교자로 부름을 받기는 한 것인가, 하나님은 자기 종에게 무엇을 바라시는가 하는 회의에 빠져들었다.

도브슨이 알게 된 것은, 그리고 하나님과 동행하는 성숙 과정에서 우리도 알아야 할 사실은 하나님은 우리의 성공보다는 우리의 거룩함에 관심을 두

{ 하나님은 우리의 성공보다는 우리의 거룩함에 관심이 있다. }

신다는 것이다. 우리가 인생의 어두운 시기에 깨닫게 되는 바는 우리가 하나님의 거룩한 뜻 앞에 자기의 전부를 온전히 맡기는 것이 정말로 필요하다는 것이다. C. S. 루이스가 그의 심오한 생각이 담긴 유명한 구절에서 말한 대로, "세상에는 결국 두 종류의 사람들이 있다. 하나님에게 '당신 뜻대로 하옵소서'라고 말하는 사람들과 하나님으로부터 결국은 '네 뜻대로 되리라'는 말을 듣는 사람들이다. 지옥에 있는 사람들은 모두 스스로 선택한 것이다. 자기 선택이 없다면 지옥이란 있을 수 없다. 진지하게 끝까지 기쁨을 바라는 영혼이 그것을 놓치는 일이란 없다. 구하면 찾는다. 두드리는 자에게 문은 열린다."[3)]

절충적 제3의 길이란 없다. 이것이 뜻하는 바에 대해 루이스는 이렇

게 썼다. "밀턴이 옳았다. …… '천국에서 섬기느니 차라리 지옥에서 통치하는 것이 낫다'는 표현에 잃어버린 영혼의 선택이 드러난다."4) 반대로 하늘나라를 누리는 사람들은 항상 기쁨으로 섬기는 편을 택한다.

따라서 이것은 영원한 결과를 가져오는 선택이다. 하나님께 불순종하는 사람들은 지옥을 택한다. 우리가 아무리 피하고 싶어도 성경—특히 예수님께서 직접 하신 말씀—은 지옥에 떨어지는 저주가 있음을 계속해서 강조하고 있다.

게임이 성립하려면 질 가능성이 있어야 한다. 자기 포기에 피조물의 행복이 있다면 그 자신 외에 다른 어느 누구도 (도와줄 수 있는 사람은 많겠지만) 포기시킬 수 없으며 그가 거부할 수도 있다. 솔직히 나는 "누구나 구원받는다"라고 말할 수 있다면 무슨 짓이라도 하고 싶은 마음이다. 그런데 나의 이성이 되묻는다. "당사자의 뜻에 따라서인가 아니면 상관없이인가?" "당사자의 의지없이"라면 곧바로 모순에 부딪힌다. 최고로 자의적이어야 하는 자기 포기 행위가 어떻게 자의 없이 이뤄질 수 있는가?5)

예수는 십자가에 못 박히기 전날 밤 겟세마네 동산에서 그의 아버지 하나님의 뜻과 씨름했다. 제자들이 기다리는—그리고 자는—동안 예수는 살려달라고 기도하셨다. 그날 밤 예수는 자기 존재 전체가 흔들리는 고뇌를 겪었음에 틀림없다. "내 아버지여 만일 할 만하시거든 이 잔을 내게서 지나가게 하옵소서 그러나 나의 원대로 마옵시고 아버지의 원대로 하옵소서"(마 26:39). 그는 반복해서 기도했다. 겟세마네 동산의 예수는 그분이 말씀이 육신이 되신 분임을 보여준다. 하나님이면서 사람이 되심으로써 그 연합을 통해 우리가 겪는 모든 것을 겪으셨다. 예수님도 우리처럼, 놓아주지 않고 우리를 괴롭히며 속에서부터 우리를 갉아먹는 불안을 느끼면서 사셨다. 미래에 관한 우리의 당혹감을 의식할 때 느끼는 고뇌를 그분도 아셨다. 하나님이면서 사람이신 예수에게서 우리는 완전한 순종의 예를 본다. 우리는 겟세마네의 예수에게서 우리와 하나도 다름없이 미래에 대한 하늘 아버지의 뜻과 씨름하며 괴로워하는 순전히 인간적인 모습을 본다.

우리는 누구나 알 수 없는 앞날의 불확실성과 불안정성을 직면할 때 고심한다. 우리는 일이 확정되고 안전하고 절대 무너지지 않는다는 것을 확신하고 싶어 한다. 『페럴렌드라』의 두 주인공 얼윈 랜섬과 그린 레이디도 비슷한 문제로 고심한다. 그들이 살고 있는 섬과 변동하는 조수의 흐름을 받아들이느니 차라리 '안정된 땅'에서 안정을 찾으려는 것이 그들이 부닥친 유혹이었다. 소설의 마지막에서 그린 레이디는 '악한 자' 때문에 자기 마음이 혼란했었노라고 고백한다. 랜섬이 비-인간 웨스톤을 죽이고 나서 그녀는 '안정된 땅'에 살려는 욕망은 하나님을 거부하게 하는 유혹이었다는 것을 알게 된다. "그것은 부침에 대한 거부—말렐딜에게서 벗어나 '그렇게 말고 이렇게'라고 그분께 말하는—였어요. 시간과 함께 우리에게 일어날 일들을 우리 마음대로 하려는……것이었어요. 이미 있는 것을 먹는 것이 아니라 내일 먹을 과일을 오늘 거둬들이고 있는 꼴이지요. 그랬다면 차가운 사랑이요 나약한 믿음밖에 더 되겠습니까. 그런 곳에서 어떻게 사랑과 믿음을 회복할 수 있겠습니까?"[6] 우리는 자신을, 모든 것을 아시는 하나님 손에 잡혀 있는 지도책이나 미래가 정확히 계획되어 있는 청사진같이 생각하는 경우가 많다. 그런데 하나님은 우리가 인생길을 걷는 동안 몇 가지 굵직굵직한 지시와 한두 번 엄한 꾸지람 이상은 별로 정해 주시는 것이 없는 것 같다. 사실 앞으

> 내가 무엇을 할지에 대한 하나님의 뜻은 구체적으로 정해져 있지 않다는 것을 나는 깨달았다. 하나님은 그보다는 내가 무엇을 하든 그것을 하는 과정에서 내가 어떤 사람이냐에 초점을 맞추신다.

로 펼쳐질 모험을 기다리는 기대가 있을 때 인생이 좀더 즐거울 수 있다. 내가 무엇을 할지에 대한 하나님의 뜻은 구체적으로 정해져 있지 않다는 것을 나는 깨달았다. 하나님은 그보다는 내가 무엇을 하든 그것을 하는 과정에서 내가 어떤 사람이냐에 초점을 맞추신다. 거룩한 토기장이가 마음에 두고 있는 계획은 우리를 더 나은 존재로 만드는 것이다. 그러나 그분은 우리의 동의가 없는 한 여기저기 흙을 만져서 아름다운 그릇을 만들지 않는다. 우리가 그분께 복종할 때만, 종으로서 그분께 순종할 때만 그분은 우리를 변화시켜 당신의 아들로 만드신다.

나니아 연대기의 『은의자』에서 아슬란은 유스터스와 질을 보내서 지하세계의 여왕인 마녀에게 잡혀간 릴리언을 구해 오게 한다. 아슬란은 그들에게 알 수 없는 최소한의 지시—네 가지 표지—만을 주어 보낸다. 그들은 그 의미를 전혀 짐작할 수 없었다. 수화를 배운 적이 없는 사람에게 수화로 말해준 것이나 다름없었다. 그러나 외교 특사에게 일급비밀문서의 전달을 맡기듯이 그 표지는 그들에게 위탁되었다. 여행의 마지막 경유지에서 두 사람은 다시는 빠져나갈 수 없을 것 같아 보이는 깊은 지하 동굴에 갇히게 된다. 그때 마슈위글 퍼들글럼이 이런 말을 한다. "생각해봐, 아슬란 님은 질에게 무슨 일이 생길지에 대해서는 말해 주지 않았어. 어떻게 하라고만 말해 주셨을 뿐이야. 저 친구가 깨기만 하면 우리는 죽은 거나 마찬가지야. 뻔한 일이야. 하지만 그렇다고 표지를 따르지 않을 수는 없어."[7]

루이스가 설명하고 있듯이 "피조물의 온당한 선은 그 창조주에게 자신을 맡기는 것—우리가 피조물이라는 단순한 사실에서 나오는 관계성을 이지적이고 자의적이고 정서적으로 실현하는 것—이

> 하나님께 순종하는 일은 고역보다는 춤추기에 가깝다.

다. 피조물은 그렇게 할 때 선하며 행복하다."[8] 성자 예수님의 성부 하나님에 대한 사랑에서 특징적으로 드러나는 것이 이러한 '순종'이다. 그것의 비밀을 알게 된 성자들이 기쁨으로 온 하늘나라를 넘치게 하는 것도 이 '순종'이다. 또한 '순종'은 아담과 이브가 그토록 하기 싫어하였던 것이었으며, 온 인류의 죄는 거기서 시작되었다. 루이스는 이렇게 말을 잇고 있다. "오늘 우리가 사는 세상의 문제는 어떻게 이 자기 포기를 회복하느냐다. 우리는 개선이 필요한 불완전한 피조물이기만 한 것이 아니다. 우리는 신약성경에서 말씀하고 있는 대로 무기를 내려놓아야 하는 반군들인 것이다."[9] 이것이 우리가 싫어하는 일이고, 우리가 무엇보다 거부하고 싶은 일이다. 우리는 철두철미한 반역자들이기 때문이다. 복종은 우리의 환상을 위협하고 우리의 모든 허세에 상처를 입힌다. "여러 해 동안의 전횡으로 곪을 대로 곪고 부어오를 대로 부어 오른 자기 뜻의 포기란 일종의 죽음"이기 때문이다. "우리는 모두 어린시절 뭔가 방해를 받을 때마다 오래도록 끓어오르던 무서운 분노, 기를 쓰고 울면서도 죽으면 죽었지 절대 포기할 수 없을 것처럼 우리를 사로잡던 악마 같은 욕구에서 자기 뜻이란 것이 어떤 것이지 잘 기억하고 있다. 그런 면에서 교육의 첫 단계는 일단 '아이의 고집을 꺾는 것'이라고 생각하는 구세대 부모님과 보모들의 생각은 너무도 옳다."[10]

현대인들에게는 뜻을 '꺾는다'는 말이 너무 가혹하고 무자비하게 들

릴 것이다. 그러나 사랑은 그 대상의 유익을 원하기 때문에 우리를 자기 뜻이라는 폭군의 지배로부터 자유롭게 만들어 주려는 하나님의 절대적이고 가차 없는 결심보다 더 높은 사랑, 더 고매한 목표는 이 세상에 없다. 우리가 그분께 순종하기만 하면 그분은 우리 안에서 역사하는 치유책을 찾아내신다. 『그 가공할 힘』에서 잘 드러나듯이 하나님에 대한 순종은 고역보다는 춤추기에 더 가깝다. 지도자(랜섬)와 마음을 터놓고 대화를 나누던 중에, 그가 접시에 남은 빵 부스러기를 바닥에 털어버리는 것을 보고 제인은 조금 놀란다. 그가 은색 호루라기를 불자 쥐 세 마리가 나타난다. 평소의 그녀 같았으면 쥐를 보고 혐오감을 느꼈겠지만 여기서는 좀더 진실되고 새로운 눈으로 쥐를 보게 된다. 그 작은 생물들은 조심스럽게 카펫을 가로질러 오더니 빵부스러기들을 먹어치우기 시작했다. 다 먹고 나자 지도자가 다시 호루라기를 불었고 쥐들은 쏜살같이 쥐구멍으로 사라졌다. "'저것입니다', 그가 말했다. '아주 간단한 적응이지요. 인간은 부스러기를 치우고 싶고 쥐들은 그것을 가져가지 못해 안달입니다. 서로 전쟁을 치러야 할 이유가 없습니다. 복종과 지배란 훈련이라기보다 춤—특히 역할이 계속 바뀌는 남녀 사이에서는—에 더 가깝다는 것을 보셨을 겁니다."[11]

쥐들처럼 우리도 복종을 명령받았다. 우리는 우주적인 춤을 함께 추도록, 거룩한 성삼위일체를 이루는 영원한 사랑의 성찬에 참여하도록 명령받았다. 자기 영주에게 충성을 맹세한 중세의 기사들이 기사도 정신에 따라 행동하듯이 우리는 우리에게 기쁨을 주는 순종을 택한다. 그리하여 "자유에 이르는 길인 순종과 기쁨에 이르는 길인 겸손이

{ 하나님께 완전히 순종함으로써 우리는 그리스도를 닮은 삶을 사는 열쇠를 얻는다. }

결합하여 성품을 이루는 길이 된다."12)

나는 영적 위안이 필요할 때면 복음성가를 틀어놓곤 한다. 내가 가장 좋아하는 곡 중 하나는 몇 해 전 시카고의 아름다운 시온산 선교 침례교회(Beautiful Mount Zion Missionary Baptist Church)에서 녹음된 것이다. 그 중에 오래 된 가사의 곡 하나가 특히 내게 감동을 준다. 높은 음색의 여자 가수가 이렇게 노래한다.

> 이 좁은 길을 걸을 때 내게는 주님이 필요해.
> 내가 매일매일 걸어 갈 때 나의 연약한 발걸음을 그분이 인도하시네,
> 나의 하나님이 이끄시네.
> 그분이 나의 길을 아심을 내가 아네.
> 나 혼자 힘으로는 이 길을 걷지 못하네.
> 주 없이는 못하네.

'내게는 주님이 필요하다' 고 고백하고, 우리 힘으로는 인생의 고통과 불의를 견딜 수 없음을 인정하며, 하나님의 뜻에 완전히 순종할 때 우리는 그리스도를 닮은 삶을 사는 열쇠를 얻는다. 이것이 우리 전부를 바쳐야 하는 거룩한 공간 감람산 겟세마네에서 그리스도께서 받은 열쇠다. 누가는 이렇게 기록했다. "저희를 떠나 돌 던질 만큼 가서 무릎을 꿇고 기도하여 가라사대 아버지여 만일 아버지의 뜻이어든 이 잔을 내게서 옮기시옵소서 그러나 내 원대로 마옵시고 아버지의 원대로 되기를 원하나이다 하시니"(눅 22:41-42).

스투더트-케네디(Studdert-Kennedy) 시인은 이렇게 표현했다.

"아버지의 뜻대로 하옵소서."

인간의 입술에서 이보다 더 위대한 말이 나오지 못하리라.

땀이 피가 되도록 간절히 구하여 고백한 말.

겟세마네 동산의 고요함을 깨고

세상을 죄에서 구원하신 기도여!

16 | 그리스도의 지체
"영 원 한   머 리 되 신   분 과   함 께 하 여"

주기도문의 첫 마디는 "하늘에 계신 우리 아버지"다. 이제 그 뜻을 알겠는가? 이 말은 간단히 말해서 당신이 하나님의 아들 자리에 앉겠다는 뜻이다. 노골적으로 말하자면 예수님인 것처럼 가장하겠다는 말이다.[1]

그런 면에서 거룩해진다는 것은 어떤 비밀결사조직에 가입하는 것과 비슷하다고 할 수 있겠다. 속된 말로 표현하자면 굉장히 재미있는 일이라고 해야 할 것이다. 그러나 이 새로운 인간들이 모두, 보통 쓰는 의미로 똑같다고 생각하면 안 된다.······우리는 우리를 벗어버리고 그리스도의 모습을 입어야 한다. 그분의 뜻이 우리의 뜻이 되어야 하고 우리는 그분이 생각하는 대로 생각해야 한다. 성경 말씀대로 "그분의 마음을 품어야 한다."[2]

성육신은 "신성을 인간의 몸으로 전화시킴으로써가 아니라 인성을 하나님에게 투입함으로써" 가능하다고 신경(信經)이 우리에게 가르치고 있다. 내가 보기에 이것과 내가 말하는 '자리바꿈', 즉 인간성이 여전히 그대로 있는 상태에서 단순히 신성으로 격상되는 것이 아니라 실제적 신성으로 들어가는 것 사이에 실제적인 유사성이 있다.3)

거룩한 하나님이 우리를 불러 거룩한 백성이 되게 하셨다. 그분의 명령에 귀를 기울이고 그 목적을 이루는 것이 우리의 최종 사명이다. 그것은 그리스도 자신을 공유함으로써 성결에 이르는 매우 원대한 목표다. 베드로의 멋진 표현을 옮겨보자. "그의 신기한 능력으로 생명과 경건에 속한 모든 것을 우리에게 주셨으니 이는 자기의 영광과 덕으로써 우리를 부르신 자를 앎으로 말미암음이라 이로써 그 보배롭고 지극히 큰 약속을 우리에게 주사 이 약속으로 말미암아 너희로 정욕을 인하여 세상에서 썩어질 것을 피하여 신의 성품에 참예하는 자가 되게 하려 하셨으니"(벧후 1:3-4).

루이스는 이런 말을 진지하게 받아들였다. 이런 말들은 아름다운 시 구절이나 사색거리가 되는 비유가 아니다. 대리석에 새겨진 지상명령이요 인간 운명의 마그나카르타이다. 하나님은 "(그들이 원하면) 자연을 벗어나서 '하나님의 자녀'가 될 수 있는 피조물을" 만들어 놓으셨다. "자연에서 떼어내도록 그들이 허락할 것인가? 어떤 면에서 이것은 출생의 위기와 비슷하다. 일어나서 그리스도를 따르기 전까지 우리는 여전히 자연의 일부며, 어머니인 대자연의 자궁 안에 있다."4)

우리는 전투를 위해 소집된 신병들처럼, 천국에 이르는 순례자의 길에 동참하도록 부름을 받은 사람들이다. 거룩해진다는 것은 하나님의 뜻을 바라는 것이다. 이렇게 헌신할 때 우리가 경건해질 수 있다. 우리는 궁극적으로 영원한 축복을 누리기 위해서 우리 전부를 포기

{ 순종이라는 열쇠로 거룩함의 문을 열 수는 있지만, 순종 그 자체로써 성결해지는 것은 아니다. }

하는 것이지 우리의 노력으로 그것을 얻으려고 애쓰는 것이 아니다. 순종이라는 열쇠로 거룩함의 문을 열 수는 있지만, 순종 그 자체로써 성결해지는 것은 아니다. 성결은 오직 하나님으로부터 우리에게로 온다. 그것은 성령의 초자연적인 힘으로 우리에게 불어넣어지는 것이다. 성결은 또한 순전히 개인적인 사건이 아니다. 성령은 오순절 다락방의 제자들에게 그랬듯이 우리가 그리스도의 몸인 교회에 '참여'할 때 우리에게 찾아오신다.

학자로서 C. S. 루이스는 날마다 몇 시간이고 책과 사색에 파묻혀 연구하고 생각하며 혼자 있는 것을 무엇보다 좋아했다. 기질적으로 사람들과 어울리기 좋아하는 사람이 아니었다. 그의 편지를 살펴보면 그가 교회 예배와 조직에 대해서 답답함을 느끼고 불만스럽게 여겼다는 것을 분명히 알 수 있다. 그는 대체로 집단보다는 개인의 중요성을 강조했다. 사람들의 집단이란 언제든지 악마로 돌변할 수 있다는 것을 그는 잘 알고 있었다. 그가 국가주의나 그 밖의 어떤 형태든 관료주의적 통제를 불신했다는 데서 잘 드러나는바, 루이스는 갖가지 '사회주의' 변형에 대해서 항상 비판적이었다. 그는 "평범한 사람은 아무도 없다"고 했다. 하나님의 형상을 따라 지음받은 한 사람 한 사람이 어떤 정치 형태나 사회 조직이나 개혁운동보다 더 소중하다.

그러나 교회는 다르다. 근본적으로 교회는, 중요한 운동 경기가 열릴

때 띄우는 광고용 비행선처럼 인간의 모든 조직보다 월등히 위에 있는 것이다. 교회에도 어쩔 수 없이 제도적인 조직이 있지만 실제로는 자연적 조직체라기보다는 초자연적인 것이다. 교회는 정치나 경제와는 비교할 수도 없이 중요한 문제들을 다루는 곳이다. 교회가 몸을 낮춰 그런 문제들을 주요 업무로 삼으려는 시도를 할 때마다 실패하게 되어 있다. 루이스에 따르면 "우주가 사라져도 교회는 남을 것이다. 교회 안에 있는 개인은 우주보다 오래 살아남을 것이다. 영원한 머리가 되시는 하나님께 합하는 사람마다 그분의 영원한 생명에 참여하게 된다."5)

루이스는 처음으로 그리스도인이 되었을 때 이렇게 말했다. "나는 내 방에 조용히 앉아서 신학서적을 읽으면서 혼자 할 수 있다고 생각했었다. 교회나 예배당에는 가지 않을 생각이었다. 그러나 나중에 그것만이 포기하지 않고 계속 싸울 수 있는 유일한 방법이라는 것을 깨달았다." 나아가서 "신약성경에서 명령이라고 할 만한 것이 있다면 그것은 성찬의 의무인데, 교회에 가지 않고는 성찬에 참여할 수 없다……성찬은 혼자만의 자만에서 우리를 구해낸다."6)

따라서 루이스는 요한 웨슬리와 마찬가지로 자기중심적이고 개인주의적인 영성에 반대했다. 그는 이렇게 썼다. "신약성경은 고독한 종교를 그리고 있지 않습니다. 사도들의 어떤 서한을 보아도 예배와 가르침을 위한 정기적 모임을 당연한 것으로 여기고 있다는 것을 알 수 있습니다. 따라서 우리도 교회에 출석하는 정식 교인이 되어야 합니다."7) 우리는 거룩해지도록 개인적인 부르심을 받았지만, 그리스도의 몸인 교회에 참여하라는 명령도 받았다. 교회는 그리스도와의 신비로운

{ 우리는 교회 안에서 그리스도의 생명을 나누며 함께 거룩해지도록—우리는 실제로 거룩하다—부름을 받았다. }

결합을 통해 그 거룩함이 인정된다. '그리스도의 몸'이나 '어린양의 신부' 같은 묘사적 명칭들은 뜻 없이 붙여진 시적 표현이 아니다. 루이스는 그의 첫 번째 '기독교' 작품인 『순례자의 귀향』에서 말 안 듣는 순례자 존을, 그리스도의 변화시키는 힘인 구원의 세례수가 있는 곳까지 바르게 인도한 공을 '어머니 커크(Mother Kirk)'에게 돌리고 있다. 성경에서는 교회에 대한 그러한 명칭들을 하나님의 아들 예수 그리스도와 그 제자들 간의 유기적 결합—결혼—을 나타내기 위해서 사용하고 있다. 우리는 교회 안에서 그리스도의 거룩한 생명을 공유함으로써 함께 거룩해지도록—그리고 우리는 실제로 거룩하다—부름을 받았다.

루이스의 공상과학소설 3부작의 제3권 『그 가공할 힘』에는 N.I.C.E의 가장 매력없는 '학자들' 중 한 명으로 스트레이크 목사가 나온다. 그의 "닳아빠진 성직자 칼라와 까맣고 비쩍 마른데다가 면도 자국이 지저분하게 남아 있는 얽고 흉터 있는 우울한 표정의 얼굴 그리고 숨막힐 정도로 진지한 태도에서는 어떤 부조화가 느껴졌다."[8] 스트레이크 목사는 N.I.C.E. 과학자들의 힘을 합쳐 사회주의적 이상사회를 도입하겠다는 꿈을 가지고 있었다. 그는 그것이 "하나님의 나라"가 될 것이며, 자기는 당연히 거기서 가장 높은 자리에 앉는 목사가 될 것이라고 상상했다.

그런데 스트레이크 목사는 몇 해가 지나도 자기의 이상에 동참할 사람을 구하지 못했다. 그래서 그는 "그때까지 세상에 있어왔던 모든 종교 조직"[9]으로부터 자신을 '예수의 이름으로' 분리시킨다. 그는 '분리주의'를 극단까지 따르면서 자신을 과거나 현재의 모든 사람으로부터 분리시켰다. 그는 자신을 진리와 정의를 떠받들고 해안절벽에 혼자 서 있는 소나무 같이 생각하면서, 자기를 "딱하고 연약하며 무가치한 사람이지만, 유일하게 남은 예언자"[10]로 여겼다. (일반적으로 귀에 거슬리는 자칭 유일한 예언자들을 조심해야 한다는 것은 우리 모두가 다 아는 바다!)

루이스는 스트레이크와는 달리, 하나님의 나라는 군사적인 힘으로 이 뤄지는 것이 아니고 그렇다고 인간의 재간으로 빚어내는 정치적 책략으로 되는 것도 아니라고 늘 강조했다. 어떤 뉴에이지 영적 지도자나 초월적 영성운동가도 하나님 나라를 일으킬 수 없다. 하나님의 나라는 '지도자' 랜섬을 중심으로 모인 성 안네 마을의 경건한 사람들처럼 소박한 현실의 삶에 뿌리를 둔 공동체를 통해서 찾아온다. 성 안네 마을에서는 정말로 건강한(거룩한) 영혼들이 N.I.C.E.로 대표되는 악의 무리에 맞서 영적 싸움을 싸운다.

우리는 모두 어느 조직에나 '머리'가 있어야 한다는 것을 안다. 손가락이나 발가락을 다쳤다고 성품이 크게 손상되지는 않는다. 그러나 머리가 없으면 안 된다. 몸을 이끌어 나가는 것은 머리다. 내가 손한테 거수경례하라고 하면 손은 거수경례한다. 발에게 걸으라 하면 발이 걸음을 내딛는다. 내 심장이 1분에 70회 정도 뛰는 것은 머리가 그렇게 시키기 때문이다. 머리가 허파에 명령을 내리기 때문에 내가 의식적으로 노력하지 않아도 나는 숨을 쉰다. 내가 따뜻한 곳에 가든 추운 곳에 가든 체온이 대체로 일정하게 유지되는 것은 머리가 일종의 온도조절기 역할을 해서 대사체계와 혈액순환을 조절하여 온혈 포유동물의 상태를 유지시켜 주기 때문이다.

이러한 이해를 바탕으로 우리는, 인간 조직을 건강하게 유지하는 데 왜 성 안네 마을을 이끌었던 랜섬 같은 '머리'가 있어야 하는지 더 잘 이해할 수 있다. 그는 머리 역할을 했다. 그의 '영'이 조직 전체로 퍼져 나갔다. 이처럼 교회의 머리인 예수님도 교회를 지탱하고 인도하신다. 그분이 거룩하시기 때문에 그의 거룩한 몸 된 교회에서 그의 거룩한 역사로 교회가 거룩해진다. 교회의 모든 선한 것과 정의로운 것, 교회에 속한 우리에게 있는 모든 선한 것과 정의로운 것은 교회의 머리이신 우리주 그리스도께서 하신 것이다.

우리가 하나님 나라에 들어갈 수 있는 것은, 복음의 진리를 간직하고 갖가지 은혜의 수단에 접할 수 있게 하는 교회가 우리에게 열어주는 문을 통해서다. 교회의 일차적 기능은 진리를 전파하고 성결의 불이 꺼지지 않도록 유지하는 것이다. 그래서 루이스는 어느 교회에 나갈지 고민하는 사람들에게 이렇게 충고하고 있다. "어떤 문의 페인트 색이나 패널이 가장 마음에 드는지가 아니라 어떤 문이 참된 문인지를 먼저 물어야 한다. 쉬운 말로 해서, '예배 방식이 마음에 드는가?' 가 아니라 '거기서 가르치는 교리에 진리가 있는가? 거룩한가? 내 양심이 그쪽으로 끌리는가?' 를 물어야 한다."11) 믿음의 공동체 안에서 우리가 살아날 때, 교회의 진리를 우리 삶의 표준으로 삼을 때, 우리 안에서 하나님의 거룩함이 살아난다. 그리고 은혜의 변화시키는 역사, 곧 성결케 하심은 우리가 은혜의 수단을 활용할 때 시작된다.

> 교회의 일차적 기능은 진리를 전파하고 성결의 불이 꺼지지 않도록 유지하는 것이다.

그리스 정교회 신자들은 그들의 신경(信經)에서 "거룩한 교회를 믿는다"고 고백한다. 교회의 많은 잘못에도 불구하고 교회는 기독교에서 없어서는 안 되는 부분이다. 이것이 의미하는 바는 무엇보다 그리스도가 교회의 머리며, 그의 거룩함이 몸 된 교회에 충만하게 배어든다는 것이다. 교회가 그 정책이나 구조에서 거룩하지 못한 경우가 있다는 것을 인정한다. 교인들과 교역자들이 전혀 거룩하지 않은 경우는 또 얼마나 많은가. 그러나 그리스도께서 거룩하시기 때문에 교회는 거룩하다. 믿는 사람들이 그리스도 안에서 '새 사람'이 될 수 있는 수단도 교회에 있다. 루이스는 이렇게 말하고 있다.

> 나는 그리스도를 새로운 인간의 '첫 사례'라고 부른 바 있다. 물론 그 분은 그 이상이다. 그분은 어떤 종의 하나의 표본이라는 의미에서 새로운 인간 가운데 한 명이 아니고 하나뿐인 새로운 인간 그 자체다. 그는 모든 새로운 인간들의 기원이며 중심이며 생명이다. 그는 그분의 뜻에 따라 이 세상에 피조물로 오셨고, 새로운 생명, 조에를 이 세상에 주셨다. ……그는 새 생명을, 유전이 아니라 내가 '좋은 전염'이라고 부른 수단을 통해 전파시킨다. 그것에 전염되는 사람은 누구나 '그분 안에' 있음으로써 그렇게 된다.12)

우리는 우리 안에 역사하시는 그리스도께 복종함으로써 성결케 하시려는 하나님의 계획에 참여한다. 우리는 머리에 예속되어 있음을 시인하고, 사실은 그 안에서 편안함을 누린다. 그의 몸 된 교회로서 우리는 그분께 복종하고 우리 안에서 성결의 역사를 이뤄나가도록 우리를 맡긴다. 교회가 하는 일은 많다. 그러나 교회는 "다른 것이 아니라 인간을 그리스도에게 끌어들여서 작은 그리스도를 만들기 위해서 존재한다."13) 그래서 바울은 교회를 가리켜 "거룩하여지고 성도라 부르심을 입은 자들"(고전 1:2)이라고 했다. 그것이 교회의 목적이다. 우리 주 그리스도 예수의 성품을 그대로 닮으려는 것이다. 우리는 병이 나면 낫기를 바란다. 건강이 목표가 되고 목적이 되고 모든 노력의 목적이 된다. 우리가 죄로 병들었을 때도 회복을 바라게 된다. 거룩함이 목표가 되고 목적이 되고 가장 열망하는 것이 된다. 바울은 에베소 교인들에게 보내는 편지에서 이렇게 썼다. "남편들아 아내 사랑하기를 그리스도께서 교회를 사랑하시고 위하여 자신을 주심 같이 하라 이는 곧 물로 씻어 말씀으로 깨끗하게 하사 거룩하게 하시고 자기 앞에 영광스러운 교회로 세우사 티나 주름잡힌 것이나 이런 것들이 없이 거룩하고 흠이 없게 하려 하심이니라"(엡 5:25-27).

우리가 그 목적을 이루도록, 그리스도의 교회는 거룩함을 북돋워서 우리를 거룩하신 그리스도와 연결시키려 한다. 교회는 우리를 불러 경건치 못한 것에서 떨어지게 함으로써 그것을 이룬다. 예수는 이 세상에 사시는 동안에도 자기 제자들을 위해 "내가 세상에 속하지 아니함 같이 저희도 세상에 속하지 아니하였삽나이다 저희를 진리로 거룩하게 하옵소서 아버지의 말씀은 진리니이다"(요 17:16-17)라고 기도하셨다. 진리를 아는 사람은, 물리학에 통달해서 복잡한 아인슈타인의 이론을 이해하기 시작한 물리학자들이 그렇듯이, 그 과정에서 엄청난 기쁨을 찾게 된다. 그리스도인들은 거룩한 교회에 참여함으로써 그들이 항상 바라마지 않던 존재가 되는 길을 발견한다.

이제 우리는 바울의 에베소서 말씀을 이해할 수 있다. 즉 하나님은 "곧 창세 전에 그리스도 안에서 우리를 택하사 우리로 사랑 안에서 그 앞에 거룩하고 흠이 없게 하시려고"(엡 1:4) 하신다. 조금 더 뒤로 가면 이렇게 기록하고 있다. "또 만물을 그 발 아래 복종하게 하시고 그를 만물 위에 교회의 머리로 주셨느니라 교회는 그의 몸이니 만물 안에서 만물을 충만케 하시는 자의 충만이니라"(엡 1:22-23). 그리스도가 머리시다. 그분이 거룩하시므로 그의 교회도 거룩하다.

> 그리스도의 교회는 거룩함을 북돋워서 우리를 거룩하신 그리스도와 연결시키려 한다.

17 | 시련을 겪을수록 더욱 강해진다
"고난을 통해 완전해짐"

다른 모든 상급보다 당신께서 제게 주신 고통이 더욱 귀하나이다.[1]

우리 모두가 잘사는 것이 반드시 하나님의 뜻은 아니다. 정치인들이야 매번 그런 공약으로 당선되지만 말이다. 우리는 대부분 확고한 믿음을 갖고 열심히 일을 하기만 하면 실패의 위험 없이 백만장자가 될 수 있기를 바란다. 그러나 우리들 대부분이 바라는 것—형통과 번영—이 하나님께서 우리에게 바라시는 바가 아닐 가능성이 상당히 높다. 어쩌면 하나님은 우리가 잘사는 것을 바라지 않으시는지도 모른다. 예수님도 부자 청년이 포기하고 돌아서서 가는 것을 보시고 이렇게 말씀하셨다. "재물이 있는 자는 하나님의 나라에 들어가기가 심히 어렵도다"(막 10:23). 루이스는 이렇게 말하고 있다. "돈이 많았을 때의 한 가지 위험은 돈이 가져다주는 행복에 너무나 만족한 나머지 하나님이 필요하다는 것을 깨닫지 못하게 될 수도 있다는 점이다. 수표에 서명만 하면 다 되는 것 같이 보이면 매순간 하나님께 의지하고 있다는 사실을 잊어버릴 수 있다."[2]

인기 있는 사람이 되는 것도 꼭 하나님의 뜻이라고 할 수 없다. '친구를 사귀고 사람들에게 영향을 미치는 것'은 칭찬할 만한 일이다. 하지만 그것이 우리를 향한 하나님의 위대한 계획은 분명 아니다. 30여 년 전, 어떤 남자가 미국 우정공사 총재 에드워드 데이 앞으로 편지를 보내서 자신의 얼굴을 우표에 넣어 달라고 청탁했다. 데이의 회신은 (보내지는 않았지만) 이랬다. "저희는 돌아가시지 않은 분의 초상은 우표에 넣지 않습니다. 그러니 목을 치시는 것이 어떨까요?"[3]

모든 허영 가운데 대중을 만족시키기 위해서 사는 것만한 허영도 다시 없을 것이다. 사람들에게 가장 쉽게 잊혀지는 사람들은 반짝 인기를 누리는 인기가수나 연기자들이다. 루이스가 말년에 세계적인 명성을 얻었을 때 "유명해져서 얻은 것이 많으냐고 월터 후퍼가 루이스에게 질문한 적이 있다. 루이스는 '그런 생각에 대해서는 아무리 조심해도 부족합니다'라고 대답했다."[4] 요컨대 인기를 얻고 유명해지고 싶은 욕망은 형통과 마찬가지로 우리를 지옥에 빠뜨리기 십상이다.

모든 사람이 건강한 것이 반드시 하나님의 뜻은 아니다. 하나님은 모든 사람이 완벽한 건강을 누리기를 원하신다—올바른 방법을 알고 믿음만 있다면 모든 병을 고칠 수 있다—면서 내가 그럴듯한 자기개발서 한 권을 써서 출판한다면 인기도 얻고 돈도 많이 벌 수 있

> 인기를 얻고 유명해지고 싶은 욕망은 형통과 마찬가지로 우리를 지옥에 빠뜨리기 십상이다.

을 것이다. 우리 중에는 항상 아픈 사람이 있고, 하나님께서 고쳐주신다.

그러나 어떤 사람들은 그대로 죽는다. 루이스는 이 문제를 이렇게 보고 있다. "건강은 큰 복이다. 그러나 건강이 주 관심사가 되고 일차적인 목표가 되는 순간부터 사람이 까다로워지고 자기 몸에 뭔가 문제가 있다고 생각하기 시작한다. 건강은 다른 것들을—음식, 게임, 일, 재미, 신선한 공기—더 많이 원할 때만 얻어질 수 있는 것이다."5)

이 모두가 말해주는 것은, 일찍이 아우구스티누스가 말했듯이, 사람들 간의 가장 큰 '차이'—나는 여기에 하나님에게 특히 의미가 있는 차이라는 말을 덧붙이고 싶다—는 "어떤 병을 앓고 있느냐가 아니라 그 병을 앓고 있는 사람이 어떤 사람이냐"6)에 있다는 것이다. 우리가 올바른 인간, 곧 영적으로 성숙하고 어른스러운 온전한 인간이 되는 것이 하나님의 뜻이라는 것을 알아야 한다. 성경이 분명히 가르치고 있는 바와 같이, 하나님께서 무엇보다 원하는 것은 우리를 거룩하게 만드는 것이다. 하나님께서는 우리가 영적 성숙과 그리스도를 닮음과 성결을 이루기 원하신다. 그리고 우리를 성결케 하기 위해서는 어떤 대가도 마다치 않으신다. 큰 돈을 바라고, 침몰한 스페인 갤리온 선의 보물을 찾아 깊은 바다 속을 뒤지는 사람들이 비용과 노력을 아끼겠는가. 앞으로 얻을 보상을 위해서라면 어떤 투자라도 감수하지 않겠는가. 거룩함에 대해서도 마찬가지다. 바울은 이렇게 선언했다. "하나님의 뜻은 이것이니 너희의 거룩함이라"(살전 4:3).

{ 하나님은 무엇보다 우리를 거룩하게 하기를 원하신다. }

루이스는 한결같이 고통에 대한 옛 사람들의 이해를 받아들이는 입장이었다. 지혜, 성장, 성숙, 거룩함은 시험과 시련을 겪으면서 얻어진다. 『고통의 문제』에서 루이스는 이렇게 말하고 있다. "인간의 영혼은 모든 것이 자기 뜻대로 잘 되어 가고 있다고 여기는 한 자기 뜻을 포기하는 시도조차 하지 않게 되어 있다."7) 때로 고통만이 우리의 주목을 끌 수 있는 시기가 있는 것 같다. 고통은 우리 인간의 상태에 뭔가 근본적으로 잘못된 것이 있다는 사실에 우리를 주목시켜 준다. "우리는 죄와 어리석음 속에서 만족하면서 편히 살 수 있다. ……그러나 고통이 끈질기게 우리로 하여금 돌아보게 만든다. 하나님은 우리가 기뻐할 때 속삭이시고 우리가 양심에 귀를 기울일 때 말씀으로 하시지만, 우리가 고통을 당할 때는 큰 소리로 외치신다. 고통은 귀머거리 세상을 깨우기 위한 하나님의 메가폰인 것이다."8)

이 메가폰은 사실 '끔찍한 도구'이기는 하지만, 어떤 사람들에게는 이것이 "못된 사람이 고침받을 수 있는 유일한 기회"가 되어주기도 한다. "이것이 베일을 벗겨준다. 이것은 반항적인 영혼의 요새

{ 자족의 착각은 고통스러운 진실 앞에서 산산조각난다. }

에 진리의 깃발을 꽂아준다."9) 자족의 착각은 고통스러운 진리 앞에서 산산조각난다. 우리는 병이 들어서야 우리가 인생의 방향을 마음대로 할 수 없으며, 세상의 기쁨에 대한 우리의 환상은 한갓 꿈에 지나지 않는다는 사실을 알아차린다. 우리는 사랑하는 사람들의 죽음을 보고 나서야 우리가 가장 소중하게 생각하는 유대관계도 지진 때 요란하게 떨리는 크리스털처럼 연약하기만 하다는 사실을 어쩔 수 없이 인정하게 된다. "모든 것이 다 잘 되어갈 때 우리가 하나님을 생각하기가 얼마나 어려운지에 대해서는 누구나 알고 있다. '원하는 것은 다 있다'는 말은, 그 '다'에 하나님이 포함되지 않을 때 정말 무서운 말이 된다. 아우구스티누스가 어디선가 말했듯이 '하나님이 우리에게 뭔가 주고 싶어도 우리

손에 다른 것들이 잔뜩 들려 있으면 주실 수가 없다.……그것을 주실 자리가 없다.'"10)

요컨대, 고통 '그 자체가 좋은 것은 아니지만' 고통을 통해서 우리는 하나님과 그분의 뜻에 복종할 수 있게 된다. 우리 모두는 인류의 구성원인 이상 고통을 겪게 되어 있다. 우리가 이러한 시각에서 이 진리를 어렴풋하게라도 알 수 있게 되면 모든 성경이 한결같이 말하고 있는 내용 한 가지를 이해할 수 있게 된다. 요한은 시험을 당하면 그것을 "온전히 기쁘게 여기라"고 권하고 있다. 왜냐하면 "너희 믿음의 시련이 인내를 만들어 내는 줄 너희가"(약 1:2-4) 알기 때문이다. 베드로도 우리가 어려운 시험을 당할 때에 "그리스도의 고난에 참예하는 것으로 즐거워하라 이는 그의 영광을 나타내실 때에 너희로 즐거워하고 기뻐하게 하려 함이라"(벧전 4:13)라고 말씀하고 있다. 바울도 "다만 이뿐 아니라 우리가 환난 중에도 즐거워하나니"(롬 5:3)라고 같은 말씀을 하고 있다. 고통은 우리 안에 하나님의 사랑에 뿌리를 둔 거룩한 성품을 개발시키기 때문이다(롬 5:3-5). 루이스도 어떤 질문에 답하면서 같은 말을 한 바 있다.

악한 자들의 고통에 비하면 죄 없는 사람들의 고통은 그다지 문제가 되지 않는 경우가 아주 많다는 것을 알아주셨으면 좋겠습니다. 모순처럼 들릴 겁니다. 하지만 저는 죄 없는 사람들이 자신의 고통을 속죄 받아야 할 것으로 하나님 앞에 기꺼이 내어놓는 것을 많이 보았습니다. 그들은 너무도 오래 참고, 온유하고, 너무도 평온하고, 너무도 이기적이지 않기 때문에 바울이 말한 대로 "고통을 통해 완전해"지고 있다는 것을 의심할 수 없습니다. 반면에 고통으로 원한과 증오와 불경과 더 큰 이기주의만 생기는 것처럼 보이는 이기적인 사람들도 봅니다. 진짜 문제는 이런 사람들입

니다.11)

루이스는, 결국은 우리 모두가 그렇게 되듯이, 인생에는 기본 원칙이 있음을 알게 되었다. 곧 말투 거친 코치들이 흔히 하는 말, "땀 없이는 상도 없다"는 것이 우리가 거듭 확인하게 되는 인생의 원칙이다. 루이스는 늦은 나이에 결혼했고, 아내 조이가 암으로 죽은 다음 익명의 일기 형식으로 『헤아려본 슬픔(A Grief Observed)』을 출간했다. 그 책에서 그는 이렇게 묻고 있다. "사람들은 무슨 뜻으로 '나는 하나님이 선한 분임을 알기에 그분이 두렵지 않다'는 말을 하는 것일까? 그 사람들은 치과에도 안 가보았나?"12) 루이스는 또 다른 의학적 비유를 써서 하나님은 상담자보다는 외과의사에 더 가깝다고 지적했다. "하나님이 치유를 위해서 상처를 주실 뿐이라고 믿으면 믿을수록 살살해달라고 애걸해볼 만하다는 기대는 그만큼 줄어든다. 잔인한 사람이라면 뇌물이 통할 수도 있고—자신의 악랄한 짓거리에 싫증을 느낄 수도 있다—알코올 중독자도 맨 정신일 때가 있듯이, 잠깐 자비심을 가질 수도 있다. 그런데 당신을 상대하는 사람이 오직 선의에서만 행동하는 외과의사라고 생각해보라. 그가 좋은 사람이면 좋은 사람일수록 그가 양심적이면 양심적일수록 그만큼 더 가차없이 잘라낼 것을 잘라낼 것이다."13)

제발 살살해달라고 애걸하면서, 진심으로 사랑한다면 제발 더 이상 아프게 하지 말라고 분에 못 이겨 소리쳐도, 좋은 의사라면 절대 봐주지 않을 것이다. 왜냐하면 "의사가 당신의 애원대로 수술을 다 하지도 않고 중간에 그만둔다면 그때까지 겪은 고통이 모두 허사로 돌아가기 때문이다. 그런데 우리에게 그런 극단적인 고통이 반드시 필요하기는 한 것일까? 당신이 선택할 문제다. 고통은 반드시 있다. 고통이 불필요하다면 하나님도 없고 사탄도 없다. 조금이라도 선한 존재라면 고통을 줄 이유가 없을 때 고통을 가한다든가 허용하지는 않을 것이기 때문이다."14)

루이스는 어떤 편지에서 고난을, 하나님이 순전히 우리를 고통스럽게 하려는 목적에서 우리에게 직접 가하는 어떤 벌로 해석해서는 안 된다고 주장했다. "나는 모든 고통은 하나님의 뜻에 상대적으로가 아니라 절대적으로 반하는 것이라고 믿는다. 내가 내 손가락(혹은 어린아이의 손가락)에 박힌 가시를 뽑아낼 때 생기는 아픔은 내 뜻에 '절대적으로' 반하는 것이다. ……그러나 나는 주어진 상황에 따라 고통을 일으키는 행위를 할 것이 확실하다. 예컨대 가시가 박혔다면 그대로 두느니 아프더라도 뽑아내는 쪽을 택할 것이다."15) 그는 비유를 달리해서 이렇게 말을 잇고 있다. "아이에게 매를 드는 엄마도 같은 마음일 것이다. 아이가 고양이 꼬리를 잡아당기게 놔두는 쪽보다는 아프더라도 때리는 쪽을 택한다는 말이다. 물론 애초에 매를 들어야만 하는 상황이 벌어지지 않으면 더 좋다."16)

루이스가 가르친 이 진리는 예일대 의과대학에서 가르치며 여러 해째 말기암 환자들을 치료해온 베르니 시겔(Bernie Siegel)의 글들에 더욱 명확하게 기술되어 있다. 암에 걸려 금방 사망하는 환자들은 대개 "하나님, 왜 하필 나입니까?"라고 자기 병을 한탄한다. 반면에 진단을 받고도 오래 살거나 기적적으로 회복하는 사람들은 대개 "하나님, 저는 자신 있습니다"라고 말한다. 인생의 어려움들을 시험으로 여기고, 갖가지 고통을 성장과 인격 수양의 기회로 볼 수 있을 때 성경의 진리에 대해 우리 마음이 열린다.

루이스는 당대의 가장 훌륭한 그리스도인 학자 가운데 한 명으로서, 평생의 대부분을 옥스퍼드에서 가르쳤다. 그는 초년에 회심하고 난 다음 『순례자의 귀향』을 출간했는데 거기에는 그가 나중에 후회하게 되는 비유가 담겨 있다. 그 책은, 그 이후 그리스도인 작가로서 루이스의 성공과 기독교 신앙을 강력하게 증거하는 입장이 그렇듯이, 옥스퍼드 권력층 교수들의 심기를 건드렸다. 이 때문에 루이스는 동료 교수들의 반대로 교수직을 얻지 못하고 일평생 학계의 가장 낮은 지위인 강사직에 머물러야만 했다. 그렇지만 사람들의 증언에 따르면 옥스퍼드에서 가장 유명하고 높이 평가받는 선생님이었다.

힘들기는 해도 루이스는 정교수들보다 낮은 보수를 받으면서 정규 강의를 해야만 했다. 사무보조를 해줄 조교도 없었다. 너무 부당한 처사였다. 그러나 나중에 루이스는 그러한 어려움들이 사실은 학자로서나 그리스도인으로서나 자신에게 엄청난 도움이 되었노라고 고백한 바 있다. 그는 학생들을 만나고 여러 사람들과 직접 서신을 교환하면서 동시대 사람들과 접할 수 있었다. 그는 동료들의 질시가 무서워서 학술적이면서 대중적인 글쓰기를 그만두는 길을 택하지 않았다. 그는 자기에게 가해지는 짐을 그대로 받아들여서 양심에 따라 사는 용기와 힘을 기르는 기회로 삼았다. 결과적으로 그는 더 나은 사람이 되었다. 그리고 그가 이 세상에 영향을 미칠 수 있었던 것은 바로 그 더 나은 사람으로서였다.

{ 하나님은 우리를 죽게 하셨다. 따라서 장수는 하나님의 지구교향곡에서 주제 선율은 아니다. }

가장 큰 '악' 가운데 하나는 물론 죽음이다. 하지만 루이스가 설명하고 있다시피 죽음은 사실 그렇게 악한 것이 아니다. 우리가 영원한 생명을 잃어버리고 곤경에 빠진 타락한 피조물이라는 것을 생각하면, 죽음이란 천상의 기쁨으로 들어가는 문턱으로서 궁극적으로는 큰 축복이다. "인간의 죽음은 죄의 산물이며 사탄의 승리다. 그러나 죽음은 한편으로 죄에서 구원을 받는 수단이며, 인간을 위한 하나님의 처방이자 사탄에 맞서는 무기다."[17] 실제로 하나님은 우리를 죽게 하셨다. 따라서 장수는 하나님의 지구교향곡에서 주제 선율은 아니다. 죽음은 사실, "일단 인간이 타락한 이상 자연적인 영생이란 결코 바랄 수 없는 운명이기 때문에, 어떤 안전장치라고 할 수 있다."[18]

『침묵의 행성에서』에 기록된 말라칸드라 행성에 사는, 모습은 괴상스럽지만 타락하지 않은 피조물들이 보여주는 매력적인 특징 가운데 하나는 죽음에 대한 두려움이 없다는 점이다. 그들은 주어진 삶을 기쁜 마음으로 살다가 부름을 받으면 두려움 없이 죽음을 맞는다. 이야기의 마지막 부분에서 그 행성의 통치자인 외아르사는 웨스톤의 위협에 이렇게 대응한다. "내 백성 가운데 가장 나약한 자도 죽음을 두려워하지는 않는다. 마지막에는 그것이 그대를 삼킬 것이라는, 그대도 알고 있는 것을 피하느라 생을 낭비하고 망치게 하는 것은 바로 그대가 사는 세상의 지배자인 뒤틀린 자이다."[19]

루이스도 『기적』에서 비슷한 말을 했다.

> 한편으로 죽음은 사탄의 승리요, 타락으로 받는 벌이며, 최후의 적이다. ……반면에 자기 생명을 잃는 자만이 생명을 구할 수 있다. 우리는 그리스도의 죽음으로 세례를 받는다. 그것이 타락에 대한 처방이다. 죽음은 사실 현대인들이 흔히 말하는 '양가적'인 것이다. 그것은 사탄의 위력적인 무기며 동시에 하나님의 위력적인 무기이기도 하다. 거룩하기도 하고 거룩하지 못하기도 하다. 우리에게 가장 치명적인 치욕이자 유일한 희망이다. 그리스도께서 오셔서 정복하시려는 것도 죽음이고 그분이 정복하시는 수단도 죽음이다.[20]

우리들 대부분은 죽음에 직면할 때 모든 용기를 상실한다. 인간 최후의 적 앞에서 우리를 전적으로 도와줄 수 있는 인간은 아무도 없다. 그런데 딱 한 사람이 죽음을 직면하고 겪고 이겨냈다. 예수는 하나님의 뜻에 온전히 순종해서 겟세마네에서 죽음의 문제를 해결하고 갈보리에서 돌아가셨다. 그로써 최후의 고난, 죽음은 하늘의 축복으로 들어가는 마지막 문턱이 되었다. "그리스도는 나사로의 무덤 앞에서 눈물을 뿌리셨고 겟세마네에서는 피를 뿌리셨다. 그분 안에 거하는 생명 중에 생명은 우리 못지않게, 아니 오히려 우리보다 더 이 가혹한 형벌을 혐오하셨다."[21] 그래서 예수께서는 나사로가 죽었을 때 마르다에게 이렇게 말씀하셨던 것이다. "네 오라비가 다시 살리라 마르다가 가로되 마지막 날 부활에는 다시 살 줄을 내가 아나이다 예수께서 가라사대 나는 부활이요 생명이니 나를 믿는 자는 죽어도 살겠고 무릇 살아서 나를 믿는 자는 영원히 죽지 아니하리니"(요 11:23-26).

| 제 5 부 |
거룩하고 거룩하고 거룩하신 하나님

18 | 거룩하신 아버지

"우 리 가 하 나 님 께 어 떻 게 말 해 야 하 는 지
하 나 님 께 서 직 접 가 르 쳐 주 셨 다."

'종교'가 신이 인간에게 말하는 것이 아니라 단지 인간이 신에 대해서 말하는 것만을 뜻한다면, 범신론도 거의 종교라고 할 수 있을 것이다. 그리고 그러한 의미의 '종교'가 두려워해야 할 적은 결국 하나밖에 없으니, 곧 기독교다.[1]

아버지가 다섯 자녀가 기다리고 있는 집으로 장난감을 사들고 돌아와서 아이들을 감질나게 한다. '제일 말 잘 듣고, 말대답 없이 엄마가 시키는 대로 하는 사람'한테 그것을 주겠다고 약속한 것이다. 아이들은 잠깐 눈을 마주치고 말없이 뜻을 모으더니 한 목소리로 말했다. "아빠네요. 그러니까 그 장난감은 아빠가 가지고 노세요." 권위적인 아버지들로서는 생각할 수도 없는 그림이 아닐 수 없다. 이 이야기는 오늘날 아버

지의 권위 상실이 어느 정도인지를 간접적으로 보여주고 있다. 사실 오늘날 미국의 가장 큰 문제 가운데 하나는 아버지의 부재다. 데이비드 블랭켄혼(David Blankenhorn)은 「아버지 없는 미국(Fatherless America)」이라는 심란스러운 연구에서 아버지의 부재가 "미국 사회의 아동 복지를 저하시키는 주 원인"2)이라고 주장하고 있다. 미국 사회는 그 건강함을 상실했는데 그것은 "건강한 사회는 가족을 최우선으로 여기는 남성을 이상적인 남성상으로 꼽기"3) 때문이다.

더 깊이는, 건강한 사회와 자기 자녀를 먹이고 입히며 지키시는 하나님 아버지 사이의 유대도 관련된다. 그리스도 예수의 교회는 언제나 예수님의 아버지의 중요성을 인정한다. 주기도문의 첫 마디는 "하늘에 계신 우리 아버지여"(마 6:9)로 시작된다. 그런데 놀랍게도 이 역사 깊은 기도문이 우리 사회의 어떤 사람들에게는 거슬리기 시작했다. 너무 거슬리기 때문에 수정을 시도하려는 사람들까지 있다. 「뉴스위크(Newsweek)」 최근호 기사에 따르면 "미국의 엘리트 신학교에서는, 학생들에게……하나님 어머니와 짝지워지지 않고는 하나님 아버지는 끝이라고 가르치고 있다. 엘리자베스 존슨(Elizabeth Johnson)이 선호하는 표현은 '그녀'이지만, 그냥 '하나님 자신'이라고만 하는 사람들도 있다. ……오늘날에는, 지도적 위치에서 책임을 맡고, 자녀들을 위해 싸우고, 명령하고, 좌절을 감수하고, 용서하지만 벌을 주기도 하는 하나님, 간단히 말해서 '아버지'를 원하는 신학자들이 거의 없는 것 같다."4)

그러나 우리가 하나님을 부르는 방식은 분명히 중요한 문제다. 우리가 그분을 묘사하는 단어를 통해 우리는 그분을

> 우상숭배는―하나님에 관한 진실에 물 타기를 하거나 희석시키는―기습적인 태풍처럼 역사의 자취를 맴돌아왔다.

이해하고 그분에게 접근하기 때문이다. 역사를 통틀어 우상숭배는—하나님에 관한 진실에 물 타기를 하거나 희석시키는—기습적인 태풍처럼 역사의 자취를 맴돌아왔다. 우상숭배는 하나님의 계시에 대적하는 것이다. 우상숭배하는 자들은 창조주가 아니라 피조물을 숭배해서, 사람들이 더 쉽게 이해하고 다룰 수 있는 집안잡신과 부족신을 만들어 내고, 인간에게 더 만족스럽도록 지적인 이론이나 감각적 의식을 꿰맞춘다. 우상숭배는 인류의 가장 큰 허물 가운데 하나라고 할 만한 것이다. 우리는 홀로 진실한 하나님 예배하기를 거부하고, 갖가지 자가치유 방법들을 동원하고 인간의 형상을 닮은 것들 앞에 무릎을 꿇는다.

우상숭배의 근원을 찾아 깊은 산속의 시내처럼 구불구불한 경로를 거슬러 올라가보면 그곳에는 범신론이 있다. 만약 모든 것이 하나님이고 하나님이 모든 것이라면—어떤 것이든 어떤 면에서 하나님이라면—우리가 의지하는 것은 뭐든, 우리가 만드는 것은 뭐든 거룩한 세계의 일부가 된다. 루이스의 판단에 따르면 "범신론이 (그 옹호자들이 주장하는 대로) 현대인의 생각에 잘 부합하는 것은 사실이다. 그러나 신발이 잘 맞는다는 사실이 그것이 새것이라는 증거가 될 수는 없다. 새지 않아야 새것이라고 할 수 있는 것이다. 범신론이 우리 생각에 부합하는 것은 그것이 깨달음의 느린 진행 과정의 마지막 단계의 것이어서가 아니라 그것이 인류의 역사만큼이나 오래된 것이어서다."5)

범신론은 아마도 "모든 종교 가운데 가장 원시적"인 것이라고 루이스는 보았다. "인도에서 그것은 기원을 알 수 없을 정도로 오래된 것이며" 그리스 시대의 플라톤과 아리스토텔레스에 와서야 그것을 넘어설 수 있었다. "근대 유럽도 대다수가 그리스도인이 되고 나서야 그것[범신론]에서 벗어날 수 있었"지만, 지오다노 브루노(Giordano Bruno), 바루크 스피노자(Baruch Spinoza), 헤겔(Hegel) 같은 철학자들이 그것을 부활시켰다. "범신론은 사실 인간 정신이 영원히 자연스럽게 이끌릴 수밖에 없는 것이다. 범신론은 인간이 때로 그 밑으로까지 떨어지기도 하는 불변의 수준이다. ……그러나 다른 도움 없이 인간의 노력만으로는 절대 그 이상으로 끌어올려 오랫동안 유지시키지 못한다."6) "인간은 신성에 대한 추상적이고 부정적인 개념에서 살아 있는 하나님으로 선뜻 건너가지 못한다. 그것은 당연하다. 범신론의 깊은 뿌리와 전통적 심상에 대한 거부감의 뿌리가 여기에 있다. 그것이 미움을 산 것은 근본적으로 하나님을 사람으로 그리고 있어서가 아니라 왕으로 아니면 전사로까지 그리고 있기 때문이다. 범신론의 하나님은 아무것도 하지 않으며, 아무것도 요구하지 않는다. 그는 서가에 꽂힌 책처럼 당신이 바라기만 하면 그곳에 그대로 있다. 그는 당신을 쫓아다니지 않는다."7)

우리는 끊임없이 하나님에 대한 그러한 편안한 개념을 받아들이는 쪽으로 기울게 되어 있다. 따라서 하나님에 관하여 성경이 계시하고 있는 영원부터 있으면서도 항상 새로운 진리에 정신을 모아 매달리는 것이 절대적으로 필요하다. 우리는 우리 눈에 좋아 보이는 것—버팔로나 나비, 마음씨 좋은 아저씨나 따뜻한 어머니—을 먼저 마음에 그리고, 그런 다음 하나님이 우리 마음을 따뜻하게 해주는 그런 것들과 닮았을 것이라고 상상해서는 안 된다. 여기서 루이스는 우리에게 진리의 '객관적' 중심을 상기시킨다. 진실성은 하나님의 존재 그 자체인 진리로 형성된다. 따라서 좋은 신학은 좋은 지형도처럼, 설명할 수 없는 것들을 계시로 보여준다. 루이스는 신학에 대해 이렇게 말했다. "'신학'이란 '하나님을 연구하는 학문'이다. 따라서 나는 하나님에 대해서 조금이라도 생각해보려는 사람이라면 하나님에 대해서 얻을 수 있는 가장 명확하고 정확한 개념을 갖고 싶어 하리라고 본다."8)

이 말은 우리가 할 수만 있다면, 하나님의 속성을 이해할 필요가 있다는 뜻이다. 루이스 동시대에 존경받던 성공회 신학자인 에릭 매스콜(Eric Mascall)은 삼위일체는 단순한 교리 이상이라고 주장했다. "삼위일체는 하나님이다", 즉 "완전함과 충만한 지복의 한 생명 안에 영원히 하나로 결합된 세 개의 거룩한 인격이 있다." 이것은 순전히 사변적인 신학이 아니다. "이것은 하나님의 가장 깊은 사랑과 존재의 비밀이며, 그분은 그의 무한한 사랑과 자비하심으로, 우리가 거기에 들어갈 수 있게 하셨다. 따라서 이것을 놀라움과 기쁜 감사함으로 받아들여야 마땅하다."9)

다음의 주장에서 루이스도 같은 입장임을 알 수 있다. "당신이 하나님을 알고자 할 때, 그것을 주도하는 쪽은 하나님이다."10) 하나님이 일관되게 그렇게 하셨고 신약성경이 강력하게 하나님 자신을 우리 '아버지' — 천지의 창조자이며 성 삼위일체의 첫 번째 인격 — 로 드러냈으므로 다른 어떤 이름도 그분을 정확히 묘사하지 못한다. 우리가 더 선호하는 다른 이름 — '할아버지'나 '생명의 힘'이나 '어머니' — 으로 대신해서 부르면 거룩한 하나님에 못 미치는 존재가 되어버린다. 하나님을 어떻게 부르느냐는 절대 사소한 문제가 아니다. 십계명의 제3계명에서 분명히 볼 수 있는 대로, 성경에 기초한 신앙에서는 기본적으로, 이름에 그 본질이 계시된다고 믿는다.

미국에서 가장 훌륭한 복음주의 신학자 중 한 명인 도널드 블로슈(Donald Bloesch)는 이렇게 주장하고 있다. "우리가 하나님을 성서적 의미에서 아버지라고 부를 때, 이것이 단순한 상징에 불과한 것이 아니라는 것을 염두에 두어야 한다."11) 교회의 위대한 신학자들이 — 아우구스티누스, 아퀴나스, 바르트―한결같이 "하나님을 가리켜 아버지라 할 때, 특히 예배의 맥락에서 그렇게 쓰일 때, 그 단어는 은유적인 것이 아니다. 그것이 의미하는 바가 실제적으로 명료하다는 면에서 글자 그대로의 뜻에 오히려 더 가깝다. 예수 그리스도를 아들과 주로 부르는 것에 대해서도 마찬가지다"라고 주장하고 있다.12)

이 문제에 관해 아우구스티누스는 이렇게 썼다. "하나님을 그분이 하나님이기 때문에 높여야 한다고 배우는 것이 다르고, 그분이 아버지이기 때문에 높여야 한다고 배우는 것이 또 다르다."13) 그는 이교도 세계를 둘러보아도 '창조주'를 숭배하는 경우는 많다는 점을 지적했다. 고대 사회의 많은 종교들마다 다양한 영적 존재를 예배했다. 그러나 우리 주 구원의 그리스도 예수의 "아버지로 하나님을 높이도록 가르치는"14) 것은 기독교뿐이다.

루이스는 역사적 관점과 예언적 통찰의 시점을 동시에 취하면서, 우리가 아우구스티누스의 입장에서 벗어나서―신학적으로는, 일부에서 그렇게 하듯이, 하나님을 어머니로 부를지 아니면 아버지와 어머니 모두로 부를지를 동전을 던져서 결정할 수도 있다고 생각해서―우리가 가진 하나님 상을 바꾸려 할 때 벌어질 수 있는 일을 간단히 보여주었다. 어떤 사람들은 하나님은 (우리 모두가 동의하다시피) 성적인 존재가 아니기 때문에 원한다면 '그'가 아니라 '그녀'로 바꿀 수도 있는 문제라고 생각한다. 루이스는 그가 세상을 떠난 후에야 그 방향이 뚜렷이 드러난, 신학적 글라이더를 몰아가는 당시의 문화적 조류를 알아챘다. 그래서 하나님을 여성으로 부르는 것을 옹호하는 사람들에 대해 이런 의문을 제기했다. "어떤 사람이 '우리 아버지' 대신 '하늘에 계신 우리 어머니'라고 기도해도 괜찮다고 생각한다고 해보자. 그 사람이 성육신이 남자 몸을 취할 수 있듯이 여자 몸을 취할 수도 있으며, 삼위일체의 두 번째 인격도 아들이라고 부를 수 있는 것처럼 딸이라고도 부를 수 있다고 제안한다고 상상해보라. 마지막으로, 신성한 결혼이 반전되어서, 교회가 신랑이 되고 그리스도가 신부가 된다고 상상해보라."[15]

그런데 이 모든 '상상'이 루이스가 죽고 몇 십 년이 지나지 않아 현실로 나타났다. 관변의 힘을 동원해서 찬송가와 신경에 '포괄적 용어' 사용을 강요한, 유력한 신그노시스파 '여성운동가들'은 기독교 세계의 어휘를 완전히 바꾸려는 전횡적인 노력을 기울여왔다. 여기에는 어휘보다 훨씬 중요한 문제가 달려 있다. 이것은 하나님이 누구인가에 관한 기독교 진리가 달린 문제다. 블로슈가 주장하고 있는 바, "오늘날 교회에서 벌어지고 있는 논쟁은 기본적으로 여성 인권을 둘러싼 논쟁이 아니라 하나님에 관한 교리의 문제다." "역사 속에 활동하시는 하나님을 믿는" 사람들과 "단지 자연에 거하는 하나님"을 믿는 사람들 간에, "무에서 이 세상을 창조한 하나님을 믿는" 사람들과 "무한한 생산력으로 그 자신의 존재와 분리할 수 없는 세상을 탄생시킨 하나님"[16]을 믿는 사람들 간에 큰 갈등이 있다.

{ 그러나 그리스도인들은 우리가 그분을 어떻게 불러야 할지 하나님께서 직접 가르쳐 주셨다고 믿는다. }

루이스는 반세기 전에, '기독교 여성운동가'들의 많은 제안이 그대로 받아들여질 경우 완전히 '다른 종교'가 수립될 것이라고 내다보았다. 많은 비기독교 종교들에 여신이 있고 다양한 종류의 여사제들이 집전하는 것이 사실이다. "그러나 그것들은 성격상 기독교와 사뭇 다르다." 오늘날 많은 사람들은, 하나님을 '어머니'라고 부르는 게 더 편하다면 그렇게 해서 '안 될 건 뭔가?'라고 생각한다.[17] 어쨌든 "실제로 하나님은 생물학적인 존재가 아니고 성별도 없는데 '그'라고 하든 '그녀'라고 하든, 아버지든 어머니든, 아들이든 딸이든 무슨 차이가 있겠는가? 그러나 그리스도인들은 우리가 그분을 어떻게 불러야 할지 하나님께서 직접 가르쳐주셨다고 믿는다. 그것이 전혀 문제가 되지 않는다고 말하는 것은 다음 중 한 가지를 뜻하는 것이 된다. 즉 하나님에 대한 남성적 심상은 하나님의 감동으로 된 것이 아니고 순전히 인간에게서 나온 것이든가 아니면 영감으로 된 것이더라도 대단히 임의적이고 핵심적이지 않은 것이든가이다."[18]

그리스도인들이 하나님을 '아버지'라 부르는 것은 다른 이유가 아니라 예수께서 그렇게 했기 때문이다. 구약성경에는 하나님이 '아버지'로 불리는 경우가 거의 없다. 겨우 15회만 언급되어 있는데 그 가운데 기도에서 그 단어가 사용된 것은 단 2회뿐이다. 그런데 신약에서는 '아버지'라는 단어가 무려 245회나 쓰이고 있다. 예수께서 사용한 것만도 170회나 된다. 게다가 신약성경에서 '아버지'가 쓰인 것은 거의 모두 기도—예수의 기도방식대로 하는—할 때였다. 그리스도인들이 기도하는 것은 예수께서 하나님의 아들이기 때문이고, 우리가 하나님을 '아버지'라고 부를 수 있게 된 것은 우리 안에 역사하는 그분의 덕택이라는 것이 분명하다.

우리는 기도할 때 '우리 아버지'라고 부르며 하나님께 나아간다. 예수께서 그렇게 하셨기 때문이다. 나는 이 부분에서는 자동차 범퍼에 붙이는 스티커 표어를 기꺼이 받아들이는 입장이다. "하나님이 그렇다면 나도 그렇게 믿는다. 그걸로 끝이다." 어떤 일에서는 하나님이 어떻게 말씀하셨는지가 아주 분명하지 않을 수도 있다. 그러나 성령'으로' 성자를 '통해' 성부'께' 기도할 때, 내가 무슨 단어를 써야 하는지는 정확히 안다. 아버지다. 하나님의 아들이 그렇게 하셨고 나도 그렇게 믿는다. 그걸로 끝이다! 예수께서 만약 하나님을 '위대한 호박'이라고 불렀더라면 나도 그리스도인으로서 하나님을 그렇게 불렀을 것이다—아니면 더 이상 그를 따르지 않는다고 공언했거나.

내 아내는 여행 안내인으로 자기 사업을 하고 있는 전문가다. 한번은 아내가 계획하고 있는 여행에 대해 내가 주제넘게 말참견을 한 적이 있다. 차가운 눈길로 나를 한번 쳐다보고 아내가 던진 한마디, "저 여행 안내인이에요"에 내 조언은 끝이 났다. 얘기 끝난 것이다. 아내가 비행기 티켓에 대해 하는 말은 믿어야 한다. 아내가 끊어놓은 티켓을 바꾸는 것은—덴버에서 시애틀로 예매를 바꾼다든가—정말 어리석은 짓이다. 아내는 그 분야의 전문가다. 하나님의 아들 예수는 하나님께 어떻게 기도해야 하는지 아신다. 그분이 기도할 때 '우리 아버지'라고 한다면 나도 그렇게 할 충분한 이유가 되는 것이다. 루이스는 이렇게 말했다. "그리스도인들은 하나님께서 직접 우리가 그분을 어떻게 불러야 할지 가르쳐 주셨다고 믿는다."

우리는 어휘가 전하는 실제에 따라 살고, 움직이고, 우리 존재를 찾는다. 잘못된 어휘는 빗나간 탄환처럼 실제와 정확히 대응되지 못한다. 따라서 단어를 둘러싼 논쟁에는 개인적 선호 이상의 것이 개입되어 있다. 그것은 어느 면에서 실재에 대한 정확한 개념의 문제라고 할 수 있다. 오늘날, 하나님에 대한 우리의 이해에 여성적인 각도를 끼워 넣으려는 학자들은 교회의 전통적인 삼위일체설을 아랑곳 않고 팽개치면서, 교회의 '남성적' 언어와 '가부장적' 구조가 그들의 심기를 건드린다는 사실 그 이상의 정당성을 주장하지 못하는 경우가 많다. 일부에서는 심지어 여호와를 아스타르테(Astarte. *고대 페니키아의 풍요와 생식의 여신-역자)와

합성시키려는 노력, 즉 "오늘날의 하나님 이미지에 다산을 상징하는 가나안 여신"[19]을 보태는 불경스러운 일까지 인정하고 있다.

루이스는 이러한 사상을 가진 사람들이 기독교계에서 큰 영향력을 갖기 훨씬 이전에 죽었지만—바람에 따라 이리저리 휩쓸렸던 당대의 많은 '현대주의자'들과는 달리—기독교 신학의 고전적 견해를 확고하게 견지했다. 여기에는 성별과 성역할의 차이, 성경에서 그리고 있는 하나님 상과 그것들과의 관련성에 대한 전통적 이해도 포함된다. 루이스는 그의 소설 작품들에서, 특히 공상과학소설 3부작의 제3권 『그 가공할 힘』에서, 남자와 여자는 성별에 대한 창조주의 계획을 숭배해야 마땅하다는 것을 분명히 하고 있다. 이 소설의 주제는 성공회 공동기도서(Book of Common Prayer)에서 끌어온 첫 문장에서부터 드러난다. "셋째, 결혼으로 부부된 두 사람은 서로 돕고 위로하는 것이 하나님의 뜻입니다."[20] 남녀가 삶의 동반자로서 하나님께서 그들에게 정해준 규율에 순종하여 각자의 역할을 받아들일 때, 그들의 주를 바르게 이해하고 바른 관계를 맺음으로써 기쁨과 평화를 누린다.

우리가 왜 하나님을 '아버지'라고 불러야 하는지에 대해서 이해했으니 이제는 왜 그것이 옳은지 생각해 보도록 하자. 이것은 남성의 우월성이나 남성적 성격을 하나님에게 투사시키는 것과는 아무런 상관이 없다. 세상에 왜 남자보다 여자가 더 많은지에 대해 어린 여자아이가 했다는 설명을 들어본 적이 있을 것이다. 야심 찬 성서학자인 그 꼬마 아가씨는 이런 논리를 폈다고 한다. "하나님은 먼저 아담을 지으셨습니다. 그런데 결과가 별로 만족스럽지 못했습니다. 그래서 이브를 만드셨던 거죠. 그런데 이브는 너무나 만족스러웠어요. 그래서 그 다음부터는 계속해서 남자보다 여자를 더 많이 만들고 계신 겁니다."

우리가 하나님을 '아버지'라고 부르는 것은 그분이 남성이어서가 아니다. 급진적 여성학자 마리 데일(Mary Daly)은 "하나님이 남성이라면, 남성은 하나님이 된다"고 주장하고 있다. 그런데 그녀는 그리스도인들이 하나님을 '아버지'라고 부를 때, 인간 남성을 떠올리는 것은 전혀 아니라는 사실을 인정하려 들지 않고 있다. 실제로 성숙한 신자라면 누구나 하나님은 온전히 하나님이며 인간이 아니고, 남자는 더더욱 아니라는 것을 안다. 그러나 우리가 하나님을 채소나 동물로보다는 '인격체'로 이해하는 것이 훨씬 쉽다는 것도 우리는 안다. 우리가 하나님을 '아버지'라고 부르는 것은 언어적으로 남성적 '성역할'이 그분을 더 잘 이해할 수 있게 해주기 때문이다. 불행하게도 우리는 '성별(sex)'과 '성역할(gender)'의 차이를 분명히 인식하지 못하고 있다. 성별은 생물학적인 의미의 남성과 여성을 가리킨다. 반면에 성역할은 남성성과 여성성을 가리키는 말로서, 성별과는 사뭇 독립적으로 많은 것에 적용되는 중성적 의미의 어휘다. 그 이유는, 루이스가 공상과학소설 3부작의 제2권 『페럴렌드라』에서 멋진 구절로 설명하고 있는바, 모든 창조의 기초에는 '성역할'이 있기 때문이다. 여왕 '그린 레이디'가 사탄의 유혹을 이기고 왕에게 돌아감으로써, 지구에서 아담과 이브가 실패했던 것을 이루는 소설의 마지막 장면에서, 랜섬은 "성역할의 진정한 의미"를 어렴풋이 깨닫는다. 랜섬 같은 문헌학자들은 거의 모든 언어에서 무생물 대상을 남성 혹은 여성으로 동일시한다는 것을 잘 알고 있다. '성역할'이 "성별을 추상적으로 확장시킨 개념"이 아니라는 것은 분명하다. "선조들이 산을 남성으로 본 것은 그들이 산에다가 남성적인 특징들을 투사시켜서가 아니다. 그 반대가 맞다. 성역할은 실재적이며, 성별보다 훨씬 더 근본적인 실재다. 성별은 사실, 모든 피조물을 나누는 근본적인 반대극을 유기 생명체에 적용시킨 것에 불과하다."21) 여성들은 여성적이고 남성들은 남성적이다. 그러나 "남자, 여자라는 것이 전혀 의미가 없어지는 국면에서도 남성성, 여성성만은 우리가 그대로 인식한다는 것을" 우리의 언어가 잘 보여주고 있다. "남성이 약화된 것이 남성성이고, 여성이 약화된 것이 여성성인 것은 아니다. 그 반대다. 유기체의 남성과 여성은 남성성과 여성성이 다소 희미하고 흐릿하게 반영된 것이다."22)

{ 우리는 그에게 적합한 이름으로 '아버지'라는 단어를 사용한다. 그 이름으로 기도하도록 예수께서 우리에게 주신 이름은 이것뿐이다. }

성역할을 좀더 잘 이해하려면 '호격'에 대해서 알아야 한다. 우리는 누군가를 부를 때 호격을 사용한다. 내가 "짐"이라고 말할 때 나는 내가 아는 어떤 사람을 부르는 것이다. 내가 우리 아버지에게 "아버지"라고 한다면, 나는 그분을 고유한 사람으로, 나의 유일한 '아버지'로 부르는 것이다. 내가 아버지를 "아버지"라고 부르는 것은, 짐을 "짐"으로 부르는 것과 같은 것이다. 호격상 그것이 적합한 이름이 되는 것이다. 마찬가지로, 하나님을 부를 때도 우리는 그에게 적합한 이름으로 '아버지'라는 단어를 사용한다. 그 이름으로 기도하도록 예수께서 우리에게 주신 이름은 이것뿐이다.

더 중요한 것은 '아버지'라는 단어는 단순한 비유나 기호가 아니라 고유한 유비(類比, 아날로지)라는 점이다. 우리는 설명을 할 때 항상 비유를 사용한다. 비유는 수평적 차원에서 작동해서 우리가 사물을 비교할 수 있게 해준다. 성경에는 하나님에 대한 비유가 풍부하게 들어 있다. 하나님은 반석에 비유되기도 한다. 그것도 굳건한 반석에! 우리는 여기에 지브롤터 바위같이 굳건한 반석이라는 표현을 덧붙일 수도 있을 것이다. 그러나 우리가 "사랑하는 반석이여"라고 기도하지는 않는다. 루이스의 설명은 이렇다. "우리가 그분에 대해 하는 말은 문법적으로는 '비유적'이다. 그러나 좀더 깊은 의미에서 보자면, 하나님이신 진짜 생명의 단순한 '비유'에 지나지 않는 것은 우리의 신체적 심리적 에너지이다. 소위 말하는 하나님의 아들이 되는 권세는, 그에 비하면 생물학적 아들이 되는 것은 평면에 도표로 그린 표상에 지나지 않게 될 만큼 그렇게 구체적인 것이다."23)

그러한 유비―하늘나라와 인간 세계를 연결시켜 주는 언어적 비유―는 어느 만큼은 그것이 가리키는 성질을 가지며, 과학적으로 정의하기 어려운 어떤 신비한, 우리 이상의 실재를 가리킨다. 우리를 위해 그리스도께서 갈보리에서 하신 일을 보여주는 십자가를 보자. 그렇다, 그것은 나무 십자가일 뿐이다. 그러나 그것은 죽은 사람의 하나의 예, 그 훨씬 이상의 것을 상징한다. 십자가에는 말로는 표현할 수 없는 엄청난 의미가 담겨 있다. 그것은 하나의 유비다. 내가 교회 입구에 최근에 찍은 내 사진과 나란하게 그리스도의 십자가 처형을 그린 성화를 걸어둔다면 대부분의 사람들은 그리스도보다는 내 사진을 보려고 할 것이다. '아버지'라는 말은 비유가 아니라 유비다. 우리가 하나님을 '아버지'라 부르는 데는, 우리 육신의 아버지의 몇몇 특징을 그분에게 돌리는 것 훨씬 이상의 의미가 있다. 유비로서 '아버지'는 말씀으로 이 우주를 창조하신 생명의 근원인 초월적 존재를 표상한다.

성별을 가르는 벽을 무너뜨리는 것은 우주의 깊은 남성성/여성성의 양극에 뚜렷이 드러나 있는, 하나님의 창조의 뜻과는 어긋난다. 그래서 우리는 태양을 '아버지'로, 대지를 '어머니'로 제대로 부르는 것이다. 루이스가 지적한 대로, "아버지 하늘(혹은 디아우스)과 어머니 대지의 혼인 관계는 우리의 심상이 어쩔 수 없이 그리게 되어 있다. 아버지가 위에 어머니가 그 아래에 있다. 아버지는 어머니에게 작용하고 (빛을 비춰주고, 더 중요하게는 그녀에게 그리고 그녀 안에 비를 준다) 그 대가로 어머니에게서 소출을 얻는다—소가 송아지를 낳고 아내들이 아기를 낳듯이. 한마디로 그가 낳고, 그녀가 수태한다."[24]

성역할 용어에는 남녀를 동등하게 대우하는 것—모든 그리스도인이 명령받은 일—이상의 것이 걸려 있다. 이것은 창조와 창조주에 대한 우리의 기본 태도가 걸린 문제다. 블로슈의 말대로, "예배에서 하나님을 남성적으로 칭하던 데서 여성적인 호칭으로 전환하면 잘못된 하나님 상—성별의 반대극을 초월한 분이 아니라 자웅동체 혹은 남녀 양성적인 신—을 제시하는 것을 피할 수 없다." "하나님을 대개 어머니-아버지로 부르는 기독교 학술파(Christian Scientist)들처럼, 하나님을 비인격적이거나 초인격적인 바탕을 가진 존재로 보려는"[25] 노력 역시 똑같이 잘못된 생각이다. 여기에 걸린 가장 중요한 문제는, 루이스가 인간의 역사만큼이나 오래된 것이라고 말했던 범신론과 유신론의 차이다. 대중들이 '아버지' 대신 '어머니'라고 쓸 때마다 흠뻑 젖은 텐트의 이음새로 비가 새듯 범신론이 새들어온다. 왜냐하면 창조 '여신'은, 치약 튜브에서 치약을 짜내듯이 자기 자신을 짜내서 창조하여, 자신의 몸을 세상에 내어놓기 때문이다.

우리는 하나님을 '아버지'라 부를 때에, 유대-기독교를 제외한 거의 모든 종교 형태에 나타나고 있는 것으로 보이는 범신론을 피할 수 있다. 아기 아버지가 자신이 수태시킨 아기와 분리되어 있는 것처럼, 하나님이 창조 밖에 머물러 있지 않으면 창조주가 창조 과정의 일부가 되고 만다. 하나님을 '어머니'라고 부르면 영원토록 범신론을 받아들이는 여신 숭배로 갈 수밖에 없다. 아기 어머니는 그녀의 몸 안에 아기를 배며, 아기는 그녀의 일부라는 간단한 이유 때문이다.

최근 그리스도연합회(United Church of Christ)의 공인을 받은 『21세기 찬송가(The New Century Hymnal)』는 무슨 일이 일어나고 있는지를 여실히 보여준다. 「크리스채너티 투데이」 최근호에 따르면 "하나님이 아버지, 주, 통치자로 묘사된 곳이 거의 없고, 왕이나 주인으로 묘사된 곳은 아예 없다." 하나님에 대한 새로운 호칭으로는 '모두를 포괄하는 한 분' '위대한 영' '신령한 창조자(설계자)' '생명의 자궁' '존재의 기원' 등이 있다. 좀더 인격에 가까운 명칭으로는 '어머니' '동반자' '친구' 등을 들 수 있다. 루이스는 그러한 명칭들이 고대 범신론적 비유라는 것을 알아챘다. 루이스는 그런 이름들이 우리에게 매력적으로 들리는 까닭을 이렇게 설명했다. "'비인격적인 하나님', 괜찮다. 우리 마음속에 있는 진, 선, 미의 주관적 하나님, 조금 더 낫다. 일정한 형태 없이 우리에게 밀려오는 생명의 힘, 우리가 끌어낼 수 있는 엄청난 위력, 제일 낫다. 그러나 하나님 자신, 살아있고, 반대쪽 끝을 잡아당기고 있는, 어쩌면 엄청난 속도로 우리에게 다가오고 있는, 찾으시는 분, 왕, 남편이라면 이야기가 전혀 달라진다."[26]

현대 '그리스도인' 연합회들도 그런 경향을 많이 보인다. "송영은 더 이상 '성부, 성자, 성령을 찬양' 하지 않고 그보다는 '삼위일체의 한 분 하나님을 경배' 한다." '성부께 영광(Gloria Patri)' 은 이제 '창조자께 영광' 으로 바뀌었다. 마지막으로, "개정된 사도신경에서는 예수를 '그[하나님의] 외아들' 이 아니라 '하나님의 하나뿐인 자녀' 로 부르고 있다." 사도신경의 첫 문장은 이제 "전능하사 천지를 만드신 하나님 아버지-어머니를 내가 믿사오며"로 되었다. 개정된 니케아 신경의 마지막 구절은 이렇게 바뀌었다. "우리는 통치자며, 생명의 수여자고, 아버지-어머니로부터, 그리고 그 자녀로부터 나오신 성령을 믿습니다."[27]

　　이런 예들 앞에서 우리는 말을 잃게 된다. 이런 용어들은 기독교 교회 신앙에 대한 심각한 모욕이 아닐 수 없다. 그리스도연합회의 한 신학자가 새 찬송가는 '새로운 종교의 도래'를 나타내는 것이라고 선언하는 것도 놀랄 일이 못된다. 삼위일체, 성육신, 기독교 전통의 기본이 완전히 무시되고 있다. 갖가지 유형의 '자유주의자'들이 한 세기가 넘도록 역사 깊은 신앙을 무너뜨리는 작업을 해오고 있다. 우리 세대는 4세기 그리스도인들이 부딪혔던 위기만큼이나 중대한 위기에 처해 있다. 문제는 우리가 어떻게 대응할 것인가다.

　　몇 해 전 척 콜슨이 대규모 복음집회 설교를 부탁받았을 때의 이야기다. 그가 부탁을 받고 얼마 지나지 않아, 어떠어떠한 용어는 사용하지 말고, 문제의 소지가 있는 성경 번역체는 모두 수정하라는 경고성 편지를 한 통 받았다. 그에 대한 응답으로 콜슨은 설교문을 새로 작성해서, 회중들에게 "틀림이 없는 하나님의 말씀과 정통 신앙을 지켜야 할 필요성"을 주장하는 열변의 메시지를 전했다. 그리고 우리가 예수님을 따라 쉬지 않고 기도할 때 하는 것도 바로 그것이다. '우리 아버지'는 하나님을 부르는 우리의 단어들을 바꾸려는 자들을 결코 용납지 않으신다.

19 | 거룩한 아들
"'선하고 두려운' 유대의 사자"

"그럼 그분은 인간인가요?" 루시가 물었다.

"아슬란 님이 인간이냐고요? 아닙니다." 비버 씨가 단호하게 말했다. "그분은 숲의 왕이며 바다 건너 세계 황제의 아드님이십니다. 동물의 왕이 누군지 모르겠어요? 아슬란 님은 사자랍니다. 사자, 위대한 사자입니다."

"어머! 저는 인간인 줄로만 알았어요. 그럼……안전한 건가요?" 수잔이 물었다.

"안전하냐고요?" 비버 씨가 말했다. "지금 우리 집사람이 하는 말을 듣고도 그런 말을 하세요? 누가 안전하다고 했어요? 당연히 안전하지 않죠. 하지만 선한 분입니다. 그분은 왕이시니까요. 그것만은 분명히 말해줄 수 있어요."[1)

우리가 거룩한 하나님 앞에서 느끼는 경외감은 그분과 동등한 거룩한 성자 예수 그리스도에게도 그대로 확장된다. 예수 그리스도는 '거룩한 하나님'에 대해 우리가 아는 지식의 정향을 잡아준다는 점에서 나침반과도 같은 존재다. 그런데 현대인들 중에 예수님에 대해 경외감을 느끼는 사람이 얼마나 드물던가! '예수'를 생각할 때 마음속에 '거룩'이라는 단어가 떠오르는 사람이 얼마나 될까? 우리는 예수를 우리와 아주 똑같은, 다만 우리보다 조금 더 착한 분쯤으로 생각하기 쉽다. 괜찮은 친구로, 우리가 필요할 때는 언제나 함께 어울려주고 우리를 도와주는 좋은 친구 정도로 생각한다. 그분이 오신 주된 목적은 우리를 위해 '거기 있으려고'라고 생각한다. 그래서 우리는 예수를 육신을 입은 여호와로 느끼지 못하고 그보다 훨씬 못한 존재로 여기면서, 그저 예수께 바짝 달라붙어 우리를 지켜주는 그의 팔 안에서 위로를 찾으라는 권면만 항상 듣게 되는 것이다.

20세기의 '치료적 사회' 분위기는 C. S. 루이스가 "물 탄 기독교"라고 부른 것이 실제로 득세하는 길을 확보해 주었다. "'물 탄 기독교' 입장에서는, 하늘에는 좋은 하나님이 계시고, 나머지 모든 것이 다 좋다고 말한다. 죄와 지옥과 악마와 구속 같은 복잡하고 골치 아픈 교리에 대해서는 입을 다물고 전혀 다루지 않는다."[2] 이런 견해에서는 예수를 "남을 위해 사는 사람", 긍휼히 여길 줄 아는 친구 정도로 축소시키고, 그분의 신성에 대해 성경이 뚜렷이 증거하고 있는 것들을 무시한다.

루이스는 평신도로서, 수세기에 걸쳐 교회를 그토록 분열시켜 왔던 대부분의 신학논쟁과 거리를 두려고 노력했다. 많은 문제들은 싸울 가치도 없는 것들이었다. 그러나 루이스는 성경과 초대 교회의 고전적 신경에 기록되어 있는 분명한 교리를 희석시키는 이름뿐인 '기독교'에 대해서는 담대하게 그의 혐오감을 분명히 밝혔다. 루이스는 그보다 한 세기 전에 존 헨리 뉴먼(John Henry Newman)이 놀라운 예언력으로 비난한 신학적 '자유주의'가 득세하는 것을 크게 개탄했다. 신학적 자유주의에서 진정한 기독교와 정면으로 대치되는 분위기를 탐지했던 것이다. (18세기 이신론(理神論)의 이와 비슷한 경향은 영국에서 웨슬리주의 부흥이 일어나는 데 도움이 되기도 했다.)

이처럼 루이스는 뉴먼이나 웨슬리와 신념을 같이 했다. 뉴먼은 추기경이 되기 직전에 자신은 일평생 동안 "있는 힘을 다해서 종교에서의 자유주의 정신과 싸웠다"고 말한 바 있다. 자유주의적 교의에서는 "종교에는 결정적인 진리란 있을 수 없고, 어떤 교리가 더 낫다고 할 수 없게 모두 옳다"고 보며, "어떤 종교도 참이라고" 인정하지 않는다. "자유주의에서는, 모든 것은 견해의 문제일 뿐이므로 어떤 입장이라도 관용해야 한다고 가르친다."[3]

{ 일반적으로 말해서, 신학적 자유주의자들은 예수를 사람 좋고 온화하며, 인류애와 평화, 사회정의와 관용을 옹호하는 무해한 인물로 그린다. }

루이스는 말년에 '자유주의적 그리스도인들'은 자신 같은 정통파 신자들에게 위협을 느낀다고 지적했다. "그들은 '예전에 성자들에게 주어졌던 믿음'으로 씌어진 대부분의 글들을 받아들이는 것이 불가능하다고 봅니다. 그러면서도 (우리가 아니라) 자기들이 '기독교'라고 부르는 종교의 몇 가지 흔적을 계속 유지시키면서 많은 사람을 회심시키는 일에 극도의 불안감을 가지고 매달립니다. 그들은 종교에서 '신화적 요소를 없애'는 작업이 충분히 진행되어야 사람들을 회심시킬 수 있다고 생각합니다. 배가 계속 떠 있게 하려면 그만큼 가볍게 해야 한다고 생각하는 것이죠."[4]

일반적으로 말해서, 신학적 자유주의자들은 예수님을 사람 좋고 온화하며, 인류애와 평화, 사회정의와 관용을 옹호하는 무해한 인물로 그린다. 무엇보다 그들은, 예수께서 동정심이 많고 친절한 분이었다는 것을 강조한다. 어떻게든 조카들의 비위를 맞추려는 시집 안 간 고모나 이모처럼, 우리가 무슨 짓을 해도 봐주고 따뜻하게 감싸주는 분인 것처럼 그린다. 리처드 니부어(H, Richard Niebuhr)의 인상적인 표현을 빌려 말하자면, 자유주의자들은 "격노치 않는 하나님이 죄 없는 인간들을 십자가 없는 예수님의 통치를 통해 심판 없이 자기 왕국에 들이는 것으로"5) 생각한다.

요즈음의 설교에서 많이 빠져 있는 것은 영원한 통치자이며, 베들레헴의 어린 아기로가 아니라 정복하는 전사로서 다시 오실 경외케 하는 왕, 주 예수다. 바로 『나니아 연대기』가 강력한 예시로 보여주고 있는 황금빛 갈기의 주 사자 아슬란처럼! 예수님을 그렇게—완전함과 온전함을 갖춘 분으로—볼 때 그분 앞에서 우리 무릎이 꺾인다. 나니아를 탐험한 아이들이 발견하고 있는 바와 같이 "나니아에 가보지 않은 사람들은 어떤 것이 착하면서도 동시에 무서울 수는 없다고 생각하기도 한다."6)

그런데 예수님이 바로 그런 분이다. 그는 '단순한 목수 그 이상'이었다. 마찬가지로 마르크스가 말한 노동계급과 뜻을 같이한 가난한 유대인 청년—최근에 유행하는 '자유주의 신학'에서 보는 예수—그 이상이다. 그는 날카로운 인생철학을 제시해 주는 또 한 명의 현자—대학 강의실의 예수—만도 아니다. 상한 몸과 영혼에 기름을 부어주는 치료자—TV에 나와 치유은사를 베푸는 예수—만도 아니다. 우리에게 경제 정의 실현과 차별 폐지를 명하는 또 한 명의 개혁운동가—사회 정의 십자군의 예수—만도 아니다. 놀라운 형제애를 몸소 실현하며 기꺼이 자기를 희생하는 또 한 명의 '남을 위해 사는 사람'—무슨 일을 하든 "예수라면 어떻게 할까?" 생각해보라고 권하는 주일 아침예배 설교의 예수—만도 아니다.

"하나님과 함께 계셨"던 말씀이며, 그 말씀이 "곧 하나님"이셨던 예수께서(바울이 빌립보서 2장 11절에서 명확히 보여주고 있는 대로) 사람의 속성을 갖게 되면서 그의 신적인 면모의 일부를 비웠다는 것은 사실이지만, 부활하신 예수께서 포효하는 사자처럼 영광 중에 다시 오시리라는 것도 똑같이 분명한 사실이다. 아우구스티누스가 말한 대로, "하나님으로서의 그의 존재를 상실하는 방식으로 사람이 된 것이 아니기 때문이다."7) 토마스 아퀴나스도 우리는 "그분이 인간의 속성을 입음으로써 하늘로부터 내려왔지만, 여전히 하늘에 있도록 되어 있는 방식으로 오셨다는 것을 이해해야 한다"고 말하고 있다. 하늘에 오르신 예수는 이제 하나님의 우편에 앉아 계신다. 우리는 그렇게 들었다. 따라서 아퀴나스의 말에 따르면, 우리는 "성자 하나님은 신적 속성 면에서 하나님에 절대 뒤지지 않고 모든 면에서 그분과 동등한 성부 하나님과 함께 앉아 계시다는 것을 이해"8)할 수 있다. 마찬가지로 루이스의 『사자와 마녀와 옷장』에서 비버 부인도 아이들에게 이렇게 말한다. "당연히 그분[아슬란]은 안전하지 않아요. 하지만 선한 분입니다. 그분은 왕이시니까요."9)

이것은 요한계시록에 기록된 요한이 본 이상 그대로다. 즉 "장로 중의 한 사람이 내게 말하되 울지 말라 유대 지파의 사자 다윗의 뿌리가 이겼으니 그 두루마리와 그 일곱 인을 떼시리라 하더라"(계 5:5). 그 인을 떼고 "내가 또 들으니 하늘 위에와 땅 위에와 땅 아래와 바다 위에와 또 그 가운데 모든 피조물이 이르되 보좌에 앉으신 이와 어린양에게 찬송과 존귀와 영광과 권능을 세세토록 돌릴지어다 하니"(계 5:13)라고 기록되어 있다.

어떤 사람들은 이런 성경 구절을 듣는 것만으로도 인간의 가장 깊숙한 경험 속에 늘 떠도는 '천사들'에 대한 매우 매혹적인 '소문'을 떠올리게 된다. 이런 경외감은, 새벽녘 창문에 비친 햇살에 잠이 깨

> 우리의 존재 자체가 만유인력에 이끌리듯이 거룩한 인격에 끌린다는 것을 알게 된다.

듯, 거룩하신 한 분으로 인해서 깨어난다. 우리가 잠에서 깨어 일어날 수 있는 신체적 역량을 가지고 있듯이, 우리 마음도 이 세상의 거룩한 것들에 자연적으로 감흥하게 되어 있다. 그래서 은하수의 찬란한 아름다움을 처음 보았을 때처럼, 그런 거룩한 것을 볼 때 우리는 넋을 잃고 무아지경에 빠진다.

우리의 존재 자체가 만유인력에 이끌리듯이 거룩한 인격에 끌린다는 것을 알게 된다. 그래서 우리가, 테레사 수녀의 마지막 몇 년 동안, 그곳에 가면 행여 테레사 수녀를 볼 수 있을까, 운이 좋으면 만날 수도 있을까라는 희망을 가지고 인도 캘커타로 몰려드는 사람들의 끝없는 행렬을 보게 되는 것이다. 그녀의 말은 지혜의 말씀이었다. 그러나 더 중요한 것은 그녀의 삶이었다. 그녀는 '거룩한' 여성이었다! 마찬가지로, 우리가 예수님의 지혜를 경탄하며 모든 랍비 중에 뛰어난 랍비의 가르침으로 새겨 따를 수 있다. 그러나 우리의 무릎을 꿇게 하는 것은 오직 그분의 거룩함에 대한 경외감이고, 그리스도의 신령한 광채로 말을 잃게 되는 순간이다.

나니아 이야기 가운데 하나인 『캐스피언 왕자』에는 원래 나니아에 살았던 말하는 동물과 피조물인 '옛 나니아인들'을 완전히 파괴해버린 텔마르 사람들의 정복 이후 나니아에 대한 묘사가 나온다. 지구에서 온

모험가들인 페벤시 아이들은 폐허로 변한 케어 패러벨 성을 발견하고, 악의 점령군을 몰아내기 위해 방금 도착한 아슬란과 함께 돌격한다. "텔마르의 병사들은 아슬란의 모습에 낯빛이 잿빛으로 변하면서 무릎을 덜덜 떨었고, 많은 병사들은 얼굴을 땅에 대고 그대로 엎드렸다. 그들은 사자가 있다고 믿지도 않았기 때문에 두려움은 더 컸다. 아슬란이 자기네 편이라는 것을 알고 있던 붉은 난쟁이들마저 입이 벌어진 채 아무 말도 못하고 서 있었다."10)

> 우리는 십자가에서 우리의 참된 실체를 본다.

그 "말하는 동물들"은 아슬란 앞에서 편안함을 느꼈고 그 주위로 몰려들었다. 하지만 아이들은, 곧 나니아의 왕이 될 캐스피언을 비롯해서 모두 그 앞에 무릎을 꿇고 명령을 기다렸다. 조약식이 있던 날 아슬란은 숲 속의 빈터에 자리를 잡고, 그를 따르는 자들이 제일 좋은 옷을 차려 입고 그에게 나오게 했다. 실크와 금, 보석, 깃털로 장식한 그들은 "눈이 부셔 쳐다볼 수도 없었다." "하지만 그들이나 아이들을 쳐다보는 사람은 아무도 없었다. 쓰다듬어 볼 수 있고 실제로 살아 있는 아슬란의 갈기가 그 모든 것보다 더 찬란한 빛을 내고 있었기 때문이다."11) 아슬란이 연설을 시작했다. "'잠잠하라.' 아슬란은 으르렁거릴 때와 비슷한 낮은 음성으로 말했다. 땅이 약간 흔들리는 것 같았고 숲에 있던 모든 생명체들은 돌처럼 꼼짝도 않고 있었다."12)

마찬가지로 만약 우리가 그분을 보게 되는 일이 있다면, 골고다의 그리스도 앞에서 잠잠히 무릎을 꿇게 된다. 그때에 우리는 무엇보다도 루돌프 오토(Rudolph Otto)가 '매혹적이면서 동시에 두려움을 일으키는 신비(mysterium tremendum et fascinosum)'라고 부른 것을 경험하게 된다. 죽음을 맞는 하나님의 아들에게서 정의와 자비가 결합되는 것을 볼 때, 그 손과 발에서 사랑이 흘러나오는 것을 느낄 때, 우리는 보혈과 대속의 신비—일순간 우리를 사로잡지만 명확한 논리의 틀과 칠판 도표로는 설명할 길이 없는 진리—한 세계로 들어간다. 우리는 십자가에서 우리의 참된 실체를 본다. 이제 우리는 회개와 고백과 뉘우침과 순종보다 더 중요한 것은 없다는 것을 알게 된다. 십자가에 못 박히신 그분에게서 우리는 이사야가 보았던, 거룩하고 거룩하고 거룩하신 하나님을 본다. 우리는 십자가에서 한 사람의 속죄로 우리 죄를 씻는 데에는 우리보다 월등히 나은, 절대적으로 거룩한 누군가가 필요하다는 것을 알게 된다.

그러나 우리와는 다른 그분의 거룩함, 예수의 신성에 대한 우리의 경외감 때문에, 우리와 똑같은 존재로서의 그분의 인간성에 대한 우리의 기쁨이 줄어들어서는 안 된다. 그분은 완전한 하나님이면서 완전한 인간이다. 아우구스티누스의 표현을 빌자면, 그는 "성자 중에 성자"이다. 루이스에게 그분은 지금까지 살았던 모든 사람 중에 "오직 하나뿐인 참된 인간"이다. 루이스는 우리가 잃어버린 심성 영역을 악성 질환에 비유해서 이렇게 설명했다.

의학은 '자연적' 구조나 '정상' 기능을 회복시키는 데 노력을 기울인다. 그러나 탐욕, 이기주의, 자기기만, 자기 연민 등은 우리가 난시나 유주신(*신장질환의 일종-역자)을 비정상이라고 부를 때와 같은 의미에서 비정상이거나 이상한 것이 아니다. 왜냐하면 도대체 누구라서 정상이라고 불릴 것이며, 누구라서 심리학자들이 말하는, 통합되고 균형 감각이 있고 잘 적응하고 행복한 결혼생활을 하며 좋은 직장을 갖고 사람들 사이에 인기가 있는 시민의 이미지와 전혀 다르다고 할 수 있겠는가? 당신을 보고 "악마가 들렸다"며 결국 발가벗겨 나무에 못 박아 죽이는 세상이라면, 그런 세상에 정말로 잘 "적응"할 수는 없는 것이다.13)

인류 역사에서 "인간이란 무엇인가?" "나는 누구인가?" "나는 어떻게 살아야 하는가?" "인간의 본질은 무엇인가?" 같은 질문만큼 계속 대두되는 질문도 없다. 그리스 사상에 뿌리를 둔 고전 교육은 이러한 질문에 초점을 두었다. 교육자들은 실제 생활에 필요한 '실용적' 지식과 기술은 대부분 무시하면서 자기 발견과 자기 개발을 촉진하는 데 노력을 기울였다. 바울도 첫 번째 인간 아담과 두 번째 인간 예수 그리스도라는 양극을 대비시킴으로써 그러한 질문을 고찰했다. 에덴동산의 타락 이전 아담은 창조주가 그에게 부여해 준 인간 속성을 완전하게 소유하고 있었다. 완전한 인간이었다. 아담은 바로 '자연인'이었다.

루이스의 『순례자의 귀향』에는 우리 첫 조상의 타락 과정을 보여주는 '마더 커크의 이야기'가 나온다. 그녀의 설명에 따르면, 그 지주는 어떤 결혼한 남자에게 아름다운 농장을 주기로 마음먹는다. "그런데 한 가지 알아야 할 사항은, 그 주인은 네가 요즘 알고 있는 것과는 사뭇 다른 종류의 임대계약을 맺었다는 사실이야. 그의 쪽에서 보자면 그것은 영구계약이었어. 왜냐하면 임차인을 절대로 내보내지 않겠다고 약속했으니까. 그런데 상대편은 농장을 돌보아줄 아들 한 명만 남겨 둔다면 언제든 원할 때 그곳을 떠날 수 있었고, 산으로 들어가서 주인과 같이 살 수 있었어."14) 지주는 그들에게 그들 몸에 좋지 않은 '야생사과'를 먹지 못하게 했지만, 그 외에는 완전히 자유였고 멋진 생활을 누릴 수 있었다. 그러나 그 젊은 부부는 지주의 반항적인 아들 말을 듣고 사과를 먹고 만다. 마더 커크의 이야기를 들어보자. "그런데 그가 손을 뻗어 사과를 따는 순간 지진이 일어난 게야. 그 나라가 북쪽 끝에서 남쪽 끝까지 둘로 쩍 갈라졌지. 그때부터 그 농장이 있던 자리에는 그 나라 사람들이 큰 계곡이라고 부르는 이 협곡이 생겼던 거야. 하지만 나는 그것을 '페카툼 아데(Peccatum Adae)'라고 부르는 게 더 맞다고 생각한단다."15) 아담의 죄—'페카툼 아데'—그것이 우리의 허물이다!

> 우리가 잃어버렸으나 이제 다시 찾을 수 있게 된 것은 거룩함이다.

인간이 가진 본래 선함의 일부는 아담과 이브가 빛으로부터 어둠으로 돌아섰을 때 빠져나가 흘러내리는 모래같이 죄에 쓸려 내려갔다. 아담과 이브는 그렇게 그들 인간성의 일부를 잃어버렸기 때문에 루이스의 표현대로 "절반의 인간"이 되었다. 반면에 주 예수만은 아담의 타락 이후 "단 하나뿐인 진정한 인간"16)이었다. 두 번째 아담 예수는 우리가 에덴에서 잃어버린 것을 다시 찾을 수 있는 길을 닦음으로써 우리의 죄 값을 물고 우리를 해방시켰고, 인류를 회복시켰다. 우리가 잃어버렸으나 이제 다시 찾을 수 있게 된 것은 거룩함이다.

우리의 진정한 잠재력인 거룩함을 이뤄가는 일은 어느 세대의 시대정신—특히 우리 시대—과도 어울리지 않는다. 많은 사람들이 '개인적 성장' '잠재력 개발' '건강한 자존감 개발' 등을 운운한다. 그것은 부분적으로, 봄이 가까운 겨울 호수의 얇은 얼음판 위에서 스케이트를 타듯, 우리가 사물의 표면만 건드리며 지나가려고 하기 때문이다. 유진 피터슨(Eugene Peterson)은 그의 책 『받들어 읽어라(Take and Read)』에서 이러한 경향을 지적하고 있다.

한번은 허먼 멜빌(Herman Melville)이 친구에게 편지를 썼다. "저는 깊이 파고드는 사람은 다 사랑합니다." 우리들도 모두 그렇다. 그런데 그런 사람을 어디서 만나겠는가? 우리의 시선을 끄는 남자들과 여자들 중에서는 아니다. 신문 가십거리를 채워주는 것은 사소하고 악한 것들이다. 미담이나 정의로운 행동은 절대 헤드라인으로 뽑히지 않는다. 대량 생산이 가능하도록 프로그램화 시킬 수 없으면 어떤 것이든, 특히 도덕적 미덕 같은 것은 제외된다. 성숙은 한 학기 강좌로 배울 수 있는 것이 아니기 때문에 더 이상 개인의 목표가 되지 못한다.[17]

그러나 예수는 학기 강좌로 배울 수 없고, 최신간 베스트셀러 자기개발서에서는 더더욱 뽑아낼 수 없는 것을 우리에게 보여주고 있다. 그분은 우리를 불러 평생 훈련 과정에서 그를 따르게 하신다. 그것이 우리를 성숙시킨다. 하나님의 형상을 따라 지음 받은 남자와 여자로서 우리의 참된 잠재력을 실현할 수 있게 된다. 예수가 우리를 잘 가르칠 수 있는 것은 그분이 잘 사셨기 때문이다—그분은 마땅히 그렇게 살아야 하는 대로 삶을 사셨다. 그분은 아우구스티누스가 말한 대로, "성자 중의 성자"[18]였다.

이처럼, 예수가 산 것처럼 살라는 명령, 거룩하라는 명령은 절대적으로 중요한 명령이다. 『순례자의 귀향』에는 루이스의 분신, 존이 편하게 생각하고 그가 '도회생활'이라고 부르는 방종을 즐기라고 권하는 친구 '상식 씨'를 만나는 장면이 나온다. 궁극적 관심의 문제에 대한 질문에 상식 씨는 이렇게 대답한다. "인류가 연구해야 마땅한 대상은 인간입니다. 그리고 저는 지금까지 쓸데없는 생각에는 신경 끄고 살아왔습니다."[19] 그는 자신의 견해, 곧 양식(Le bon sens)은 황금률을 받아들이라고 강조했던 아리스토텔레스의 입장과도 일치한다고 주장한다. 가장 저항이 적은 길을 찾는 타협은 한 개인의 인생길을 평탄케 해준다는 것이다. 그런데 아리스토텔레스를 (우연히) 읽은 적이 있는 존의 친구 베르투가 나서서 아리스토텔레스의 '중용'은 상식 씨가 말하는 것과는 다르다고 지적한다. 아리스토텔레스는 "미덕은 과도할 수 없다"고 분명히 말하고 있기 때문이다. "올바른 방향일 때는 아무리 가도 지나치다고 할 수 없습니다."[20] 따라서 완전한 인간이 된다는 것은 완전히 선해진다는 뜻이다. 인생의 마지막 목표, 참된 목적은 최대한 선한 쪽으로 옮아가는 것이다.

그리스도가 하신 일이 바로 그것이다. 그는 끝까지 자기가 온 '선한' 곳으로 나아갔다. 그리스도인들은 그러므로 그리스도의 완전한 신성뿐 아니라 완전한 인성도 인정한다. 그리스도 예수는 완전한 하나님이었고 동시에 완전한 인간이었다. 그는 우주에 떠도는 안개에서 신비롭게 형상화되어 장엄하게 여기저기로 움직이는, 땅 위를 걷는 하늘의 '신'이 아니라 육신을 가진 진짜 하나님이었다. 그렇다고 우리와 똑같은, 예수라는 이름의 사람이 하나님의 말씀인 로고스가 된 것도 아니다. 정확히 말하면, 하나님의 로고스가 우리 같은 사람이 된 것이다. 그분은 우리 모두와 마찬가지로 아기로 세상에 태어났다. "태초부터 있는 생명의 말씀에 관하여는 우리가 들은 바요 눈으로 본 바요 주목하고 우리 손으로 만진 바"(요일 1:1), 그분이 예수 그리스도다.

> 성육신을 통해 하나님이 사람이 되었다. 믿기 어려운 겸손함으로 인간의 속성을 입은 것이다.

성육신을 통해 하나님이 사람이 되었다. 믿기 어려운 겸손함으로 인간의 속성을 입은 것이다. 중세 학자들이 정의한 대로 예수는 우리의 몸과 영혼을 입음(*assumptio carnis et animae*)으로써 우리의 모든 인간적인 속성을 자기 안으로 끌어올렸다. 카를 아담은 "그럼으로써 우리의 속성에서 죄를 빼냈다. 인간과 죄는 더 이상 동일시되지 않는다"21)고 쓰고 있다. 우리는 더 이상 쇠약해져서 결국은 죽어야 하는 운명이 아니다. 이제는 자유며 그리스도를 닮아갈 수 있다. "그리스도가 우리의 대속자가 되는 것은 그분이 하나님만이어서도 아니고 인간만이어서도 아니며, 오직 하나님-인간, 새로운 아담이기 때문이다."22) 예수는 여호와 하나님의 존재 자체를 공유하신 하나님의 아들로서, 인간의 속성을 그의 거룩한 임재로써 다시 채움으로—죽어가는 환자에게 수혈하듯이 더러운 피를 빼고 새로운 피를 넣어주듯이—구원했다. 인간을 완전히 대속하려면 영원한 말씀이신 그분이 구속에 필요한 모든 것을 자신과 결합시켜 자기만큼 끌어올리는 방법밖에 없었다. 필요한 모든 거룩함은 성육신한 성자가 떠맡고 변화시켰다. 우리는 그리스도 예수의 형제요, 그분의 공동 상속자로서 그분이 가졌던 속성을 공유하여 거룩하게 된다. 예수는 또한 전적으로 인간으로서 배우고 순종하고 성장했다. 그분은 "그 지혜와 그 키가 자라가며 하나님과 사람에게 더 사랑스러워"졌다(눅 2:52). 신체적으로 심리적으로 그분은 우리와 똑같았다. 기쁨과 슬픔, 위안과 고통을 느꼈다. 그분의 가족—엄마, 아빠, 형제자매—도 우리 가족들처럼 매일매일 부지런히 일하면서 소박한 일상을 즐겼다.

마지막으로, 그분과 우리의 유대는 그의 십자가 죽음에서 완전하게 드러난다. 그는 인간으로서 피를 흘리고 인간으로서 죽었다. "사망의 음침한 골짜기"를 지난 것이다. 1세기말 로마의 클레멘스(Clement)가 쓴 대로, "우리 주 예수 그리스도는 우리에 대한 그의 사랑으로, 그리고 하나님의 뜻에 따라 우리를 위해 그의 피를 흘렸다. 우리 몸을 위해 그의 몸을, 우리의 생명을 위해 그의 생명을 주었다."23)

20 | 성령
"그분은 항상 당신을 통해서 활동하신다."

이 세 번째 인격을……성령 혹은 하나님의 '영'이라고 부른다. 그리스도인의 삶에서 보통은 그분을 보지는 못한다. 그분은 항상 당신을 통해서 활동하신다. 성부 하나님을 당신이 보는 눈앞 '저기에' 계신 분으로, 그리고 성자 하나님을 당신 옆에서 기도를 도와주고 당신을 변화시키는 분으로 생각할 수 있다면, 이 세 번째 인격은 당신 안에 있는, 혹은 당신 뒤에 있는 분으로 생각해야 한다.[1]

몇 해 전 주일학교 반별 숙제로 니케아 신경(Nicene Creed)을 암송해야 하는 남자 아이들에게 있었던 이야기다. 첫 번째 아이가 "나는 하늘과 땅 그리고 그 안에 모든 보이는 것과 보이지 않는 것들을 지으신 전능하신 하나님 아버지를 믿습니다"라고 했다. 두 번째 아이 역시 "나는 한 분이신 우리 주 예수 그리스도……"로 시작해서 잘 암송했고 "그의 나라는 영원하리라"는 선언으로 자기 맡은 부분을 무사히 마쳤다. 그런데 그 다음 긴 침묵이—내가 강의실에서 질문했을 때와 비슷한—흘렀다. 결국은 한 아이가 선생님 앞으로 나와서 말했다. "선생님, 성령 믿는 애가 오늘 안 왔어요."

그 반에서 일어난 일이 오늘날 교회에서 너무도 자주 일어나고 있다. 우리는 신앙고백의 일부로 성령을 수도 없이 부르지만 그분이 진짜 어떤 분인지에 대해서는 전혀 감을 잡지 못하는 경우가 허다하다. 성부와 성자에 대해서는 많이 가르치지만 성령에 대해서는 거의 가르치지 않는다. 언뜻 보면 이것에 대해서는 루이스도 다른 교회학교 교사들과 마찬가지였던 것처럼 보일 수 있다. 그가 지적하고 있듯이 성령은 성부나 성자에 비해서 "어딘지 모호하고 좀더 흐릿하다." 루이스의 저작을 세심하게 살펴보아도 성삼위의 제3위 인격에 대해 구체적으로 논의하고 있는 것을 거의 만날 수 없다.

> 우리는 신앙고백의 일부로 성령을 수도 없이 부르지만 그분이 진짜 어떤 분인지에 대해서는 전혀 감을 잡지 못하는 경우가 허다하다.

그러나 린 페인(Leanne Payne)은 그녀의 연구 「실제적 임재: C. S. 루이스의 작품에 나타난 성령(Real Presence: The Holy spitir in the Works of C. S. Lewis)」에서 성령이 루이스 사상의 실질적 핵심이라고 주장하고 있다. 그녀에 따르면, 일단 그의 용어를 이해하고 보면 "루이스는, 오직 하나님에 대해서만 쓰는 많은 현대 작가들에 비해……성령에 대해 훨씬 많이, 그리고 더 높은 관점에서 이야기했다."[2] 그녀에 따르면, "루이스에게 있어 하나님을 안다는 것은 성령의 충만을 받는 것이었다. 그리스도인으로서 우리가 '그리스도 안에' 있기도 하고 '그가 우리 안에' 있기도 하다."3) 이것은 "피조물이 부활하신 그리스도의 영을 통해 창조주와 연결된다"는 뜻이다. "이 진리가 완전히 이해되고 경험되었다면, 루이스가 말한 '기독교의 전부'다. 하나님의 나라는 우리에게, 우리 가운데 이미 와 있다. 이 진리를 받아들인다는 것은 성령의 임재를 이해하고 또 경험적으로 아는 것이다."4)

루이스 공상과학소설 3부작의 제1권『침묵의 행성에서』의 마지막 부분에서 얼윈 랜섬은 말라칸드라의 천군 같은 통치자 외아르사 앞에 불려간다. 말라칸드라 사람들에게는 그가 '보이는' 것 같았지만 랜섬은 그의 임재를 '느낄' 뿐이었다. 그런데 그것이 매우 실제적이었다! 그때 일어난 놀라운 일을 설명하려고 해도, 어떤 말로도 표현할 수 없었다. 그는 이렇게 말했다.

> 가장 옅은 빛의 속삭임이—아니, 그보다 더 약한, 흐릴 대로 흐려진 그림자가— 삐쭉삐쭉 풀이 자란 땅을 따라 흘러가고 있었다. 아니, 오감의 언어로는 이름 붙일 수 없을 정도로 너무나 미세하게 땅의 모습이 변화하기 시작했는데, 천천히 그가 있는 쪽으로 움직였다는 표현이 더 맞을 것 같다. 외아르사는, 사람이 꽉 찬 방에 일순간 흐르는 침묵처럼, 불볕더위가 기승을 부리는 날의 아주 짧은 시원함처럼, 오랫동안 잊고 있었던 소리나 향기의 스치는 기억처럼, 잠잠하고 작아서 그대로 포착하기 너무 어려운 것들처럼, 자기 백성들 사이를 지나 가까이 다가오더니 멜딜론의 중심에 있는 랜섬에서 100미터도 안 되는 곳에 앉았다. 랜섬은 번개라도 스친 것처럼 피가 마르고 손끝이 따끔거림을 느꼈다. 그의 심장과 몸이 물로 만들어진 것만 같이 느껴졌다.5)

외아르사를 실제로 접한 경험을 표현할 때 랜섬이 그랬듯이, 성령의 본질을 파악해보려고 노력할 때 우리는 노래하게 되고 시를 쓰게 된다. 따라서 성령에 대해서 이야기할 때, 그리고 무엇보다 거룩하신 한 분에 대한 루이스의 통찰을 찾아보려 할 때 우리는, 그분을 우리가 삼위일체라고 부르는 인격들의 거룩한 공동체 중 제3위이신 분으로 그릴 뿐 아니라 그분이 당신의 세계와 우리 마음에 하신 신비한 일들과 관련시켜 그분을 보아야 할 것이다.

한 편지에서 루이스는, 외아르사가 자기 백성 말라칸드라 사람들의 세계로 들어갈 수 있는 것 같아 보였던 것처럼, '더 낮은' 위력으로 하강할 수 있는 '더 높은' 위력의 능력을 경탄하고 있다. 우리는 천재적 재능을 가진 음악가들이 그보다 재능이 덜한 사람들에게 음악의 원리와 아름다움을 설명할 수 있다는 것을 잘 안다. 레너드 번스타인(Leonard Bernstein)은 여러 해 동안 고전 음악 해설을 곁들인 '청소년 음악회'를 지휘하며 젊은 청중들을 사로잡은 바 있다. 아리스토텔레스같이 정말로 위대한 철학자들은 그들의 개념을 쉽게 설명한다는 교과서들보다 더 쉽고 분명하게 설명한다. 루이스도 같은 생각을 했다. "어른의 마음은 (가장 우수한 경우에만 해당되는 것이지만) 아이들 수준으로 내려가서 그 심정이 될 수 있고, 인간은 동물의 심정이 될 수 있다." 이것은 "모든 것이 한곳에 연결되어 있고, 자연과 초자연을 통틀어 모든 실체 전체가 그러하다"는 뜻이다. 따라서 "우리는 새로운 핵심 원리 하나를 본다. 즉 더 높은 위력은, 그것이 더 높기만 하다면 내려올 수 있고, 더 위대한 힘은 그보다 낮은 것을 포함할 수 있다."[6]

이사야 선지자는 그리스도보다 몇 세기 앞서서, 랜섬이 말라칸드라에서 외아르사를 만난 것과 비슷하게, 하나님을 만났다. 이사야는 그 경험을 "내가 본즉 주께서 높이 들린 보좌에 앉으셨는데 그 옷자락은 성전에 가득하였고"(사 6:1)라고 묘사했다. 여섯 날개 달린 천사 같은 생물들이 그를 둘러싸고 서로 노래했다. "거룩하다 거룩하다 거룩하다 만군의 여호와여 그 영광이 온 땅에 충만하도다"(사 6:3). 이 텍스트는 하늘나라를 보여주는 가장 좋은 창을 우리에게 열어주어, 완벽한 다이아몬드 컷처럼 하나님의 본질을 드러내고 있다. 몇 세기 후, 요한은 그가 본 이상을 요한계시록에 이렇게 기록했다. "네 생물이 각각 여섯 날개가 있고 그 안과 주위에 눈이 가득하더라 그들이 밤낮 쉬지 않고 이르기를 거룩하다 거룩하다 거룩하다 주 하나님 곧 전능하신 이여 전에도 계셨고 이제도 계시고 장차 오실 자라 하고"(계 4:8).

성경에서 어떤 단어가 반복될 때는, 일상 대화에서 그렇듯이, 대개 어떤 진리를 강조하기 위해서 그렇게 한다. 예수님은 그 말씀에 주목시키기 위해서 "진실로, 진실로"라는 말을 자주 하셨다. 구약성경 창세기 14장은 어떤 전쟁을 기록하고 있는데 일부가 전투 중에 역청 구덩이(tar pit)에 빠졌다고 기록되어 있다. 번역에 따라 '아스팔트', '역청' 아니면 그냥 '구덩이'라고만 되어 있기도 하다. 그러나 히브리어 본문에서는 한 단어 '구덩이'만을 반복하고 있다. 그들은 구덩이 구덩이에 빠진 것(fell into a pit pit)이다. 같은 단어를 반복할 때는 강조하기 위한 것이다. 같은 단어가 세 번 반복되어 있다면 정말로 정신을 차리고 예의 주목해야 한다. 구덩이 구덩이에 빠진 것 다르고, 구덩이 구덩이 구덩이에 빠진 것이 또 다른 것이다. 따라서 이사야가 하나님을 보고 "거룩하다 거룩하다 거룩하다" 했을 때, 그리고 요한도 같은 말을 했을 때는—삼성송(三聖誦, trishagion[tri : 셋, hagion : 거룩])을 했을 때—우리가 '거룩한 하나님'을 경외하는 것이 얼마나 중요한지 이해할 수 있는 일이다. 실제로 우리가 '하나님'을 생각할 때는 언제나 '거룩'을 생각해야 한다. 하나님은 본질상 거룩하시기 때문이다. 그리고 '셋이 하나 된' 존재로서 하나님의 세 인격 하나하나가 모두 거룩하다.

이것은 하나님과 동등한 성령도 당연히 거룩하다는 뜻이다. 이사야도 이것을 알았기 때문에 이렇게 기록하고 있다. "이같이 창화하는 자['거룩하다 거룩하다 거룩하다' 노래하는 스랍들]의 소리로 인하여 문지방의 터가 요동하며 집에 연기가 충만한지라"(사 6:4). 하나님은 거룩하시며, 그의 영은 거룩한 영이라 불린다. 서기 381년 콘스탄티노플에서 열린 제2차 세계공의회는 그리스 정교회 신자들이 고백하는 신경을 수립했다. 그것은 이렇게 선언하고 있다. "우리는 성부에게서 나온, 생명을 주시는 우리 주 성령을 믿는다." 성자가 성부의 영원한 아들인 것처럼 성령도 영원히 성부로부터 오는 것이다.

{ 그는 순결하다. 하나님의 역사에서 그의 가장 뚜렷한 역할은 함께 거하며……특히 죄에 빠진 인간들을 깨끗게 함으로써 거룩하게 하는 것이다. }

우리가 성부와 성자에 관해 논의한 앞의 장들에서 본 바와 같이, 거룩함이란 기본적으로 하나님의 '다름', 곧 하나님과 그 피조물 사이의 절대적인 차이를 가리키는 말이다. 따라서 성령이 거룩한 것은 그분이 온전히 하나님으로서, 그의 존재는 창조된 세상을 초월하는 것이기 때문이다. 둘째로, 그는 순결하다. 하나님의 역사에서 그의 가장 뚜렷한 역할은 그와 함께 하는 모든 것을, 특히 죄에 빠진 인간을 깨끗게 함으로써 거룩하게 하는 것이다.

성부에게서 나온 성령은 하나님의 '활동하는 의지'며, 하나님이 함께 호흡하며 생명을 주는 사랑이다. 킹 제임스 역(King James Version) 성경에는 성령(the Spirit)을 거룩한 혼(Holy Ghost)으로 새기는 경우도 많다. 혼(ghost)이라는 단어는 앵글로 색슨어 'gast'에서 나왔으며, 'gast'는 고대 스칸디나비아 어 단어 'gustr'에서 나왔다. 우리는 평소에 '갑자기 휙 부는' 바람('gust' of wind)—돌연하고 강력한 힘의 분출—이라는 말을 쓰는데 그것이 성령의 임재를 가리키는 표현이다. 루이스는 이렇게 썼다.

> 성령과 영혼(혹은 '혼(ghost)')을 혼동하는 데서 큰 문제가 생겼다. 혼에는 성령과는 달리 실체가 없다. 전통적인 심상에서는, 하나님은 물론이거니와 다른 신들도 '흐릿하지' 않다. 사람이 죽어도 그리스도로 영화롭게 되면 더 이상 '혼'이 아니라 '성자'가 된다. "내가 귀신(ghost)을 보았다"는 말과 "내가 성자를 보았다"는 말이 주는 분위기의 차이—하나는 온통 핏기 없고 비실체적이며, 다른 하나는 황금빛과 푸른빛이 도는—에만도 어떤 종교도서관 전체보다 많은 지혜가 담겨 있다. 성령을 상징화할 정신적 표상을 꼭 마련해야 한다면, 실체보다 더 무게 있는 어떤 것으로 표상해야 마땅하다.7)

루이스에 따르면, 이토록 실제적이고 철저한 구체성을 갖는 역동적인 성령이야말로 "아마도 기독교와 다른 모든 종교들의 가장 중요한 차이점이다." 기독교의 하나님은 아리스토텔레스가 말하는 부동의 '제일 운동원(Prime Mover)'이 아니다. 기독교의 하나님은 그 심장을 박동시켜 모든 살아 있는 것들에게 생명의 피를 공급하는 분이다. 이 '활동하는 의지'가 성령이며, 성부, 성자와 마찬가지로 분명한 인격이다. 우리는 인간적인 수준에서 가족이나 대학, 국가의 '정신'에 대해서 많이 말한다.

그러한 '집단적' 실체, 우리가 '정신'이라고 부르는 것에도 분명히 어떤 성격이 있다. 그러나 그런 것들은 우리와 같은 인격은 아니다. 우리를 닮았을 뿐이다. 이것에 대해 루이스는 이렇게 말했다. "그러나 그것은 하나님과 인간의 많은 차이점 가운데 하나일 뿐이다. 성부와 성자가 결합된 생명에서 나오는 것은 진짜 인격이며, 하나님이신 삼위일체의 제3인격이다."[8]

하늘로부터 불어오는 '바람', 하나님의 영은 하나님의 사랑의 의지를 전달하며, 그분의 계획을 실현시킨다. 거룩한 하나님이신 성령은 당신의 세계를 거룩하게 하기를 원한다. 성령은 거룩하게 하시는 분으로, 그분이 임하는 곳은 어디나 거룩하게 하신다. 루이스는 우리가 '세 인격을 가진 존재'에 대해서 완전히 이해할 수는 없다고 인정하면서 이렇게 말했다. "중요한 것은 그 세 인격의 생명에 실제로 이끌려 들어가는 것이다." 평범한 신자가 기도할 때를 생각해보자.

> 그는 하나님을 만나려는 것이다. 그런데 그리스도인이라면 자기로 하여금 기도하게 하는 것도 하나님, 이른바 우리 안에 거하는 하나님이라는 것을 알 것이다. 그는 또 그가 하나님에 대해 아는 모든 지식은, 하나님이셨다가 사람이 된 그리스도를 통해서 알게 된 것이라는 사실도 안다. 그 그리스도가 그의 옆에서 기도를 돕고 그를 위해 기도하고 있는 것이다…….
>
> 세 인격을 가진 존재의 삼위 전체의 생명은 이처럼 평범한 사람이 기도하고 있는 작은 침실에서도 항상 활동하고 있다.[9]

그리고 우리를 영원한 생명의 기쁨으로 오라고 손짓하는 거룩함의 저 '찬란한 그림자'를 우리가 진정으로 느낄 수 있는 길은 바로 기도를 통해서다.

주석

서문

1) John Stackhouse Jr., "Movers and Shapers of Modern Evangelicalism," *Christianity Today*, September 16, 1996, 59.
2) 같은 책, 59.
3) Charles Colson, "The Oxford Prophet," *Christianity Today*, June 15, 1998, 72.
4) 같은 책.

1장

1) C. S. Lewis, *Surprised by Joy* (New York: Harcourt, Brace, 1955), 179
2) 같은 책, 181.
3) 같은 책.
4) 같은 책, 179.
5) C. S. Lewis, *The Great Divorce* (New York: Macmillan, 1946).
6) 같은 책, 65.
7) 재인용, R. C. Sproul, *The Holiness of God* (Wheaton, Ⅲ.: Tyndale House Publishers, 1985), 52.
8) C. S. Lewis, *Letters to an American Lady* (Grand Rapids: William. B. Eerdmans Publishing Co., 1967), 19.
9) 재인용, Sam Ervin, "Judicial Verbicide," in *Modern Age: The First Twenty-five Years*, ed. George A. Panichas (Indianapolis: Liberty Press, 1988), 456.
10) C. S. Lewis, *Studies in Words* (Cambridge: Cambridge University Press, 1960), 132.
11) Josef Pieper, "On Love," in *Faith, Hope, Love* (San Francisco: Ignatius Press, 1997), 147.
12) Lewis, *Studies in Words*, 173.
13) C. S. Lewis, "The Death of Words," in *Lewis on Stories* (New York: Harcourt Brace, 1982), 106-7.
14) Jonathan Edwards, *Religious Affections* (Portland: Multnomah Press, 1984), 79.

2장

1) C. S. Lewis, *Miracles* (New York: Macmillan Co., 1947), 89.
2) Gustaf Aulen, *The Faith of the Christian Church* (Philadelphia: Fortress Press, 1962), 103.
3) Thomas C. Oden, *The Living God* (San Francisco: Harper and Row, 1987), 100.
4) R. C. Sproul, *The Holiness of God*, 57.
5) Romano Guardini, *Learning the Virtues That Lead You to God* (Manchester, N.H.: sophia Institute Press, 1998), vii.
6) 같은 책, 9.
7) Gilbert Meilander, *The Theory and Practice of Virtue* (Notre Dame: University of Notre Dame Press, 1984), 68.
8) 재인용, Thomas L. Trevethan, *The Beauty of God's Holiness* (Downers Grove, Ⅲ.: InterVarsity Press, 1995), 68.
9) Lewis, *Miracles*, 90
10) 같은 책.

11) 같은 책.
12) 재인용, Trevethan, *The Beauty of God's Holiness*, 68.
13) C. S. Lewis, *The Problem of Pain* (London: Geoffrey Bles, 1942), 58.
14) 같은 책.
15) C. S. Lewis, *Letters to Malcolm* (New York: Harcourt, Brace, and World, 1964), 86.
16) C. S. Lewis, "The Weight of Glory." in *The Weight of Glory and Other Addresses* (New York: Macmillan, 1949), 11.
17) 같은 책.
18) 같은 책, 13.
19) 같은 책.
20) 같은 책.

3장

1) C. S. Lewis, *Till We Have Faces* (New York: Harcourt, Brace, 1956), 279.
2) Plato, "Theaeteus," in *The Dialogues of Plato*, Benjamin Jowett 역. (Chicago: Encyclopaedia Britannica, 1952), 519.
3) Aristotle, "Metaphysics," in *The Works of Aristotle*, trans. W. D. Ross (Chicago: Encyclopaedia Britannica, 1952), 1:500-501.
4) C. S. Lewis, *The Pilgrim's Regress* (New York: Sheed, 1935), 129.
5) C. S. Lewis, "Is Theism Important?" in *God in the Dock* (Grand Rapids: William B. Eerdmans Publishing Co., 1970), 174.
6) 같은 책.
7) C. S. Lewis, *Till We Have Faces*, 308.
8) Gregory of Nyssa, *The Life of Moses* (New York: Paulist Press, 1987), 60.
9) Martin Buber, *Ten Rungs: Hasidic Sayings* (New York :Schocken Books, 1947), 15.
10) Lewis, *Letters to Malcolm*, 21.
11) Buber, *Ten Rungs*, 15.
12) Lewis, *Letters to Malcolm*, 75.

13) 같은 책, 79-80.
14) 같은 책. 81.
15) 같은 책, 82.
16) 같은 책.

4장

1) Lewis, *Pilgrim's Regress*, 13.
2) C. S. Lewis. *The Screwtape Letters* (London: Geoffrey Bles, 1942), 64.
3) Peter Kreeft, *C. S. Lewis for the Third Millennium* (San Francisco: Ignatius Press, 1994), 151.
4) Thomas Aquinas, *Light of Faith: The Compendium of Theology* (Manchester, N.H.,: Sophia Institute Press, 1993), 109.
5) 같은 책, 113.
6) C. S. Lewis, *Prince Caspian* (New York: Macmillan, 1951), 212.
7) Lewis, *Weight of Glory*, 19.
8) 같은 책, 18.
9) Aquinas, *Light of Faith*, 72.
10) Josef Pieper, *The Silence of St. Thomas* (Chicago: Henry Regnery, 1957), 96.
11) C. S. Lewis, *Abolition of Man* (New York: Macmillan, 1947), 88.
12) Plato, "Theaetetus," in *The Dialogues of Plato*, Encyclopaedia Britannica, 176b.
13) Ashley Brilliant, *All I Want Is a Warm Bed and a Kind Word* (Santa Barbara, Calif.: Woodbridge Press, 1985), 81.
14) Lewis, "Dogma and the Universe," in *God in the Dock*, 41-42.
15) Lewis, "Man of Rabbit," in *God in the Dock*, 108.
16) C. S. Lewis, *Poems* (New York: Harcourt, Brace, Jovanovich, 1977), 81.
17) Lewis, *The Screwtape Letters*, 8.
18) Kevin Graham Ford and James Denney, *Jesus for a New Generation: Putting the*

Gospel in the Language of Xers (Downers Grove, Ⅲ.: InterVarsity Press, 1995), 56.
19) 같은 책, 55.
20) 같은 책, 116.
21) 같은 책, 130.
22) Peter Sacks, *Generation X Goes to College: An Eye-Opening Account of Teaching in Postmodern America* (Chicago: Open Court, 1996), 108.
23) 같은 책, 110.
24) 같은 책, 118.
25) 같은 책, 143.
26) 같은 책, 148.
27) Lewis, *Miracles*, 23.
28) 같은 책, 19-20.
29) C. S. Lewis, *Mere Christianity* (New York: Macmillan Co., 1966), 52-53.
30) Lewis, *The Screwtape Letters*, 46.

5장

1) Lewis, *The Screwtape Letters*, 25.
2) C. S. Lewis, "On Stories" in *Of Other Worlds: Essays and Stories* (New York: Harcourt, Brace, Jovanovich, 1966), 15.
3) Thomas Howard, *The Achievement of C. S. Lewis* (Wheaton, Ⅲ.: Harold Shaw Publishers, 1980), 107-8.
4) C. S. Lewis, *Perelandra* (New York: Macmillan Co., 1944), 142.
5) Aquinas, *Light of Fai*th, 72.
6) Lewis, *The Screwtape Letters*, 19.
7) 재인용, David Dooley, *G. K. Chesterton: Collected Works* (San Francisco: Ignatius Press, 1986), 1:14.
8) 재인용, Robert A. Sungenesis, *Not by Faith Alone* (Santa Barbara, Calif.: Queenship Publishing Co., 1997), 653.
9) 같은 책, 454.
10) John Calvin, *Institutes of the Christian Religion* (Grand Rapids: William B. Eerdmans Publishing Co., 1947), 3:21.
11) Lewis, "The Trouble with 'X' ," in *God in the Dock*, 152-53.
12) Andre Gide, *The Immoralist* (New York: A. A. Knopf, 1930), 1:1.
13) Lewis, *Problems of Pain*, 69.
14) Albert Camus, *Resistance, Rebellion, and Death* (New York: Knopf, 1961).
15) C. S. Lewis, *Mere Christianity*, 52.
16) C. S. Lewis, *Out of the Silent Planet* (New York: Macmillan, 1943), 102.
17) Lewis, *The Screwtape Letters*, 24.
18) C. S. Lewis, *Mere Christianity*, 52.
19) C. S. Lewis, *Four Loves* (New York: Harcourt, Brace, Jovanovich, 1960), 16-17.
20) 같은 책.
21) 재인용, Roger L. Green and Walter Hooper, *C. S. Lewis: A Biography* (N.Y.: Harcourt Brace and Company, 1994), 202.
22) 같은 책, 202.
23) Lewis, *Mere Christianity*, 21.
24) 같은 책, 124.
25) Irenaeus, *Against Heresies* (Oxford: Clarendon Press, 1874), 37.

6장

1) Lewis, *Letters to Malcolm*, 69.
2) 재인용, Cornelius Plantinga Jr., *Not the Way It's Supposed to Be*: *A Breviary of Sin* (Grand Rapids: William B. Eerdmans Publishing Co., 1994), 7.
3) Phyllis McGinley, Introduction to C. S. Lewis, *The Screwtape Letters* (New York: Time Incorporated, 1963), xvii.
4) 같은 책.
5) C. S. Lewis, "The Seeing Eye," in *Christian Reflection* (Grand Rapids: William B. Eerdmans Publishing Co., 1967), 168-69.

6) 재인용, C. S. Lewis, *A Preface to Paradise Lost* (New York: Oxford University Press, 1961), 66.
7) 재인용, 같은 책.
8) 같은 책.
9) 재인용, 같은 책.
10) 같은 책, 67.
11) Lewis, *Mere Christianity*, 89-90.
12) Lewis, *Letters to Malcolm*, 69.
13) *Lewis, Mere Christianity*, 49.
14) Iris Murdoch, "On 'God' and 'Good'," in *Revisions: Changing Perspectives in Moral Philosophy*, ed. Stanley Hauerwas and Alasdair MacIntyre (Notre Dame: University of Notre Dame Press, 1983), 78.
15) Lewis, *Preface to Paradise Lost*, 97.
16) C. S. Lewis, *The Last Battle* (New York: Collier Books, 1986), 33.
17) 같은 책, 102.

7장

1) C. S. Lewis, *The Magician's Nephew* (New York: Macmillan Co., 1955), 72.
2) 같은 책, 112.
3) Lewis, "Membership," in *Weight of Glory*, 118.
4) Lewis, *The Screwtape Letters*, vii.
5) 같은 책, xxvi.
6) Lewis, *Magician's Nephew*, 18.
7) 같은 책.
8) 같은 책.
9) C. S. Lewis, *The Lion the Witch, and the Wardrobe* (New York: Macmillan, 1950), 62.
10) 같은 책
11) 같은 책, 38.
12) Lewis, *The Screwtape Letters*, ix.
13) Francisco de Osuna, *The Third Spiritual Alphabet*, Mary E. Giles 역. (New York: Paulist Press, 1981), 202.

14) 같은 책, 203.
15) Peter Kreeft, *Making Choices: Practical Wisdom for Everyday Moral Decisions*(Ann Arbor, Mich.: Servant Books, 1990), 176.
16) C. S. Lewis, *The Silver Chair* (New York: Macmillan Co., 1953), 153.
17) 같은 책, 155.
18) 같은 책, 156.
19) C. S. Lewis, *Out of the Silent Planet*, 110.
20) 같은 책, 111-12.
21) Lewis, *Mere Christianity*, 51.

8장

1) 재인용, George MacDonald, in Lewis, *Surprised by Joy*, 212.
2) Lewis, *Problem of Pain*, 135.
3) John Wesley, *Works*, vol. XI (1872; reprint, Kansas City: Beacon Hill Press of Kansas City, 1979), 395.
4) Lewis, *Problem of Pain*, 69.
5) C. S. Lewis, "Religion: Reality or Substitute?" in *Christian Reflections*, 39.
6) Lewis, *Prince Caspian*, 35.
7) Lewis, *Problem of Pain*, 70.
8) Lewis, *Preface to Paradise Lost*, 70.
9) 같은 책, 70-71.
10) C. S. Lewis, *Out of the Silent Planet*, 122.
11) Lewis, *Screwtape Letters*, 28.
12) Lewis, *Pilgrim's Regress*, 177.
13) Lewis, *Screwtape Letters*, 68.
14) 재인용, Irving Kristol, *Neo-Conservatism* (New York: The Free Press, 1995), 193.
15) Lewis, *Screwtape Letters*, 69.
16) Lewis, *Perelandra*, 208.
17) 같은 책
18) 같은 책
19) Lewis, *Problem of Pain*, 127.

9장

1) C. S. Lewis, *That Hideous Strength* (New York: Macmillan Co., 1946), 288-289.
2) Meredith Veldman, *Fantasy, the Bomb, and the Greening of Britain: Romantic Protest, 1945-1980* (Cambridge: Cambridge University Press, 1994)
3) 같은 책, 2.
4) 같은 책, 37.
5) Lewis, *That Hideous Strength*, 42.
6) 같은 책.
7) 같은 책.
8) 같은 책, 172-73.
9) Hilary Putnam, *Reason, Truth, and History* (Cambridge:Cambridge University Press, 1981), 40.
10) William P. Alston, *A Realist Conception of Truth* (Ithaca, N.Y.: Cornell University Press, 1996).
11) 같은 책, 264.
12) 같은 책.
13) John Donne, "An Anatomie of the World," in *John Donne: Selected Poetry*, ed. Marius Beverley (New York: New American Libray, c. 1966), 211.
14) William Butler Yeats, "The Second Coming," in *The Poems of W. B. Yeats: A New Edition*, ed. Richard J. Finneran (New York: Macmillan Publishing Co., 1924), 187.
15) Lewis, *Abolition of Man*, 88.
16) 같은 책, 26.
17) 같은 책, 27.
18) Lewis, *Out of the Silent Planet*, 153.
19) Lewis, *Pilgrim's Regress*, 187.
20) David Ehrenfeld, The *Arrogance of Humanism* (New York: Oxford University Press, 1978), 16-17.

10장

1) Lewis, *Mere Christianity*, 77.
2) C. S. Lewis, "Democratic Education," in *Present Concerns* (San Diego: Harcourt, Brace, Jovanovich, 1986), 34.
3) Lewis, *Screwtape Letters*, 164-68.
4) 같은 책, 64.
5) Lewis, *Surprised by joy*, 179.
6) Lewis, *Screwtape Letters*, 123.
7) Lewis, *Mere Christianity*, 175.

11장

1) Lewis, *Mere Christianity*, 169.
2) Lewis, *Letters to Malcolm*, 5.
3) 재인용, Gilbert Meilander, *The Taste for the Other* (Grand Rapids: William B. Eerdmans Publishing Co., 1978), 122.
4) *Catechism of the Catholic Church* (Boston: St. Paul Books and Media, 1994), 170-71.
5) Meilander, *The Taste for the Othe*r, 122.
6) Lewis, *Mere Christianity*, 171.
7) Lewis, "Man of Rabbit," in *God in the Dock*, 112.
8) 같은 책.
9) Lewis, *Mere Christianity*, 171.
10) 같은 책, 139-40.
11) Lewis, *The Voyage of the Dawn Treader* (New York: Macmillan Co., 1952), 89.
12) 같은 책, 89-91.
13) 같은 책, 93.

12장

1) Lewis, *Mere Christianity*, 62.
2) 같은 책, 155.
3) Lewis, *Miracles*, 178.

4) Leo Tolstoy, *"A Confession" and "What I Believe,"*, Aylmer Maude 역.(London: Oxford University Press, 1940), 15.
5) 같은 책, 31.
6) Lewis, *Mere Christianity*, 137-38.
7) 같은 책, 183.
8) Lewis, "Membership," in *Weight of Glory*, 119.
9) Lewis, *Mere Christianity*, 155.
10) Lewis, "Membership," in *Weight of Glory*, 112.
11) Lewis, *Mere Christianity*, 64-65.
12) 같은 책, 153.
13) 같은 책, 85.
14) 같은 책, 154.
15) 같은 책, 182.
16) Lewis, *That Hideous Strength*, 177.
17) 같은 책, 360.

13장

1) Lewis, *Screwtape Letters*, 40.
2) Lewis, "The Decline of Religion," in *God in the Dock*, 221.
3) Lewis, *Till We Have Faces*, 282-83.
4) 같은 책, 254.
5) 같은 책, 166.
6) 같은 책, 279.
7) 같은 책, 280.
8) 같은 책, 291.
9) 같은 책, 291-92.
10) 같은 책, 294.
11) 같은 책.
12) 같은 책, 307.
13) 같은 책, 308.
14) Lewis, *Perelandra*, 142.
15) 같은 책.
16) 같은 책.
17) 같은 책, 146.
18) Lewis, "The Decline of Religion," in *God in the Dock*, 221.
19) Lewis, *Mere christianity*, 52.

14장

1) Lewis, *Mere Christianity*, 167.
2) Lewis, *Reflections on the Psalms* (New York: Harcourt, Brace, 1958), 31-32.
3) 재인용, Eugene Peterson, *A Long Obedience in the Same Direction* (Downer's Graove, Ill.: InterVarsity Press, 1980), 8.
4) Lewis, *Mere Christianity*, 171.
5) 같은 책, 172.
6) C. S. Lewis, *The Horse and His Boy* (New York: Macmillan Co., 1954), 193.
7) 같은 책.
8) Lewis, *Mere Christianity*, 190.
9) 같은 책.
10) Lewis, *That Hideous Strength*, 115.
11) 같은 책.
12) 같은 책, 73.
13) 같은 책, 147.
14) Daphne Hampson, *Theology and Feminism* (Oxford: Blackwell, 1990), 123.
15) Lewis, *That Hideous Strength*, 142.
16) 같은 책, 143.
17) 같은 책, 151.
18) Lewis, *Mere Christianity*, 114.

15장

1) Warren H. Lewis 편, *Letters of C. S. Lewis* (New York: Harcourt, Brace, and World, 1966), 225.
2) Lewis, *Great Divorce*, 69.
3) 같은 책, 72-73.
4) 같은 책, 69.
5) Lewis, *Problem of Pain*, 118-19.
6) Lewis, *Perelandra*, 208.

7) Lewis, *Sliver Chair*, 146.
8) Lewis, *Problem of Pain*, 90.
9) 같은 책.
10) 같은 책, 90-91.
11) Lewis, *That Hideous Strength*, 149.
12) Lewis, "Membership," in *Weight of Glory*, 113.

16장

1) Lewis, *Mere Christianity*, 161.
2) 같은 책, 188.
3) Lewis, *Weight of Glory*, 27-28.
4) Lewis, *Mere Christianity*, 187.
5) Lewis, "Membership," in *Weight of Glory*, 116.
6) 재인용, C. S. Lewis, "Undeceptions," in Christopher Derrick, *C. S. Lewis and the Church of the Rome* (San Francisco: Ignatius Press, 1981), 143.
7) Lewis, "To a lady," in *Letters*, 224.
8) Lewis, *That Hideous Strength*, 78.
9) 같은 책.
10) 같은 책, 79
11) Lewis, *Mere Christianity*, 12.
12) 같은 책, 186.
13) 같은 책, 169-170.

17장

1) Lewis, "As the Ruin Falls," in *Poems*, 109-10
2) Lewis, *Mere Christianity*, 181.
3) 재인용, *The New York Times*, March 7, 1962.
4) R. L. Green and Walter Hooper, *C. S. Lewis: A Biography*, 106.
5) Lewis, *Mere Christianity*, 118-19.
6) Augustine, "The City of God," in *Nicene and Post-Nicene Fathers*, ed. Phillip Schaff (Peabody, Mass.: Hendrickson Publishers, Inc., 1995), 1:6.
7) Lewis, *Problem of Pain*, 92.
8) 같은 책, 92-93.
9) 같은 책, 95.
10) 같은 책, 95-96.
11) Lewis, *Letters of C. S. Lewis*, 257.
12) Lewis, *A Grief Observed* (New York: Seabury, 1964), 50.
13) 같은 책, 51.
14) 같은 책, 49-50.
15) Lewis, *Letters of C. S. Lewis*, 237-38.
16) 같은 책.
17) Lewis, *Miracles*, 130.
18) 같은 책.
19) Lewis, *Out of the Silent Planet*, 140.
20) Lewis, *Miracles*, 130.
21) 같은 책.

18장

1) Lewis, *Miracles*, 84-85.
2) David Bankenhorn, *Fatherless America* (New York: BasicBooks, 1995), 1.
3) 같은 책, 5.
4) "Hallowed Be Thy Name," *Newsweek* (June 17, 1996), 75.
5) Lewis, *Miracles*, 82.
6) 같은 책, 82-83.
7) 같은 책, 93.
8) Lewis, *Mere Christianity*, 135.
9) 재인용, Peter Toon, *Yesterday, Today, and Forever: Jesus Christ and the Holy Trinity in the Teaching of the seven Ecumenical Councils* (Swedesboro, N.J.: Preservation Press, 1996), 210.
10) Lewis, *Mere Christianity*, 144.
11) Donald Bloesch, *The Battle for the Trinity* (Ann Arbor, Mich.: Servant Publications, 1985), 35.
12) 같은 책.

13) Augustine, "Homilies on the Gospel of St. John," in *Nicene and Post-Nicene Fathers*, 7:124.
14) 같은 책.
15) Lewis, *God in the Dock*, 237.
16) Bloesch, *Battle for the Trinity*, 11.
17) Lewis, *God in the Dock*, 237.
18) 같은 책, 238.
19) Manfred Hauke, *God or Goddess?* (San Francisco: Ignatius Press, 1995), 127.
20) Lewis, *That Hideous Strength*, 13.
21) Lewis, *Perelandra*, 200.
22) 같은 책.
23) Lewis, *Miracles*, 91.
24) Lewis, *The Discarded Image* (Cambridge, England: Cambridge University Press, 1964), 37.
25) Bloesch, *Battle for the Trinity*, 54.
26) Lewis, *Miracles*, 94.
27) "Hymns for the Politically Correct," *Christianity Today* (July 15, 1996), 49.

19장

1) Lewis, *The Lion, the Witch, and the Wardrobe*, 75-76.
2) Lewis, *Mere Christianity*, 46.
3) Michael Davies, ed., *Newman Against the Liberals* (Harrison, N.Y.: Roman Catholic Books, 1978), 13.
4) Lewis, *Letters to Malcolm*, 118-19.
5) H, Richard Niebuhr, *The Kingdom of God in America* (New York: Harper and Bros., 1959), 193.
6) Lewis, *The Lion, the Witch, and the Wardrobe*, 123.
7) Augustine, "Homilies on the Gospel of St. John," in *Nicene and Post-Nicene Fathers*, 7:58.
8) Aquinas, *Light of Faith*, 312.
9) Lewis, *The Lion, the Witch, and the Wardrobe*, 76.
10) Lewis, *Prince Caspian*, 199-200.
11) 같은 책, 209.
12) 같은 책, 210.
13) Lewis, *Four Loves*, 81.
14) Lewis, *Pilgrim's Regress*, 79.
15) 같은 책, 14.
16) C. S. Lewis, *Letters: C. S. Lewis/Don Giovanni Calabria* (Ann Arbor, Mich.: Servant Books, 1988), 57.
17) Eugene Peterson, *Take and Read* (Grand Rapids: William B. Eerdmans Publishing Company, 1996), 91.
18) Augustine, *Predestination of Saints* (Washington, D.C.: Catholic University of America Press, 1992), 513.
19) Lewis, *Pilgrim's Regress*, 85.
20) 같은 책, 86.
21) Karl Adam, *The Son of God* (Garden City: Image Books, 1960), 16.
22) 같은 책.
23) Clement of Rome, *First Epistle of Clement in Anti-Nicene Fathers* (Grand Rapids: William B. Eerdmans, 1981), 1.49.18.

20장

1) Lewis, *Mere Christianity*, 152.
2) Leanne Payne, *Real Presence: The Holy spitir in the Works of C. S. Lewis* (Westchester, Ⅲ.: Cornerstone Books, 1979), 15.
3) 같은 책, 14.
4) 같은 책, 14-15.
5) Lewis, *Out of the Silent Planet*, 119.
6) 재인용, Payne, *Real Presence*, 48-49.
7) Lewis, *Miracles*, 92.
8) Lewis, *Mere Christianity*, 152.
9) 같은 책, 142-43.

C.S. 루이스를 통해 본 거룩한 삶

초판 발행 2006년 2월 17일

지은이 · 제럴드 리드 | 옮긴이 · 조혜정 | 펴낸이 · 박종태 | 펴낸곳 · 엔크리스토
편집 · 정민숙 | 표지 디자인 · 황일선 | 본문 디자인 · 문명예
관리 · 정문구, 오명순, 이태경, 민수경 | 마케팅 · 박성균, 양성규, 강한덕
주소 · (411-817) 경기도 고양시 일산구 백석동 1309-1 효성레제스 오피스텔 1117호
전화 · 031-907-0696 | 팩스 · 031-907-0697 | 이메일 · holybook21@hanmail.net
등록 · 2004년 12월 8일(제 2004-116호)

ISBN 89-92027-01- X 03230 | 값 9,800원

· 잘못된 책은 구입하신 서점에서 바꾸어 드립니다.
· 무단 전제 및 복제를 금합니다.
· 서점 공급처는 〈비전북〉입니다. 전화 · 031-907-3927